만해, 그날들

-한용운 평전

한 용 운 평 전

만해, 그 날들

박재현 지음

푸른역사

일러두기

1. 이 저서는 2010년 정부(교육부)의 재원으로 한국연구재단의 지원을 받아 수행된 연구임(NRF-2010-812-A00052).
2. 한용운의 생애와 그의 유문遺文은 《(증보)한용운전집》(신구문화사, 1980)에 실린 것을 기초로 했고, 다른 여러 가지 옛 기록도 참조했다. 문헌들 사이에 서로 어긋나는 경우에는 수정하여 반영했다.
3. 글이나 말로 전해진 것이 역사적 사실과 부합하는지 여부는 확인할 수 없어 확인하지 못했다.
4. 문헌이나 기록에 기댈 만하지 못하거나 그럴 수 없어 필자가 지어서 이어붙인 대목도 있다.

북대륙

북대륙의 밤은 무거웠다. 척추를 꼿꼿이 세워 몸을 버르적거려보기도 했지만, 추위는 궁지에 몰린 몸뚱이를 연신 씹어댔다. 낮은 지붕을 한 집들에서 조수에 밀려오는 감빛 낙엽처럼 불빛이 떠밀려오면, 삐거덕거리며 집들은 문을 닫아걸었다. 이엉 이은 지붕엔 눈이 내리고, 눈만 자꾸 내리고, 해수 걸린 기침소리가 쿨럭거리며 견뎌지고 있었다. 절벽 같은 밤이 깊어가고 휑한 골목 귀퉁이에 바람이 눈을 쓸면, 배고픈 개들은 짖지도 않고 슬슬 사람을 피했다.

방안의 호롱불이 꺼질 듯 일렁거렸다. 불꽃 중앙의 거무스레한 빛깔이 억눌려 무거웠고 텅 비어 허탈했다. 공포인지 불안인지, 뭔지 알 수 없는, 모든 것이 다 끝난 듯도 싶고 아직 시작되지 않은 듯도 싶은, 그런 무균의 적막이 벽을 훑었다. 생각은 막혀 흘러나오지 않았고, 왠지 발악하고만 싶었다.

이십대에 바라본 하늘은 어디서나 벽이었다. 천정이 갑갑해 밖으로 뛰쳐나오면, 하늘은 또 대책 없이 낮아져 있었다. 정체를 드러내지 않은 어떤 것들이 밤낮없이 엄습해 들어왔다. 새벽에 겨우 잠들었다가 가슴을 두드리며 마당으로 뛰쳐나와 헛구역질하는 날들이 길어졌다. 보고 듣고 배운 것들을 모조리 되짚어봐도 속수무책이었다.

북대륙을 향해 떠난 때는 1904년, 스물여섯 살 되던 해 봄이었다. 산문山門을 나서면 뭔가 길이 보이지 않을까 싶었다. 세계여행이라도 해볼 요량으로 백담사에서 내려와 한양으로 길을 잡았다. 백담사 어귀에 쌓여 있던 눈이, 민가가 하나 둘 보이기 시작할 즈음엔 마른버짐처럼 군데군데만 남아 있었다. 길이 녹아 질척거렸고 발이 빠졌다. 양지바른 비탈에선 흙이 굴러내렸고, 도랑의 살얼음 아래로 봄물 흐르는 소리가 탐스러웠다.

산길을 따라 20여 리를 내려와 가평천에 닿았다. 천변에 한두 발자국 넓이만큼 얼음이 얇게 얼어 있었다. 개천 가운데로는 눈 녹은 물이 부풀어 흘렀다. 이리저리 둘러봐도 한 마장 넓이의 개천에 건널 곳은 보이지 않았다. 설악산에서 몇 해를 지내는 동안, 눈 녹은 물이 얼음보다 차다는 것을 절감했었다. 설핏 겁이 났지만 어쩔 수 없었다. 바짓단을 걷어올리고 개천으로 들어갔다. 흐르는 물살에 깎여 둥글둥글해진 돌은 물이끼까지 끼어 있어 어디 한 군데 발 디딜 곳이 없었다.

발목이 미끄러져 젖혀지고 돌 사이에 다시 끼어 짓이겨졌다. 물살에 할퀴어진 통증이 무릎 아래쪽에 엉겨붙었고, 이빨이 떨렸다. 안 되겠다 싶어 돌아보니 이미 중간쯤 와 있었다. 진퇴양난이었다. 그냥 앞만 보고 무작정 뛰었다. 무릎 아래로는 내 몸이 아니라고 생각했다. 겨우 물을 건너고 보니 발등이 찢어지고 발가락이 깨어져서 피가 흘렀다. 옷을 찢어 발을 대강 동여매고 길을 재촉했다.

한양은 뒤숭숭하고 어수선했다. 짐보따리를 둘러멘 사람들이 바쁘게 걸음을 옮기고 있었다. 해는 기울었는데 갈 곳이 없었다. 버려진 종잇조각과 마른 나뭇가지를 모아 불을 붙였다. 불길은 쉽게 일었고 빨리 사그라졌다. 불빛을 좇아 꾸역꾸역 모여든 자들이 저승사자처럼 희끗희끗 주위를 배회했다. 도시는 대책 없는 사람들을 더욱 대책 없이 만들뿐, 아무런 위로나 대안도 되지 못했다.

서쪽 바다에서 전쟁이 터졌다는 소문은 한양에서 들었다. 그해 2월에 일본 해군은 제물포에 정박해 있던 러시아

순양함 두 척을 격파했다. 내처 황해 깊숙한 곳의 여순항까지 기습해 들어갔다. 요동반도 최남단에 위치한 여순항은 겨울에 얼지 않아 군항으로서 천혜의 요건을 갖추고 있었다. 일본은 열흘이면 여순을 함락할 수 있을 것이라고 낙관했다.

러시아군은 요새에서 나오지 않고 진지전에 돌입했다. 일본군 보병들은 러시아 참호선을 향해 다투어 돌격했지만, 쏟아져 내리는 맥심기관총의 총알비를 감당해내지 못했다. 기관총은 사격의 반동력을 사수의 어깨로 감당하지 않고, 실탄을 재장전하는 데 쓰이도록 고안된 신형 무기였다. 방아쇠만 당기고 있으면 1분당 6백 발의 총알이 저절로 뿜어져나갔다.

전쟁은 예상보다 늘어졌다. 일본 본토에서는 사령관의 전쟁 수행능력을 의심했지만, 그의 두 아들이 모두 참전했고 전사했다는 소식이 전해졌을 때, 사람들은 더 말하지 않았다. 요새를 직접 공략하는 것이 불가능하다고 판단한 일본군은 인근의 고지를 먼저 함락했다. 산 정상까지 중포를 끌어올려 포격을 가했다.

러시아군은 밖으로 일본군에 맞서고 안으로는 괴혈병에 시달렸다. 보급창고에 콩이 가득했지만 그들은 콩나물을 키워 먹을 줄 몰랐다. 일본군이 여순항을 함락하는 데 여섯 달이 걸렸다. 러시아군 2만 8천 명이 전사했고 일본군 5만 7천 명이 목숨을 잃었다.

여순항으로 진격하던 날, 또 다른 한 무리의 일본군은 제물포로 상륙해서 한양으로 밀어닥쳤다. 주한러시아공사는 병사 80여 명의 호위를 받으며 서둘러 한양을 빠져나갔다. 다음날, 주한일본공사는 러일전쟁에서 조선이 일본에 협조한다는 내용이 담긴 한일의정서를 어전에 내밀었다. 조정은 중립을 표방했지만, 일본은 애당초 설득하거나 회유할 생각이 없었다. 러시아와 가까운 각료들은 감금되거나 납치되고, 의정서는 23일에 전격 채택되었다. 제물포로 상륙한 일본군은 내처 신의주와 원산 방면으로 나눠서 북상했다.

러일전쟁을 치르는 동안 일본의 병참부대는 조선 땅에 주둔했다. 군수업자와 건설업자들도 덩달아 몰려들었다. 젊은 남정네들이 넘쳐났고, 그들의 성난 아랫도리를 받아내는 일이 돈벌이가 되었다. 일본인 토지매입자들은 거류민단을 결성하여 예산 6백 원을 확보했다. 남산 아래 쌍림동 일대 땅 3천 평을 사들이기로 작정하고, 일본군이 마구간 부지로 쓸 것이라는 말을 흘렸다. 안 팔겠다고 버티는 자가 있으면, 정부에서 무상으로 강제수용할지도 모른다고 겁박했다.

토지는 평당 8전에서 12전 사이에서 거래되었다. 최종적으로 8천 3백 평가량의 대지가 4천 4백 원의 헐값에 거래되었다. 그 땅 위에 신마찌로 불린 신정유곽이 들어섰다. 유곽은 신작로를 가운데 두고 양쪽으로 길게 똑같은 모양의 이층 목조가옥이 이어지는 형태로 만들어졌다.

대낮의 신마찌는 야행성 동물처럼 안으로 못질하고 깊이 잠들었다. 흰 천에 붉은 원을 커다랗게 그려 넣은 일장기 모양의 등만 불이 꺼진 채 처마 밑에 줄줄이 매달려 흔들렸다. 그 아래로 빨래처럼 만국기가 흐느적거렸다. 골목 바람이 흙먼지를 감고 돌며 빈 신작로를 쓸었고, 맥주 상자를 지게에 얹은 중늙은이들만 간간이 유곽의 뒷문을 오갔다.

배고픈 젊은 조선 여자들이 하나 둘 유곽으로 모여들었고, 정부는 관리 감독 명목으로 그들에게 세금을 매겼다. 유곽의 여자들은 팔려오고 다시 팔려나갔는데, 집을 팔고 사는 횟수보다 여자를 팔고 사는 횟수가 많았다.

한양은 아무 것도 해결해주지 못했다. 더 넓은 세상으로 나가야 무슨 수라도 날 듯 싶었다. 내처 해삼위(블라디보스토크)로 가볼 요량으로 원산으로 길을 잡았다. 가는 길에 승려 행색을 하고 있는 한두 사람을 만나 일행이 되었다.

어디서 왔고 어디로 가는지 서로 묻지 않았다. 물어볼 말도 대답할 말도 없었다. 무리를 떠난 철새 두어 마리가 숙명처럼 날갯짓을 하듯 그냥 같이 걷기만 했다.

원산에서 탄 배는 물에 떠 있다는 것이 믿기지 않았다. 마치 작은 섬 하나가 고요하게 미끄러지듯 수면 위를 항진하는 듯했다. 배는 해삼위 항구 멀찍이서 엔진 소리를 멈췄다. 수뢰水雷 때문에 접안하지 못한다고 했다. 좀 더 작은 러시아 배로 옮겨 타고 입항했다. 기세등등한 항만시설이 위압적으로 내려다보고 있었다. 세상은 바닷가에서 무너지거나 일어서는 것이겠구나 싶었다.

해삼위 시가지 중심의 레닌거리를 따라 서쪽으로 가니 보그라니치나야라는 곳이 나왔다. 그곳이 한인들이 맨 처음 정착한 개척리라고 했다. 도시는 뭔가를 도모하기 위해 제 발로 찾아온 자들과 그저 떠밀려온 자들이 뒤섞여 들뜨고 혼란스러웠다. 팽팽하게 당겨진 공기가 얇은 솜옷을 파고들었다. 발자국에 다져진 길가의 눈이 미끄러워 걸음을 옮기기가 쉽지 않았다. 헝겊으로 대충 감은 손가락 끝이 아려왔다.

부두 근방 여관에 투숙했다. 몸속 깊숙이 잠입한 낯선 추위와 여독에 움츠렸던 육신이 노근하게 풀어지며 늘어졌다. 얼마나 잤을까, 인기척에 놀라 깨어났다. 젊은 청년들 몇몇이 방으로 들이닥쳐 짐꾸러미를 마구 뒤지더니 일진회 회원이 분명하다며 날이 밝는 대로 처치하겠다고 씩씩거렸다.

이튿날 새벽 여관 주인을 대동하고 그곳 교민대표라는 엄인섭이란 자의 집을 찾아갔다. 자초지종을 얘기하고 오해를 풀도록 말하기는 했지만, 그의 대표성이라는 것이 추대된 것인지 그냥 스스로 지정한 것인지 파악되지 않아 미심쩍었다. 답답한 마음에 바닷가에 나왔을 때, 다시 조선 청년들이 느닷없이 달려들었다. 청나라 사람들이 말리고 러시아 경관들까지 나타난 다음에야 겨우 진정되었다. 여관으로 돌아오니 기가 막혀 눈물만 나왔다.

내설악 골짜기에서 《영환지략》이라는 지리책을 이리저리 짚으며 그려보았던 세계여행의 꿈은 그렇게 북대륙의 초입에서부터 막혔다. 책 속에는 훤히 펼쳐져 있던 길이 세상에서는 보이지 않았다. 젊은 시절에 무언가 해야 한다고 나이든 사람들은 입버릇처럼 말했지만, 어찌하고 어디로 가야 무언가 할 수 있는지에 대해서는 정작 아무도 말해주지 못했다. 젊음은 세상 떠난 아비가 남겨놓은 빚더미처럼 어깨를 짓눌렀다. 되돌아가는 수밖에 다른 도리가 없었다.

원산으로 되돌아갈 뱃삯이 모자라 50리만 배를 타고 나머지는 도리 없이 걸었다. 연추烟秋를 지나고 두만강을 건너 겨우 조선 땅에 들어섰다. 계통지어지지 않는 불덩어리만 안고 백담사로 돌아왔다.

북대륙에서 돌아와 설악 산중에서 띄엄띄엄 들은 세상 소식은 참담했다. 사람들은 마치 서로를 비참하게 만들어 안도하려는 것처럼 보였는데, 때 묻은 버선짝처럼 그들은 구별되지 않아 똑같이 가망 없어 보였다.

신의주까지 진격한 일본 군대는 압록강을 사이에 두고 러시아군과 전투를 벌였다. 그리고 개전한 지 두 달 만에 마침내 강을 건넜다. 러시아 육군은 심양으로 퇴각했고, 일본군은 뒤쫓아 북진했다. 여순과 신의주 방면으로 나누어 진격한 일본군은 1905년 3월에 심양에서 합류했다. 37만의 러시아 병력과 25만의 일본군이 심양에서 대치했다.

후방 보급선을 지레 걱정한 러시아는 심양을 포기하고 하얼빈으로 퇴각했다. 일본군은 더 쫓지 않았다. 심양전투에서 러시아군 9만 명이 죽거나 다쳤다. 대포와 기관총 등 전쟁물자도 모두 빼앗겼다. 일본군은 7만 5천의 사상자를 내고 심양을 점령하면서 만주의 주도권을 온전히 장악했다.

혁명과 정변의 아수라 속에서 넘어뜨리려는 자들과 엉버티는 자들이 뒤섞여 서로 다리가 걸렸고, 전복하려는 자들과 전복되지 않으려는 자들이 뒤엉키며 쓰러졌다. 현실이 관념을 쥐어짜내고 관념은 다시 현실을 밀어붙이면서, 사바는 입으로 제 꼬리를 물고 어딘가에 처박혀 맴을 도는 뱀처럼 보였다.

산속에서 시간은 가파른 비탈을 오르는 상여처럼 너울거리며 과거로 흘러들어갔다.

아비

왕조는 옥음玉音이 더디게 닿는 해안에서부터 허물어졌다. 아비가 둘째 아들을 보았던 1879년에 바닷길이 열리면서 호열자가 창궐했다. 병은 물을 건너 들어와 가뭄과 홍수 속에서 번성했다. 남쪽 해안으로 침투한 병은 북쪽을 향해 진격했고, 북쪽에서 밀고 내려온 병은 남하했다. 병은 촉수를 멀리 뻗어 제가 진격해야 할 방향이 어딘지 감지하고 있는 것처럼 보였다. 병은 중앙과 지방을 가리지 않고 성했으며, 살아있는 육신을 숙주 삼아 그것들이 움직이는 곳을 따라 스멀스멀 기어다녔다.

병의 숙주가 되면 설사와 탈수 증세를 보였다. 하얀 쌀뜨물 같은 똥물이 아래로 흘러나오거나 노란 맹물이 위로 솟구쳐 올랐다. 심한 사람은 하루 열 되를 싸거나 토했다. 조정에서는 방역위원회를 조직하고 소독규칙과 예방수칙을 공포했다.

…… 콜레라는 악귀에 의해서 발병되지 않는다. 그것은 세균이라 불리는 아주 작은 생물에 의해서 발병된다. 만약 콜레라를 원치 않는다면 균을 받아들이지 않아야 한다. 지켜야 할 것은 음식을 반드시 끓이고, 끓인 음식은 다시 감염되기 전에 먹기만 하면…….

병의 정체를 세균이라 지목한 사람은, 알았으니 감당하고 퇴치할 수 있으리라 생각했을 것이다. 하지만 세균이라는 놈은 악귀만큼이나 종잡을 수 없어서, 규칙을 도리어 지렛대 삼거나 그 행간을 헤치며 유영하듯 퍼져나갔다.

항구와 기차역에 검역이 집중되었다. 선박이나 기차의 승무원과 승객들이 바지를 내리고 변 검사를 받았다. 감염자로 의심되면 동승객까지 현장에서 연행되었다. 병은 수색되거나 발각되지 않았고, 경찰은 범인을 쫓듯 병의 숙주만 찾아다녔다.

집집마다 방문조사가 이루어졌다. 밤에도 도둑이 없었다. 환자는 이송되어 격리되었다. 동행을 거부하면 수갑을 채워 연행했다. 길가에 술 취해 쓰러져 있는 사람도 데리고 갔다. 환자들은 차가운 마룻바닥으로 된 병실에 수용되었다. 솜이불을 덮고 땀을 내서 병마를 쫓아냈던 조선의 백성들은 쉬 낫지 않았다.

백성들이 몸을 추스르지 못하고 있는 동안 조정은 개혁에 안달했다. 군제개혁으로 구식군대의 군인들은 여덟 달치의 군료를 받지 못했다. 1882년 6월 9일에 주린 군인 5천여 명이 새벽에 선혜청에 불을 질렀다. 당번을 서고 있던 당상관 김보현은 계단 아래로 넘어져 창에 찔려 죽었다. 궁중에서 풍악을 울리고 있던 왕비는 한 사내의 등에 업혀 수구문水口門을 통해 겨우 피신했다가 새벽어둠을 틈타 가마를 구해 타고 숭례문으로 빠져나갔다. 한양에서는 왕비의 행방불명을 죽음으로 처리하고 장례식을 서둘렀다.

8월에 혜성이 장숙도張宿度 안에 나타났다. 북극성과의 거리는 90도였고, 꼬리의 길이는 1장丈 남짓 했으며 빛깔은 창백했다. 이현식이라는 자가 상소하여 아뢰었다.

…… 지난겨울에는 무지개가 나타나고 올가을에는 혜성이 나타났는데 이것은 하늘이 경계를 보여주는 것입니다. 조정을 바루고 대궐을 엄숙히 통제하며 죄인을 엄하게 징토하고 상벌을 신중히 하며 재용을 절약하고 명절名節을 숭상하며 검약하기에 힘쓰고 백성들의 숨은 고통을 돌보소서.

왕이 비답批答했다.

…… 백성들의 마음이 안정되지 않고 하늘이 재변으로 경계를 보여주고 있다. 어떻게 수양하면 재앙을 화기로운

것으로 되돌릴 수 있겠는가? 하늘과 사람이 서로 연관된 것이 실로 두렵다.

왕과 신하가 혜성을 두고 서로 두려움을 키워가고 있는 사이에 왕비가 살아서 돌아왔다. 왕비는 8월 1일 늦은 오후에 환궁했다.

두 해가 지나 1884년 10월 17일에는, 개화를 꿈꾸던 20대의 젊은 신하들이 종로 우정국 낙성식을 기회로 정변을 모의했다. 모의는 사전에 누설되었다. 식장에서 서재필이 수구파 정부요인 민영익을 칼로 찔렀지만 귀만 자르고 죽이지는 못했다. 용산에 주둔해 있던 일본군은 사전에 약속이 있었음에도 움직이지 않았다. 김옥균은 황급히 창덕궁으로 가서 왕과 왕비를 경우궁으로 들게 한 다음에 왕명을 빙자하여 정부요인들을 불러들였다. 살생부를 든 김옥균의 신호에 따라 칼잡이들이 차례로 죽여나갔지만, 끝내 다 죽이지 못하고 퇴각했다.

두 차례의 난리를 겪은 왕은 밤마다 잠을 이루지 못했다. 대궐의 종소리가 울리는 밤 11시까지 깨어 있다가 침소로 들었지만, 한 시간 남짓 눈을 붙인 뒤 곧 깨었다. 그리고 동이 틀 무렵을 기다린 후에야 다시 잠들었다. 잠든 동안에도 반드시 봉시내관을 불러 곁에서 지켜보도록 했고, 겹겹이 문을 닫아걸었다.

왕은 대낮이 되어서야 겨우 기침했다. 내시와 상궁, 시녀들의 눈알이 늘 붉었고 백관의 조회는 열리지 못했다. 아침 수라는 정오가 되어서야 들어갔는데, 은으로 된 찬그릇에 놓인 반찬이 12첩이었고 해물을 섞어두었다. 대모갑으로 만든 곁상에는 붉은 팥밥이 한 그릇 놓였고 여러 과일이 높게 쌓였다. 상궁이 기미 본 수저를 물에 헹구고 행주로 닦아 왕에게 건넸지만, 수저가 닿지 않은 채로 상을 물리는 횟수가 많았다.

갑신년 정변을 계기로 조선 땅에서 세력이 밀리자 일본은 본격적으로 청과의 개전을 준비했다. 하지만 개전은 쉽사리 결정되지 않았다. 주변 열강의 이해관계가 서로 엇갈렸다. 그러던 차에 러시아가 시베리아 횡단철도를 착공했다는 정보가 일본정부에 입수되었다. 서시베리아에서 시작된 철로의 방향이 어디로 향할지 예상하는 것은 어렵지 않았다. 아시아 동쪽 끝 항구인 해삼위까지 이어질 것이 분명했다.

제국들은 저마다 조선 땅 깊숙이까지 더듬이를 뻗쳐두고, 다른 더듬이를 경계하거나 밀어내면서 잠입해 있었다. 청과 일본은 드러난 더듬이였고, 다른 열강의 더듬이들은 보이지 않는 곳에서 빈틈을 살폈다. 청과 일본은 동아시아 이곳저곳을 넘성거리는 러시아의 더듬이를 경계하고 있었다.

러시아가 촉수를 동아시아의 더욱 깊숙한 곳까지 뻗치려 하자 일본은 두려워했다. 그렇다고 해서 청을 등 뒤에 두고서 러시아와 일전을 벌일 수도 없었다. 청과의 전쟁은 러시아의 촉수를 차단하기 위해서라도 더 이상 미룰 수 없었다. 청과의 개전은 기정사실화 되었다. 문제는 개전일자와 조선 땅에 군대를 파견할 명분이 마땅치 않다는 점이었다.

일본의 우익단체들은 전쟁을 주저하는 관료들에게 전쟁의 필요성을 강변했다. 조선 내부에서 내전 수준의 혼란을 조장하면 일본군의 파병 명분은 충분하다고 설득했다. 그러던 차에 한반도의 남도 지역에서 동학농민군이 일어났다. 일본의 우익단체가 동학군을 보이지 않게 지원한다는 소문도 돌았다.

열여섯 살 되던 해에 동학군이 일어났다. 어린 시절의 아비는 늘 절벽처럼 있었다. 언제부터 홍주 땅에 살게 되었는지 자세히 말하지 않았다. 조상 가운데 공신功臣이 있었다는 사실을 늘 자랑스러워했고, 가난한 살림에도 남에게 얻어오는 법이 없었다. 방안에서는 벽에 기대어 앉는 법이 없었고 낮에 자리에 눕는 일도 없었다. 얼굴 표정에 변화가 적었고 묻는 말에 길게 대답하지 않았다.

아비가 서책을 보다가 잠시 눈을 감고 있을 때면, 먹을 갈듯이 마음속을 갈고 있는 것처럼 보였다. 아비는 자식들을 직접 가르치지 않고 서당에 다니게 했다. 무엇을 배웠는지 얼마나 배웠는지 묻지 않았다. 그저 늘 지켜보고 있다가 한 번씩 던지듯이 말했다.

──서책을 바로 놓아라, 걸음걸이를 허투루 하지 마라, 말을 하다가 그만두지 마라……

아비의 말은 군령처럼 단호해서 까닭을 묻거나 따질 겨를이 없이 무작정 밀어닥쳤다. 아비는 늘 그랬고, 다른 모습은 기억에 없었다.

아비는 이따금 서책을 열어, '공孔'자와 '맹孟'자를 찾아 조심스럽게 창호지를 잘라 붙였다. 손놀림이 제사상에 향을 사르듯 고요했다. 아비는 향 연기가 피어오르듯 말했다.

──성인聖人의 성씨는 휘諱다. 휘諱는 삼가여 피하려는 것이다. 사람이 삼가여 피하려는 마음을 잃으면 금수와 다를 바 없다.

서책을 읽다가 모르는 것을 물어볼 때도 아비는 늘 짧게 대답했다.

──서두르지 마라. 남에게 답을 구하지도 마라. 자꾸 읽어라. 자꾸 읽다 보면 서책이 대답해주는 날이 있다. 그 대답이 들려야 비로소 네 것이 된다.

그렇게 말할 때마다 가난한 아비의 어깨는 더 무거워 보였다. 너무 무거워 금방이라도 주저앉을 것만 같아서 더 묻지 못했다.

동학군이 남도를 뒤덮던 날 밤, 아비는 자식들을 앉혀놓고 전에 없이 길게 말했다.

── 지금 난도亂徒가 사방에서 일어나 무리를 불러모아 패악을 자행하고, 남의 재물을 약탈하고, 남의 말과 가축을 빼앗으며, 남의 무덤을 파헤치는 것을 감히 금하지 못하고 있다. 돈을 빌려준 자는 감히 돈을 돌려받지 못하고, 사소한 원한에도 반드시 보복을 당하고 있다. 그 기세가 더욱 대단해져서 종이 주인을 범하고, 아전이 관장官長을 핍박하며, 천한 사람이 귀한 사람을 능멸하고, 수절하는 과부와 혼기가 찬 규수를 겁탈하여 허다한 변고를 이루 다 말할 수가 없는 지경이다. 나는 홍주성으로 들어갈 것이다.

1894년 4월에 조정에서는 승지 이승우를 홍주 목사로 제수했다. 그는 24일에 홍주에 도착했고 닷새 후에 충청감영에 들어갔다. 아비는 7월 6일에 참모로 발탁되어, 성첩을 견고하게 수축하고 화포와 창을 수리하는 일을 맡았다. 성 아래에서는 병정을 훈련시켰고 방책을 세워 동학군에 대비했다.

8월 9일에 조정에서는 선무사宣撫使를 따로 파견했다. 선무사는 한여름 내내 충청 지역을 오가며 각지의 동학 접주를 집강소로 불러 모아 갑오정권의 개혁사업에 따르도록 유도했다. 그는 9월 5일에 홍주에 왔다. 동학 접주들을 불러 모아놓고 윤음綸音을 읽고 효유曉諭했다.

—— 관리의 탐학과 살상은 내 반드시 엄하게 징치하리라. 세상에는 대의가 있는 것이요 조정에는 명분이 있는 것이다. 어찌 진을 치고 기를 꽂아 창의라 내세우며 대의를 어지럽히는가? 너희들은 모두 양민이니 각각 집으로 돌아가 업에 편하라. 그리하면 내가 그대들의 소원을 펴게 하리라……

옥음을 대신 전한 선무사의 목소리는 고요하고 단호했지만 접주들의 마음을 적시지 못했다. 9월 추수가 끝날 무렵 전봉준이 이끄는 남접 동학군이 기포했다. 그의 아비는 이태 전에 고부 군수 조병갑의 탐학에 저항하다가 모진 곤장을 맞고 한 달 만에 죽었었다. 전봉준이 아비의 죽음을 진정했으나 받아들여지지 못하고 쫓겨났다. 백성이 곧 하늘이요 나라의 주인은 백성이라는 말은 낮게 깔리면서 흩어졌다.

동학군은 4천 명 규모로 삼례를 출발하여 논산에 진을 치고 북접군을 기다렸다. 힘을 모아 공주성을 함락하고 수원을 거쳐 한양으로 진격할 요량이었다. 북접 동학군은 10월 초순이 다 지나도록 꿈쩍하지 않았다. 북접의 지휘부에서 강경파가 소외되고 온건파가 남접을 견제했다. 북접을 지휘하고 있던 최시형이 강권하다시피 해서 중도파의 손병희가 동학도를 인솔하여 10월 20일께나 되어서야 겨우 논산으로 내려왔다. 합세한 농민군의 숫자는 2만 명은 족히 되이 보였다.

홍주 목사 이승우는 그해 10월 7일 호연초토사湖沿招討使에 거듭 임명되었다. 조정에서는 선무되지 않는 민초들을 더 이상 가여워하지 않았고 백성으로 여기지 않았다. 적이 된 백성들은 토벌의 대상이었다. 이승우는 31일에 장리將吏를 모아 홍주성 수성군을 편성했다. 관병을 다섯 진陣으로 편성하고, 부상負商 중 발 빠른 자들을 파송해서 각처의 동정을 정탐하도록 했다. 또 외촌의 장정들 7백여 명을 순번대로 성내로 들어와 방비하도록 했다.

관아에는 밤에 어떤 소리가 들렸다. 파리巴俚같기도 하고 무당이 중얼거리는 소리 같기도 했다. 시장 거리에서부터 성 밖의 교외까지 가득하여 소리가 나지 않는 곳이 없었다. 사람들은 동학이 주문을 외는 소리라고 수군거렸다. 소리는 밤마다 더해져서 이교吏校와 노령奴令 같은 것들도 감염되지 않는 이가 없었다.

동학군은 덕산 가도에서 진군하여 11월 28일 오후에 홍주성에 들이쳤다. 이승우가 이끄는 수성군과 승전곡에서 후퇴한 일본군이 함께 성벽에 의지해 동학군에 맞섰다. 동학군은 적현赤峴에 이르러 부대를 둘로 나눴다. 한쪽은 간동諫洞으로 향하고, 다른 한 부대는 서문을 공략했다. 일본군이 서문 밖 빙고현氷庫峴에 매복하여 막아섰다. 날이 어두워지자 동문 밖 민가에 불을 지르고 대포를 설치하고 쏘기도 했다. 동학군은 2백여 명의 전사자를 남기고 갈산葛山을 거쳐 해미 방면으로 퇴각했다.

아비는 홍주성을 수성해낸 그해 12월에 참모관參謀官에 정식 임명되면서 호연초토진湖沿招討陣으로 가라는 순무사의 전령을 받았다. 아비는 이미 7월부터 초토사의 군진에 있었다. 29일에 초토사가 아비의 공로를 책으로 정리해 의견을 담아 보고했다.

—— 병학에 정통하고 병든 몸에도 불구하고 반년 동안 풍찬노숙의 괴로움을 감당해냈으며…….

1895년 정월 초하루에 아비는 부사용副司勇에 임명되었었고, 두 달 후에 세상을 떠났다. 가매장한 곳에서 아비의 시신을 겨우 수습해서 인근 야산에 묻었다.

아비는 비겁하게 사는 것이 의롭게 죽는 것보다 못하다고 늘 힘주어 말하곤 했다. 위인들의 기개와 사상에 대한 글을 읽을 때면 차마 더 읽지 못하고 중간 중간에 책을 덮고 되새김질 하듯이 눈을 감곤 했었다. 아비는 죽음이 무섭지 않았을 것이었다.

동학군은 질기고 오래갔지만 공주성전투를 고비로 더 버티지 못했다. 공주성에는 관군과 일본군을 합쳐 도합 2천 5백여 명 규모의 병력이 주둔해 있었다. 공주 감영은 산으로 둘러싸이고 강을 끼고 있어 지키는 자에게 유리했다. 전투는 10월 23일과 24일 양일에 걸쳐 두 차례 있었다. 농민군의 화승총 심지에는 불이 쉬 붙지 않았고 속히 타지 않았으며 총탄은 백 보 밖의 적을 쓰러뜨리지 못했다.

정규군은 기민했고 일사불란했다. 동학군은 후퇴하여 전열을 가다듬고 11월 초에 다시 공격했으나 우금치전투에서 전멸하다시피 했다. 전봉준과 살아남은 농민군은 밀리면서 흩어지고 흩어지면서 다시 밀려났다. 전봉준은 옛 부하 김경천의 변절로 순창군 쌍치면 피노리에서 사로잡혔고, 1895년 초봄에 사형당했다.

전봉준이 압송되어 가던 즈음에 아내의 말수는 더욱 줄어들었다. 열네 살 되던 해에 조혼하여 맞아들인 아내는 과묵했다. 피붙이도 아니고 친구도 아닌 두 살 많은 아내는 오래 낯설었다. 나누어야 할 얘기가 없었고, 함께 밤을 보내야 하는 이유도 알지 못했다.

언문을 겨우 뗀 아내는, 집 밖을 나서는 까닭을 묻지 않았고 들어올 때를 묻지 않았다. 쓰는 돈의 용처와 어울려

다니는 이들을 궁금해 하지도 않았다. 아내는 눈에 보이지 않는 것을 애써 보려고 하지 않는 사람이었다. 집안 이곳 저곳을 오갈 뿐 멀리 나다니지 않고 세간의 일부처럼 늘 제자리에 있었다. 아무도 살지 않는 섬에서 혼자 사는 사람 같았다.

전봉준이 압송되던 날, 만경 들판에는 때늦은 눈이 내렸다. 그날도 아내는 하루 종일 바느질감만 안고 있으면서 문 밖을 나오지 않았다. 여기저기 어지럽게 박힌 모래 위의 발자국을 실어다 아무도 알지 못하는 바다 저편 어딘가로 실어내는 썰물처럼 아내는 고요하고 멀게 느껴졌다. 아내는 전봉준과 한 집안 사람이었다.

아내

동학군과 관군이 맞붙어 싸우는 동안, 1만 3천의 일본군이 조선에 파견되었다. 하지만 일본군은 한 달이 지나도록 군사행동을 유보했다. 일본은 영국의 태도를 걱정하며 촉각을 곤두세웠다. 영국은 청과 밀접한 정치·경제적 관계를 맺고 있었다. 청나라는 러시아의 남하에 대한 완충지대 역할을 하면서 양자강 유역에서 영국의 기득권을 보호하고 있었다.

영국정부는 청일전쟁이 일어나면 러시아가 가만있지 않을 것이라고 일본정부를 겁박했다. 여러 열강들을 끌어들여 개전을 막으려는 심산이었다. 하지만 열강들의 셈법은 저마다 달랐다. 청일 간의 개전이 임박했다고 판단한 주미 한국공사 이승수는 6월 하순에 두 차례나 미국 국무장관을 방문했다. 조선 땅에서 전쟁이 벌어지는 상황을 막기 위해 어떻게든 손을 좀 써달라고 호소했다.

미국은 엄정하고도 편파성 없는 중립을 지킨다는 입장만 되풀이했다. 이러한 방침은 주미일본공사에게도 알려졌다. 미국정부의 중립선언은 방관이나 방조와 별로 달라 보이지 않았다. 미국의 태도를 눈치챈 일본은, 1894년 이른 여름에 마침내 청나라를 상대로 개전했다.

청일전쟁의 승리로 일본은 아시아 유일의 제국주의 국가가 되었고, 조선은 식민지의 길로 들어서는 단초가 되었다. 두 해 뒤에 서대문 어귀에 있던 영은문이 헐리고 그 자리에 독립문이 들어섰다. 영은문은 본래 조선이 청나라 사신을 맞이하던 곳이었다. 공사는 독립협회에서 주관했다.

화강석을 쌓아서 만든 문의 중앙에는 무지개 모양의 홍예문이 있고, 왼쪽 내부에는 정상으로 통하는 돌층계를 두었다. 홍예문 위쪽에 이완용이 쓴 현판을 새겨넣었고, 바로 그 아래 이맛돌에 대한제국 황실의 문양인 오얏꽃 무늬를 새겨넣었다. 개화주의자들에 의해 주도된 독립은 중국으로부터의 독립이었고, 일본을 등에 업은 독립이었다. 돌에 새긴 오얏꽃은 빛깔이 없고 자세하지 않아서 복숭아꽃 같기도 하고, 살구꽃 같기도 하고, 앵두나 배꽃 같기도 했는데, 일본국의 국화인 벚꽃과도 구별되지 않았다.

활동이 왕성해진 독립협회는 만민공동회를 개최하여 내

정개혁안을 발표하는 등 정치개혁에 힘을 실었다. 독립협회의 인사들은 입헌군주제로 정치체제 변화를 모색했다. 그들이 왕을 폐하고 공화제를 실시하려 한다는 소문이 돌 즈음에, 왕은 서둘러 조령詔令을 내렸다.

명령이 떨어지자 관련자들에 대한 검거가 시작되었다. 독립협회는 격렬하게 맞섰지만 주모자 17명이 서소문감옥소에 수감되었다. 과격분자로 지목된 이승만은 사형선고를 받자 탈옥을 시도했다가 다시 잡혔다. 법무대신 한규설이 그의 감형을 주청하고, 일본공사 하야시 곤노스케도 거들었다. 이승만은 특사로 풀려났다. 해산된 독립협회는 불과 며칠 후에 다시 설치가 윤허되었다.

1895년, 아비가 세상을 떠난 그 해에 홍성 관아에 아전으로 취직했다. 열일곱 살이었다. 식구들의 끼니에 대한 책임은 아비가 죽고 나자 아들들에게 대물림되었다. 목숨 붙은 자들에게 들이닥치는 끼니는 적군보다 더 무섭고 전면적이었다. 해는 매일같이 텁텁한 산의 목구멍 속으로 넘어갔고, 산다는 일의 고단함이 발목에 엉겨붙었다. 유배 온 죄인이 죄를 벗겨줄 전령을 기다리는 막연함으로 살아가는, 불안한 수입이었으며 괴로운 수입이었다.

취직한 그해 10월에 국모가 시해되었다. 그 전날부터 강원도 인제 땅에는 강한 서풍이 불더니 그날 밤에 된서리가 내렸다고 했다. 올벼와 일찍 심은 기장은 절반밖에 여물지 못했다. 늦벼와 늦게 심은 기장과 콩과 팥, 메밀 같은 곡식은 낫거리 할 것조차 남지 않았다. 그날의 일을 사관은 짧게 적었다.

——묘시卯時에 왕후가 곤녕합坤寧閤에서 붕서崩逝하였다.

아침에 왕은 내각과 궁내부宮內府의 혼란을 방지하기 위해 조칙을 내렸다. 내부內部에서는 따로 고시告示를 발표했다.

—— 병정兵丁들과 순검巡檢이 서로 다툰 일로 말미암아 병장기를 모두 회수하고 훈련대를 해산하라는 논의가 일어났고, 이것이 병정들의 마음을 격동하여 여러 곳에서 앞다투어 상소하기에 이르렀으나 즉시 진정되었다. 내외 인민들은 모두 각자의 생업을 편안히 함이 합당할 것이다.

왕후는 시해된 이틀 뒤에 서인庶人으로 강등되었다. 조령朝令은 죽어 듣지 못하는 왕후를 향해 질책했다.

——짐朕이 보위寶位에 오른 지 32년에 정사와 교화가 널리 펴지지 못하고 있는 중에 왕후王后 민씨閔氏가 자기의 가까운 무리들을 끌어들여 짐의 주위에 배치하고 짐의 총명을 가리며 백성을 착취하고 짐의 정령政令을 어지럽히며 벼슬을 팔아 탐욕과 포악이 지방에 퍼지니 도적이 사방에서 일어나서 종묘사직宗廟社稷이 아슬아슬하게 위태로워졌

다. 이것은 왕후의 작위와 덕에 타당하지 않을 뿐만 아니라 그 죄악이 가득하여 선왕先王들의 종묘를 받들 수 없는 것이니……

시위대侍衛隊 장졸을 훈련 제1연대에 이속 편입한다는 직령 제157호도 함께 반포되었다. 국왕을 호위하는 임무를 맡았던 친위부대인 시위대는 훈련대에 편입되어 일본군의 지휘 아래 들어갔다.

그 해에는 동짓달이 지나도 정월은 시작되지 않았다. 김홍집 내각은 11월에 내정개혁의 명분을 걸고 양력을 반포했다. 음력 1895년 11월 17일이 갑자기 양력 1896년 1월 1일로 바뀌었다. 한 달 보름가량 남아 있던 조선의 시간이 영원히 사라졌다. 왕은 대한제국의 연호를 건양建陽으로 정하고 조선 왕조 최초의 황제가 되었다. 일본은 시간과 명칭에서부터 청나라의 그림자를 지워나갔다.

조정에서는 머리도 짧게 깎도록 했다. 황제와 황태자가 먼저 상투를 잘랐다. 하급 관리들은 가위를 들고 저잣거리로 나가 닥치는 대로 머리카락을 잘랐다. 분개한 유생들이 붓 대신 총을 들었다. 일반 백성들과 동학군 잔여세력이 합세했다. 개혁하려는 자들과 개혁되지 않는 자들의 혼란 속에서 개혁은 무망할 듯싶었다. 개혁을 이끌고 있던 김홍집은 광화문 거리 한복판에서 백성들이 던진 돌에 맞아 숨졌다.

　새로 황궁 호위 임무를 맡은 훈련대 병사들의 눈은 황궁 밖을 보지 않고 늘 안쪽을 향해 있었다. 황제는 삶은 달걀 같은 것만 삼켰다. 자국 공사관이 발행한 증명서를 들고 궁성을 자유롭게 출입하던 미국 선교사의 부인들이 직접 만든 음식을 전해줄 때만 황제는 겨우 수저를 들었다.

　황제가 궁중으로 무당을 불러들이는 횟수가 잦았다. 무당들은 밤 늦게 들어가서 동이 트기 전에 대궐을 나갔다. 충주 사는 무당이 어전에서 죽은 황후의 귀신을 불러들였다. 혼령이 앉아 있다고 지목한 의자를 붙들고 황제가 대성통곡했다. 무당이 귀신이 놀라 떠날지도 모른다고 겁주자, 황제는 소리 내어 울지도 못하고 멍하니 빈 의자만 바라보며 흐느꼈다. 강원도의 무당은 요술병을 들고 나타나서, 영친왕의 병이 언제 나을지 알아맞혔다. 두 무당은 벼슬을 제수 받았다.

　이씨가 망하고 정씨가 흥한다는 말이 여염집을 떠돌았다. 말이 궁궐의 담을 넘지 못하는 동안, 궁에서는 기생이 노래하고 악공이 북을 쳤다. 상 위의 고기와 포는 숲처럼 즐비했고, 떼 지어 강에서 물을 마시듯 술을 들이켰다. 황제는 침소의 병풍을 걷어내고 밤마다 지밀상궁을 품었다. 궁궐 담벼락 밖을 배회하던 소문은 상궁이 성은을 몸으로 받아내는 동안에 궁 안으로 스며들었다. 황제는 궁중의 정씨를 모조리 내쫓았다. 예순 명이 넘는 정씨들이 영문도 모른 채 궁을 나갔고, 정씨 성을 가진 자들은 궁에 더 남아 있지 않았다.

주힌미국공사관의 실질적인 주역이었던 알렌은, 조선에 대한 러시아의 영향력을 증대함으로써 미국의 이득을 확보하려는 속셈으로 황실의 이어移御를 주선했다. 황제는 주저했다. 러시아공사는 암살 위험이 있다고 설득했다. 황제는 무참히 살해된 아내의 얼굴을 떠올리며 두려워하다가, 1896년 2월 11일 새벽에 황태자와 함께 비밀리에 러시아공사관으로 이어했다. 태후와 태자비는 경운궁으로 옮겨갔다.

홍성 관아에서는 3년 남짓 일했다. 스무 살에 들 무렵 세상은 더 막막했다. 그동안 배워온 온갖 서물書物들은 오그라들어 무참했다. 정체불명의 막연함이 밤낮없이 주리를 틀었다. 기다리지도 않은 또 하루가 어김없이 닥치는 아침이면 몸서리치며 이불 속으로 다시 파고들었다. 무엇을 해야 하는지, 어디로 가야 하는지 아무도 말해주지 않았고, 말해주는 사람이 없었으니 알지 못했다.

혼이 납처럼 무거워 뒤꿈치까지 가라앉아버릴 것 같던

저녁에 아내에게 말했다.

——나는 본래 탕자였소.

——…….

뱃속에서 올라온 술기운이 입 밖으로 밀려나왔다. 아내는 말을 받지 않고 고개를 숙인 채 바느질만 계속했다.

——그냥……, 그런 놈이려니 여기시오.

아내가 고개를 들더니 겨우 입을 열었다.

——자책하지 마십시오.

——당신에게 염치없지만, 아무래도 이곳에서 내가 할 일은 없을 것 같소.

아내가 바느질을 멈추고 호롱불을 가까이 당겨놓으며 물었다.

——어쩔 요량이십니까.

——모르겠소. 이대로 더 있을 수 없다는 것만 분명하오.

말을 빨리 꺼낸 것인지 늦게 꺼낸 것인지 알 수 없었다. 이리저리 고쳐 생각하며 아내의 눈을 피해 호롱불을 바라보았다. 아내는 더 말을 받지 않았다. 별빛이 탁한 무더운 밤이었다. 미지근한 바람이 불더니 납물 같은 비를 몰아다 퍼부어대기 시작했다.

다음날 이른 새벽에 야반도주 하듯 집을 나섰다. 방을 나설 때, 아내는 등을 보이고 돌아누워 있었다. 아내의 봉

굿한 어깨선을 따라 달빛이 흘러내렸다. 기절할 것 같은 고요함 속에서 냅다 내달렸다. 벗어나려는 것인지 나아가려는 것인지 구분되지 않았다. 어디로 가려고 나선 길은 아니지만, 어디든 가려고 나선 길이었다.

여러 해 동안 이곳저곳에 칩거하다가 불가佛家에 몸을 의탁했다. 반은 중이요 반은 불목하니 노릇을 하는 일이 고달프지는 않았다. 무작정 떠난 고향이 그립기도 하고 서럽기도 했지만, 도포자락을 감고 고깔 쓰고 염불을 외다 보면 세상을 벗어난 듯싶었다. 하지만 산은 그저 산일뿐이었다. 산은 세상의 실핏줄이 닿지 않는 굳은살 같았다. 강물에 띄워진 찢어진 낙엽처럼 이곳저곳으로 흘러다니다가 마지막에 좌초된 곳이 백담사였다.

깊은 산중에 있는 절에 왜 백담百潭이라는 이름이 붙었는지 궁금하지도 않았다. 백담이든 천담이든, 연못이 있거나 말거나, 무관한 일이라고 생각했다. 산자락이 견딜 수 없이 엄습해오면, 바닷가 민가로 나가 술을 마셨다. 바닷가를 떠도는 횟수가 잦아지며 술조차 무력해지던 그날, 대책 없이 산문을 나섰지만 길은 해삼위에서 막히고 결국 백담사로 되돌아왔던 것이다.

묘당

해삼위에서 돌아온 후로 내내 설악산에 있었다. 겨울잠 자는 곰처럼 지냈다. 설악의 겨울은 질기고 오래갔다. 골바람이 귀 밑을 타고 목덜미를 서늘하게 감았다. 설악으로 되돌아온 지 얼마 지나지 않아 고향에서 아들이 태어났다는 소식을 들었다. 집을 떠나던 날에 마지막으로 본 돌아누운 아내의 봉긋한 어깨가 떠올랐다.

찢어질 듯 팽팽하게 당겨진 한겨울 하늘 위로 해가 기어가던 날, 머리를 깎았다. 계명戒名은 봉완奉玩, 법명法名은 용운龍雲으로 했고, 법호法號로 만해萬海를 받았다. 세상을 벗어난 이름이었고 세상 밖에서 쓸 이름이었다. 낯선 이름들을 몇 번씩 조아리며 입에 붙였다. 세상으로 영 나가지 않을 심산이었다. 1905년 정월에, 설악의 눈은 두껍게 내렸고 오래 버텼다.

눈 속에서 설악은 편안했지만 막막했다. 눈이 녹은 날에, 산문 밖으로 향한 길은 다시 모습을 드러냈다. 눈이 녹자 세상의 소식이 사람들의 발자국에 엉겨붙어 계통 없이 밀려들었다. 묘당과 한양에서 일어난 일들은 그리 오래지 않아 실악신 골짜기에까지 와닿았다. 두려운 소식이었고, 몸서리쳐지는 소식이었다. 그런 날이면 하루 종일 배회하다가 처소로 돌아와 이불을 머리끝까지 뒤집어쓰고 잠들려고 애썼다.

1905년 늦가을 정국은 살얼음판이었다. 일본대사 이토 히로부미가 서울에 도착했을 때 아이들과 어리석은 사람들까지도 골목 귀퉁이에 몸을 숨기고서 구경하며 수군거렸다. 작은 체구의 노신사가 마차 위에서 중절모를 깊이 눌러 쓰고 아랫도리에 모포를 덮은 모습이 호송하는 헌병 대열 사이로 희끗희끗 드러났다. 오른쪽 뺨에 핀 저승꽃이 모자 그늘 아래 두드러졌다. 높여 세운 외투깃 위로는 희고 가는 수염이 비스듬히 날렸다.

그는 11월 15일에 황제를 접견했다. 일본공사 하야시 곤노스케가 먼저 제2차 한일협약초안에 대해 설명했다. 창호지를 바른 미닫이문 밖으로 환관과 궁녀들이 미끄러지듯 오갔다. 황제는 양옆에 놓인 난로 쪽으로 번갈아가며 몸을 기대고 들었다. 일본공사의 목소리는 난로의 더운 열기를 따라 어른거리며 천정으로 흩어졌다. 황제의 눈꺼풀이 내려앉고 머리를 주억거리자 이토가 마른기침 소리를 냈다. 하야시는 말을 멈추었다.

이토가 입을 열었다.

── 폐하, 동양 3국이 연합해 동맹국이 되어야 서양의 돌연한 기습을 막을 수 있을 것이옵니다. 조선과 일본 두 나라가 소의 두 뿔이 적을 막듯 형세를 이루어야 하옵니다. 시기하거나 의심하지 마시옵소서. 조약의 내용이 가지런하여 모나지 않으니 윤허하심이 좋을 듯하옵니다. 그리고 차제에 폐하께서 일본 유람을 한번 다녀오시는 것이 어떠하실지…….

── 대사!

황제가 처진 눈꺼풀을 들어올리며 말허리를 끊었다. 이토는 황제의 다음 말을 기다렸다.

── 나 또한 그런 마음이 없었던 것은 아니외다. 하지만 귀국의 명치황제가 유신한 지 40년이 되었으나 아직 한 번도 서양을 유람했다는 소리를 듣지 못하였소. 또한 조약은 외부대신이 상대국의 제안을 접수하여 의정부회의에 회부하는 절차를 거치도록 되어 있는 것으로 알고 있소만.

이토가 말을 받았다.

──폐하께서 주인인 나라이옵니다. 절차가 무슨……..

──따르도록 되어 있는 것은 따라야 하지 않겠소.

──폐하의 뜻이 곧 신료와 신민들의 뜻일 것이옵니다. 폐하께서 윤허하시면 신료들은 앞을 다투어 그 뜻을 받들 것이고, 신민들 또한 폐하의 만세를 외칠 것이옵니다.

황제가 몸을 바로 세우며 목소리를 높였다.

──짐의 뜻이 신료와 신민들의 뜻이라 하였소?

──예, 그러하옵니다.

이토는 머뭇거리지 않았고 당차게 답했다.

──아니오, 그들의 뜻이 곧 짐의 뜻이외다.

이토가 다음 말을 준비하는 사이에 하야시가 다시 목을 빼고 끼어들며 입을 열었다.

──폐하께서는 만백성의…….

하야시가 입을 열자, 황제가 찌그러진 얼굴에 뼈대가 튀어나온 환관을 바라보며 호통 쳤다.

──난로가 식었다!

환관이 종종걸음으로 다가서서 허리를 숙이고 불구멍을 살피는 사이에, 황제는 의정부에서 협상해서 잘 처리하라는 말을 남기고 자리를 떴다.

다음날 일본공사는 협정안을 외부대신 박제순에게 전달했다. 대신들이 서둘러 회동했다. 갑자기 또 무슨 협정안이냐는 얘기가 나오더니, 협정안 문구를 두고 갑론을박하다가, 황제의 의중은 도대체 어디에 있느냐고 온갖 추측이 난무하면서 회의는 지지부진했다. 책임을 떠안아야 할 자리에서 부담을 피해갈 방법을 저마다 모색하다가, 협정안을 안건으로 부의하지 않으면 그만이지 않겠느냐는 의견이 공감을 얻었다. 회의는 시작되지 않은 것처럼 끝났다.

11월 17일 이른 아침부터 일본공사는 대신들을 일본 대사관으로 초치했다. 황제에게 협정안에 대한 설명을 마쳤으니 대신들만 수락하면 그만이라고 했다. 권중현이 가로막고 나섰다.

──이 문제는 비록 대사가 폐하께 아뢰었고 공사가 외부外部에 통지했다고는 하나, 우리들은 아직 외부에서 의정부에 제의한 것을 접수하지 못하였으니 지금 당장 의결할 수 없소이다. 또한 중추원의 새 규정이 이미 반포된 만큼 반드시 여론을 널리 수렴해야만 비로소 결정할 수 있는 것이오.

일본공사가 목청을 높이며 권중현의 말을 막아섰다.

──귀국은 전제정치인데 어찌 입헌정치의 규례를 모방하여 대중의 의견을 수렴해야 한다는 것이오. 대황제의 황권이 무한하니 응당 한마디 말로써 직접 결정하면 될 것이외다. 내 이미 궁내부 대신에게 전통電通을 넣어 폐하를 뵙

기를 청하였으니, 여러 대신들은 지금 당장 대궐로 나아가는 것이 좋겠소.

말을 마친 하야시가 앞장서서 이끌었다. 대신들은 느린 걸음으로 뒤따르며 황제가 있는 중명전으로 이동했다. 하야시와 대신들 사이가 자꾸 벌어졌다. 그럴 때마다 일본공사는 걸음을 멈추고 돌아보며 늙은 대신들의 발걸음을 재촉했다.

황제의 면전에서 한일협정조약문이 낭독되었다.

—— 일본국 정부와 한국 정부는 두 제국을 결합하는 이해공통주의를 공고히 하기 위하여 한국이 실지로 부강해졌다고 인정할 때까지 이 목적으로 아래에 열거한 조관條款을 약정한다······.

하야시는 단호한 목소리로 서둘러 읽어 내려갔다. 조약문 첫줄의 끄트머리가 중명전 기둥을 뱀처럼 감고 돌 즈음에 참정대신 한규설이 서 있던 자리에서 엎어졌다. 엎드려 천부당만부당한 일이라며 통곡했다. 대신들의 싸늘한 눈빛이 그의 굽은 등짝 위로 모여들었다. 여기저기서 웅성대는 소리가 들렸다. 각료 가운데 한 사람이 다급히 앞으로 나서며 주청했다.

—— 한규설은 폐하의 지적에서 행동이 온당치 못하였으니, 지금 즉시 본 벼슬을 면직시키시옵소서.

한규설은 어전에서 끌려나갔다. 환관이 그의 벗겨진 신발 한 쪽을 황급히 집어 들고 뒤따랐다. 이완용이 황제를 향해 입을 열었다.

── 폐하, 신이 이 묘당에 있는 것은 염치가 없기 때문이 아니오옵니다. 시국을 보건대 또한 어찌할 수 없는 경우가 있는 것이 아니겠사옵니까.

── 더 말해보라.

황제가 짧게 받았다.

── 신료들 가운데는 이 조약을 두고, 국가가 망하고 종사가 엎어지며 인민들은 노예가 되고 강토는 영지가 될 것이라는 등 이치에 어긋나는 말을 하는 경우가 한둘이 아니옵니다. 저 무리들이 과연 새 조약의 주지를 이해하고 있는지 의심스럽사옵니다.

이완용은 대신들 쪽으로 몸을 돌리고 목소리를 높이며 길게 말했다.

── 새 조약의 주지로 말하면, 독립이라는 칭호가 바뀌지 않았고 제국이라는 명칭도 그대로이며 종사는 안전하고 황실은 존엄한데, 다만 외교에 대한 한 가지 문제만 잠깐 이웃 나라에 맡겼으니 우리나라가 부강해지면 도로 찾을 날이 있을 것이외다. 더구나 이것은 오늘 처음으로 이루어진 조약이 아니올시다. 그 원인으로 보면, 지난해에

이루어진 의정서와 협정서에 있고 이번 것은 다만 성취된 결과일 뿐이외다. 만약 진실로 충성스럽고 정의로운 마음을 가진 자라면 마땅히 그 때에 쟁집爭執했어야 했고, 쟁집해도 안 되면 들고 일어났어야 했으며, 들고 일어나도 안 되면 죽어버렸어야 했을 것인데, 일찍이 이런 의거를 한 자를 한 사람도 보지 못하였소이다. 어찌하여 중대한 문제가 이미 결판난 오늘날에 이르러서 왜 갑자기 후회하면서 스스로 새 조약을 파기하고 옛날의 권리를 만회하겠다고 할 수 있단 말이오. 애당초 안 될 일임은 말할 것도 없고, 나중에는 국교 문제에서 감정을 야기하지 않을 수 없을 것이니, 어찌 염려하지 않을 수 있겠소이까……

어전회의는 늘어졌다. 대신들은 곁눈으로 황제의 안색을 살필 뿐 선뜻 나서서 말하지 않았다. 황제는 무표정한 얼굴로 이리저리 돌아가며 신료들의 의견을 물었다. 신료들이 입을 열면 황제는 눈꺼풀을 반쯤 내려 감고 용상 한 쪽으로 몸을 기대고 들었다. 말은 방바닥을 구르는 엽전마냥 용상 주변을 몇 바퀴 맴돌며 서서히 속도를 줄이다가 마침내 제풀에 쓰러졌다.

──더 말해보라…….

──다시 말해보라…….

──마저 말하라…….

말이 끊어지는 듯싶으면 황제는 몸을 일으켜 툭툭 던지듯이 말을 흘렸다. 그리고 이내 다시 용상에 몸을 기댔다.

일본공사는 오후 6시께 이토에게 사람을 보내 아무래도 직접 나서야 할 것 같다고 급히 전했다. 전갈을 받은 이토는 일본군 사령관을 대동하고 입궐했다. 중명전 마당에 일본 헌병들이 가을 들판의 볏단처럼 도열했다. 황제는 이토의 알현을 거부하고 노곤하다며 침전으로 돌아갔다. 이토는 퇴궐하려는 대신들을 모아둔 채, 궁내부대신 이재극을 들여보내 황제의 의중을 다시 물었다. 각료들의 눈길이 모두 황제를 알현하고 돌아온 궁내부대신에게 집중되었다.

이재극이 입을 열었다.

── 폐하께서는, 짐이 이미 각 대신에게 협상하여 잘 처리할 것을 허락하였고, 또 짐이 지금 목구멍에 탈이 생겨 접견할 수 없으니 모쪼록 잘 협상하라는 성지를 전하셨습니다.

황제의 의중은 아득해서 드러나지 않았다. 이토가 대신들을 둘러보며 심문조로 입을 열었다.

── 각 대신들은 어전회의의 경과만 말하는 것이 좋겠소. 내 한번 듣고자 하오.

말을 마친 이토가 한규설을 쏘아보며 물었다.

── 참정대신은 폐하께 무어라 아뢰었소?

──나는 다만 반대한다고만 상주上奏하였소이다.

──무엇 때문에 반대한다고 말했는지 말해보시오.

──더 설명할 만한 것이 없소, 그저 반대한다고만 했다지 않소.

더 들어볼 것 없다는 표정을 한 이토가 외부대신 박제순을 향해 고개를 돌렸다.

이토가 입을 열기도 전에 박제순이 더듬거리는 어투로 말했다.

──이것은 명령이 아니라 바로 교섭이니 찬성과 반대가 없을 수 없소. 내가 지금 외부대신의 직임을 맡고 있으면서 외교권이 넘어가는 것을 어찌 감히 찬성한다고 말할 수 있겠소.

──이미 협상하여 잘 처리하라는 폐하의 명령이 있었는데 어찌 칙령이 아니겠소. 외부대신은 충성스러운 신하이니 폐하의 칙령을 받들어 찬성하는 편으로 받아들이겠소.

박제순은 더 말하지 않았다.

이토의 말이 끝나자마자 탁지부대신 민영기가 탁자를 치고 일어서며 목소리를 높였다.

──나는 반대요!

이토의 얼굴이 굳어지며, 민영기를 쏘아보며 물었다.

──절대 반대라는 것이오?

── 그러하오. 절대적으로 반대요.

── 그렇다면 탁지부대신은 반대하는 편이외다.

짧게 말을 받은 이토가 이하영이 있는 쪽으로 고개를 돌렸다.

이하영이 길게 말했다.

── 지금의 세계 대세와 동양의 형편 그리고 대사가 이번에 온 의도를 모르는 바 아니나, 우리나라가 외교를 잘하지 못하였기 때문에 귀국이 이처럼 요구하는 것이니, 이는 바로 우리나라가 받아들여야 할 문제일 것이오. 그러나 이미 지난해에 이루어진 의정서와 협정서가 있는데, 이제 또 하필 외교권을 넘기라는 까닭을 모르겠소. 우리나라의 체통에 관계되는 중대한 문제이니 승낙할 수 없소.

이토가 말을 마친 이하영을 노려보았다. 이하영은 자리를 고쳐 앉으며 눈길을 피했다.

잠시 후 이토가 이하영을 고쳐 보며 말을 이었다.

── 법부대신은 대세와 형편을 안다고 하시었소? 대세와 형편을 안다고 하니 공 또한 찬성하는 쪽이올시다. 그렇지 않소이까?

이하영은 더 말을 받지 않았다. 그의 목구멍을 타고 넘어가지 못한 마른 침이 목젖에 걸려 얕은 기침 소리를 냈다.

이토는 각료들 한 사람 한 사람에게 돌아가며 의견을 물었다. 완강하게 버텨내지 못하면, 그렇다면 찬성하는 편이외다, 라는 말로 결론지었다. 이토가 신료들의 의견을 모두 정리하자 박제순이 말했다.

──다른 반대의견이 없으면 대한제국에서 상당한 위임을 받은 소신이 본 협약에 기명 조인하겠습니다.

말을 마친 박제순이 조약문에 도장을 깊이 눌렀다. 두 번째 한일협약이 조인되었다. 대한제국의 외교권은 박탈되었고 통감부가 설치되었다. 그날 사관은 한일협상조약이 체결되었다고만 적었다.

자결

한일협정이 조인된 다음 날인 11월 18일에 법부대신 이하영과 농상공부대신 권중현이 사직 상소를 올렸다. 황제는 인책할 필요 없으니 사직하지 말고 공무를 행하라고 비답을 내렸다. 19일에는 궁내부 특진관 이근명이 상소를 올려 조약을 맺은 대신들을 처벌하도록 청했다. 황제는 이해하라고 짧게 답했다.

21일에는 박기양과 박봉주가, 23일에는 조병세, 민종묵, 윤두병이 조약에 참여한 대신들을 처벌하도록 상소를 올렸다. 24일에는 이근명과 이상설이 올렸다. 이상설의 상소는 절절했다.

—— 신이 생각건대 이번에 체결된 조약은 강요에 의해서 맺어진 것이니 이치상 무효로 되어야 마땅하고, 회의에서 동의한 여러 흉역들은 나라의 역적이니 법에서 용서할

수 없는데도 지금까지 성토하는 소리가 잠잠하여 수일 동안 아무 말도 들리지 않습니다…… 신도 사람입니다. 어찌 치욕을 머금고 수치를 참으며 천연덕스럽게 다시 더러운 역적들과 더불어 한 관청에 드나들 수 있겠사옵니까. 신의 마음은 이미 결정되었고, 신의 말도 이미 다하였습니다. 이후로 열 번 상소문을 올려서라도 벼슬에서 반드시 교체되기를 힘써 삼가 엄한 처단을 기다릴 뿐이오니, 폐하께서는 특별히 가엾게 여기시옵소서…….

황제가 짧게 비답을 내렸다.

—— 어찌 이해하지 못하겠는가. 더는 번거롭게 사임하지 마라.

상소는 황제의 서안에 산처럼 쌓였다. 황제는 더 읽지 않았다. 협정서의 내용이 공개되던 날 민영환과 조병세 등이 백관을 인솔하여 대궐 마당에 엎어져 통곡했다. 대열을 향해 말 탄 헌병들이 내달렸다. 여기저기서 비명소리가 들렸다. 대열은 흩어졌다. 집으로 돌아간 두 사람은 스스로 목숨을 끊었다.

갑신정변에 실패한 개화당 지도부 인사들은 대부분 일본으로 망명했다. 주동자 가운데 한 사람이었던 홍만식의 동생 홍영식은 박영교와 함께 국왕을 호위하다가 청군에게 살해되었다. 아비인 홍순목은 삭탈관직되었다. 홍순목은 일가붙이들을 불러 모으고 그 앞에서 음독자살했다. 길게 말하지 않았고 숭늉을 마시듯 약사발을 들이켰다. 20여 명이 따라서 죽었다. 함께 음독했으나 홍만식은 죽지 못했다.

삭탈관직된 홍만식은 고향인 여주에 내려가 머무르고 있었다. 아침나절에 바둑 친구가 찾아왔다. 화점에 놓인 바둑돌을 거점으로 해서 우상귀에서 출발한 흑과 백은 상변과 우변을 넘나들며 실리를 챙겨나갔다. 둘은 극미한 형세를 이루며 네 귀와 네 변을 고르게 나누어 가진 다음에 중원을 넘보았다.

한일협약 소식이 당도한 때는 흑과 백이 중원에서 마지막 싸움을 벌이고 있을 즈음이었다. 중원의 배꼽점에 놓인 흑이 고립된 낙오병처럼 숨을 죽이고 있었다. 이어 붙이려는 자와 끊어놓으려는 자가 서로 수를 읽으며 휘몰아 부쳤다.

소식을 들은 홍만식은 아무 대꾸도 하지 않고 고요히 앉아 있었다. 그의 손끝에서 바둑돌이 미끄러져 기착점 위에 떨어졌다. 두 개의 흑돌이 부딪치며 요동쳤다. 그는 계가를 마칠 때까지 얼굴색을 바꾸지 않았다. 손님을 조용히 배웅한 후에 방안으로 아들을 불러들여 단호한 어조로 말했다.

──약을 가져오너라.

──아버님…….

아들은 통곡하며 말을 이어 붙이지 못했다.

…… 폐하의 날은 아직 다 가지 않았사옵니다. 폐하, 돌이키소 …….

홍만식은 눈을 감고 속으로 말했다. 말은 입 밖으로 터져나오지 못하고 가슴속에서 웅웅거리며 맴돌았다. 아들이 통곡 끝에 말을 이었다.

── 상소 한 번이라도 하시어 주상께서 개오改悟하시기를 청해보시는 것이…….

── 말이 어찌할 수 없는 지경이다.

고개 숙인 아들의 어깨가 흔들리는가 싶더니 이내 이마가 방바닥을 찍었다.

── 울지 마라. 남은 일이 있는 사람은 울지 않는 법이다. 어서 약사발을 가져오너라.

아들은 기어서 방문을 나갔다. 홍만식은 북쪽을 향해 세 번 절하고 약사발을 들이켰다.

홍만식이 죽고 난 두어 달 후에 민영환이 자결했다. 짧은 패도는 한 번에 숨길을 끊지 못했다. 여러 번 찔렀던 탓에 목구멍이 다 찢어졌다. 피가 칼자루에 흥건하여 잡을 수가 없었다. 벽에 핏자국이 있어 촛불로 비춰 보니 손자국이 선명했다. 그날 밤 큰 별 하나가 서쪽에서 떨어졌고 까치 수백 마리가 그의 집을 에워싸고 흩어지지 않았다.

한일협약 조인 소식을 듣고 궁내부로 들어가려던 민영환은 순검들에게 포박되어 강제로 돌려보내졌었다. 그는 차마 귀가하지 못하고 옛 시종인 이완식의 집에 하룻밤을 머물렀다가 다음 날 밤이 늦어서야 집으로 돌아갔다. 노모를 문안하고 잠자리를 살핀 후에 아이처럼 뺨을 비볐다. 45세의 중년 아들을 노모는 아이라고 불렀고, 어서 들어가 쉬라며 아들의 피곤을 걱정했다.

침실에 든 민영환은 잠든 세 아이의 얼굴을 하나씩 찬찬히 살피며 볼을 만졌다. 아이들이 이불을 걷어차며 몸을 뒤척였다.

── 관상가가 아들 다섯을 둘 것이라더니 부인께서 쌍둥이를 가졌나 보구려.

민영환이 임신 중인 아내를 보며 말했다. 아내는 부끄러워 웃기만 할 뿐 말을 넘겨짚지 못했다. 그날 밤 민영환은 자택에서 자결했다. 그가 죽은 지 8개월이 지난 뒤, 죽은 자리에서 대나무 한 그루가 자라났다. 사람들은 그 나무를 두고 혈죽血竹이라고 불렀다.

민영환의 자결 소식을 듣자마자 특진관 조병세도 자진했다. 늘 소매에 넣고 다니던 아편을 꺼내 삼켰다. 죽기 전에, 5백 년 종묘사직의 위급함이 깃대의 술처럼 껍데기만 나부끼고, 2천만 생령이 장차 노예가 될 것이라고 걱정했다. 분해서 주먹을 쥐고 죽어 나라에 보답하고자 한다고 유서를 남겼다.

평양에서 한양으로 올라와 주둔해 있던 무인 김봉학은 칼을 물고 엎어져 죽었다. 칼은 등을 뚫고 나왔다. 일본 헌병들은 조약을 맺기 하루 전에 조선 군인들의 총포를 모두 거두어 갔다. 김봉학은 죽기 전에 장졸들을 모아 결사투쟁을 부르짖었다. 입에서 술 냄새가 짙게 풍겼다. 장졸들은 움직이지 않았다.

전 참사 이상설은 죽으려 했으나 뜻을 이루지 못했다. 종로 거리에서 엎어져 국망을 통곡하며, 몸을 땅에 던졌다. 돌에 머리를 찧고 머리가 깨져 피가 쏟아졌다. 혼절한 지 한 달이 지나 겨우 깨어났다. 학부주사 이상철도 자결했다. 자초지종은 알려지지 않았다.

서울 계동의 인력거꾼도 목숨을 끊었다. 그는 예전에 민영환의 행랑채에 살았었다. 자기 소유의 인력거를 갖지 못하고 남의 것을 빌려 영업했다. 민영환의 자결 소식을 듣던 날에도 하루 종일 달렸다. 다리 근육이 풀려 비틀거렸고 손아귀에 힘이 모아지지 않았다. 어스름 녘에 인력거를 주인에게 돌려주러 나간 그는 밤새 돌아오지 않았다. 다음 날 경운궁 뒷산 소나무 가지에 목 맨 시신이 발견되었다. 시신은 밤새 얼어 뻣뻣했다.

12월 30일에는 전 대사헌 송병선이 약을 먹고 자결했다. 그는 을사조약 이후 초망신草莽臣을 자처하며 입대入對를 청하는 상소를 올렸지만, 대궐 문 밖에서 경무사에게 이끌려 공주로 보내졌다. 공주에서 술을 내어 마시면서 아편을 꺼내 술에 탔다. 가까이 지내던 이들이 말렸으나 듣지 않았다. 아편을 먹고 자리에 누웠으나 죽지 않아 다시 일어나 한 숟가락을 더 삼키고 벽을 바라보고 누웠다. 70세 노구의 수족이 반나절 동안 떨리더니 죽었다. 시호를 청하지 말고 예장禮葬을 받지 말 것이며, 관복으로 염하라고 유언했다.

그의 집에서 일하던 공림이라 불리던 여자 종은, 송병선이 죽자 상복을 꺼내 입고 밤중에 자결했다. 함께 자던 남편이 피비린내에 놀라 일어나 보니 아내의 목에 부엌칼이 꽂혀 있었다. 칼날이 무디었던지 목덜미에 썬 자국이 있었다. 시신은 송병선의 묘소 발치에 묻혔다.

줄줄이 자진한 사람들에 대한 얘기는 이리저리 건너다니다가 설악산 깊은 골에까지 미쳤다. 세상은 끝내 납득되지 않았다. 머리를 깎은 후로 세상일을 아예 보고 듣지 않으려고 애썼다. 납득되지 않는 세상을 납득하려고 애쓰는 것이 어쩌면 공연한 짓인지도 모른다는 생각이 들었다.

백담사에서는 세상일에 신경을 끊고 학암화상으로부터 《기신론》과 《능엄경》, 《원각경》 같은 것들을 배웠다. 경經 속에서 세상의 일들은 꿈이나 그림자나 물거품이어서 편안했고, 여래장如來藏의 미묘한 진여성眞如性으로 자족했다. 두 가지가 다 세상의 모습인지, 둘 가운데 하나만 세상의 모습인지, 아니면 둘 다 그냥 말에 지나지 않는 것인지에 대해서는 경에 적혀 있지 않아 알 수 없었다.

　사람들에게 물으니 말이 끊어진 자리에 비로소 선禪이 있고, 그것은 문자를 세우지 않는 길이니, 말로 도달하지 못하는 자리를 선은 가리킬 수 있을 것이라고들 했다.

　건봉사로 들어가 참선 수행에 전념했다. 하지만 말이 미치지 못하는 자리는 마음도 닿질 못했다. 이심전심의 마음자리는 평상시의 바로 그 마음이라고 했는데, 스스로 제목숨을 끊은 이들의 마음이 물거품인지 진여성인지 생각하다가, 마음이 사나워져 그만두었다.

양위

건봉사에 머물러 있던 그해, 1907년의 여름 가뭄은 질겼다. 삼남 지역 백여 군郡의 들판에 모를 심은 곳이 절반에도 미치지 못했다. 나머지는 누런 티끌이 하늘을 덮어 사방에 근심하는 소리가 가득했다. 충청남도 10여 군에는 검은 벌레가 벼를 해쳤다. 과일과 채소는 물론 초목까지 말라비틀어졌다. 6월에 혜성이 동쪽에서 떨어졌는데 그 길이가 한 발 남짓 되었고, 형혹성熒惑星이 남두南斗로 들어갔다. 고삐 풀린 말은 궁궐 안으로 뛰어들어 날뛰었다.

일본 외무성에서 보낸 전문이 조선총독부에 도착한 때는 7월 첫째 날이었다. 내용은 다급했다.

…… 황제의 밀사를 자처하는 한국인 세 사람이 헤이그에서 열리고 있는 만국평화회의에 참석을 요구하면서, 1905년에 일본과 맺은 보호조약은 한국 황제의 뜻이 아니

며 따라서 무효라고 주장하고 있으니…….

전문을 받아 본 이토 히로부미는 서둘러 입궐했다. 헌병 장교들이 줄줄이 뒤따랐다.

── 헤이그밀사사건의 책임은 폐하께 있습니다!

이토는 손에 든 전문을 펼쳐 보이며 거침없이 목청을 높였다. 황제는 이토의 넓은 이마와 굵은 눈썹을 바라보며 한참 동안 아무 말도 하지 않았다. 이토의 얼굴에 야마구치 현에서 가난한 농부의 아들로 태어난 하야시 도시스케가 중첩되었다.

이토는 살아가는 일에 일관성을 기하기보다는 상황에 맞춰 변신하는 데 힘을 쏟는 사람인 듯싶었다. 에도시대 말기에 존왕양이尊王攘夷운동에 적극 가담했었을 때, 그의 눈에는 천황만이 지존이었고 일본과 통상을 기도하는 이들은 모두 외세였다. 그랬던 그가, 메이지유신 이후에는 신정부에 적극 참여하고 이름도 이토 히로부미로 바꾸고 개화와 신문물 수용에 앞장섰다.

하야시 도시스케와 이토 히로부미가 같은 사람인지 다른 사람인지 생각하던 황제가 천천히 입을 열었다.

── 통감은 지금 무슨 소리를 하는 게요. 그 종이는 또 뭔지 도대체 종잡을 수가 없소이다.

── 폐하께서 모르는 밀사가 어찌 있을 수 있습니까.

——밀사라 하시었소? 글쎄 나는 모르는 일이외다. 조정의 일은 묘당에서 처리하니 그리로 알아보시오.

입 주위를 실룩실룩하며 관저로 돌아간 이토는 이완용을 불러들여 다그쳤다.

——이 일이 내각에서 꾸민 일이오?

전문을 살피던 이완용이 펄쩍뛰며 손사래를 쳤다.

——천부당만부당 한 말씀이시오. 공식적인 사신이면 모르겠으되, 내각에서 어찌 밀사를 파견할 수 있겠소이까.

이완용이 서툰 일본어로 더듬거리며 말을 받았다. 그는 영어를 유창하게 했던 데 비해 일본말은 서툴렀다.

——황제도 모르고 내각에서도 모르는 일이면, 귀신이 밀사를 보냈다는 게요?

——어찌된 영문인지 나로서도 답답한 노릇이나, 내각에서 밀사를 파견하지 않은 것은 분명하외다.

——정히 그렇다면 내일 당장 어전에서 내각회의를 합시다. 황제의 면전에서 도대체 어떻게 된 일인지 따져보자는 말이오. 경위야 어찌되었든 이는 엄연히 조약을 위반한 것이오. 조선의 황제가 동경으로 가서 천황께 사죄하든지 그렇지 않으면 대한문 앞에서 맞아들여 면박의 예를 다해야 할 것이오. 이 두 가지를 차마 못하겠다면 일본에 선전포고한 것으로 간주할 수밖에 없으니 그리 아시오.

이토를 만난 후 이완용은 고종을 배알했다. 만약 특사가 파견된 것이 사실이라면, 황제가 내각과 상의 없이 그렇게 한 것일 테고, 그것을 두고 왜 그렇게 했는지 물어봐야 황제는 답을 피할 것이었다. 경위를 따지기보다는 수습하는 일이 다급했다.

길게 숨을 가다듬고 이완용이 입을 열었다.

──폐하, 이 나라가 누구의 나라이옵니까?

──무슨 소린가.

황제는 짐짓 아무 것도 모른 체했지만 다음 말을 기다리는 표정이 역력했다.

──오로지 황실만을 생각하시옵소서. 지금 이토가 특사 문제로 본국에서 추궁당하여 궁지에 몰려 있사옵니다. 경위야 어찌되었든 이토는 폐하께 책임을 물어 추궁을 무마하려 들 것이옵니다. 지금 그는 조약 위반을 빌미삼아 외람되게도 폐하께서 일본국 천황에게 무릎 꿇고 죄를 청하라 하고 있습니다. 그렇지 않으면 선전포고로 간주하고 외람되게도 총칼로 황실을 갈아엎을 기세이옵니다. 이미 신들이 엎드려 감당할 수 있는 지경을 넘어섰고, 어느 것도 망극하여 받아들일 수 없사옵니다.

──어찌하면 좋겠는가.

──신이 생각건대, 화살이 과녁을 겨누고 있고 활 쥔 자

가 손을 내려놓을 생각이 없는 것이 분명하다면, 과녁을 없애버리거나 여러 개 세워서 화살을 피하는 것밖에 다른 도리가 없을 듯하옵니다.

——말이 어지럽다.

——망극하기 그지없는 일이오나······.

이완용이 더 말을 잇지 못했다. 황제가 다그쳤다.

——말을 꺼냈으면 끝을 보아야 하지 않겠느냐.

이완용이 겨우 말을 이었다.

——폐하, 양위의 모양을 취하소서. 폐하께서 보위에 오르신 지 이미 44년이 지났고 동궁전하의 성년도 벌써 마흔이 가까웠사옵니다. 엎드려 바라옵건대 황상께서는 동궁께 선위하심이 천리를 따르고 중의衆意를 저버리지 않으시는 처사일 것이옵니다.

황제가 자리를 고쳐 앉으며 목소리를 높였다.

——양위라 하였는가?

——폐하, 양위가 아니옵고, 양위의 모양을 취하시라 주청하였사옵니다. 교서는 대리청정으로 내리시고 의식은 양위의 모양새를 갖추도록 하십시오. 그렇게 하오면 황실의 위엄을 손상치 않으면서도 또한 이토에게는 본국에 할 말이 있도록 하는 게 아닐까 하옵니다. 훗날 이 문제가 잠잠해지고 나면 그때 교서를 근거로 대리청정을 거두어들

이시면 그뿐일 것이옵니다.

황제의 고민이 깊어지고 있는 사이에, 임금이 덕을 많이 잃었고 민심이 이미 떠났으니 곧 선위할 것이라는 얘기가 궁궐 주위에 낮게 깔렸다. 누구의 입에서 나와 누구의 입을 거치는지 알 수 없었지만, 떠도는 말들은 선위라는 두 글자를 향해 조여들고 있었다.

황제가 내부차관으로 승진한 유성준을 불러 넌지시 의견을 물었다. 유성준이 대답했다.

── 폐하께서는 쉬시고 진실로 사람을 발탁하여 얻는다면 종묘사직이 힘을 얻을 수 있으니, 어찌 이 같은 경사가 있겠습니까. 폐하께서 끝내 천리를 거역하시면 밖에서부터 혹시 불측한 변이 있을지 모를 일이옵니다.

황제가 자리를 고쳐 앉으며 다시 물었다.

── 불측한 변이 있을 것이라 하였는가? 그것이 무슨 소린지 소상히 다시 일러보라.

유성준은 더 고하지 못하고 다리를 떨며 물러났다.

얼마 후 이토는 일본군을 총동원하여 덕수궁 대한문을 밀고 들어갔다. 함녕전을 포위한 뒤에 기관총 네 문을 거치했다. 총구가 함녕전을 향했다. 남산에는 한양 시가를 내려다보고 포대를 설치했다. 황제는 7월 18일에 조령을 내렸다.

…… 백성들의 곤궁과 나라의 위기가 이보다 심한 때가 없어서 두려워하는 것이 마치 얇은 얼음을 건너는 듯하다. 다행히 황태자의 덕스러운 기량은 하늘이 준 것이고 훌륭한 명성은 일찍부터 드러났다. 문안을 하고 식사를 살펴보는 겨를에 도움을 주는 것이 컸고 정사를 베풀고 개선하는 방도에 부탁할 만한 사람이 있게 되었다. 짐이 가만히 생각하건대 황위를 물려주는 것은 원래 역대로 시행해오는 규례였고, 또한 우리 선대 임금들의 훌륭한 예의를 옳게 계승해야 할 것이다. 짐은 지금 군국軍國의 대사를 황태자로 하여금 대리하게 하노니…….

조령이 있은 다음 날 황태자가 두 번 연거푸 상소했다. 대리청정 명령을 거두어달라고 간청했다. 황제는, 지금 겸손히 사양하며 형식적인 예를 차릴 겨를이 없으니 깊이 헤아리고 번거롭게 굴지 말라고 비답했다. 장례원경에서는 길일을 정하는 일과 의식을 어떻게 할지를 상주했다.

황제가 짧게 대답했다.

——날을 따로 잡지 말고 오늘 당장 행하되, 번거로워 참석하기 어려우니 권정례權停例로 행하라. 소소한 것들은 더 묻지 마라.

의식을 집행해야 할 궁내부대신 박영효는 입궐할 처지가 못 된다고 알려왔다. 갑작스레 몸이 위중하여 운신할 수 없다고 했다. 양위 의식은 하루 늦춰져 다음 날 아침에 행해졌다. 박영효는 여전히 아팠다. 이완용이 스스로 궁내부대신 임시서리가 되었다. 문무백관들이 머뭇거리며 입궐했다.

내긱의 각대신과 2, 3등 칙임관만으로 의식이 진행되었다. 황제와 황태자 모두 참석하지 않았다. 역할을 대신할 환관 두 사람이 대례복을 갖추어 입고, 쓸모없는 지폐처럼 옥좌에 던져졌다. 이완용이 탁자 앞에서 하례의 글을 낭독했다.

즉위한 날에 새 황제 명의로 조령이 내려졌다.

……이상설, 이위종, 이준의 무리들은 어떤 흉악한 성품을 부여받았으며 어떤 음모를 품고 있었기에 몰래 해외로 달려나가 거짓으로 밀사라 칭하고 방자하게 행동하여 사람들을 현혹시킴으로써 나라의 외교를 망치게 하였는가. 그들의 소행을 궁구하면 중형에 합치되니 법부에서 법률대로 엄히 처결하라.

다음 날에는 신민들 모두에게 알리는 조령을 내렸다.

…… 근래 들어 어떤 사람은 통분하다고 핑계하고 어떤 사람은 충의를 빙자하여 곳곳마다 떠들썩하게 와전되어 모든 일이 듣기에도 놀랍기 때문에 칙유를 여러 번 내려 진정을 펴보였으나 미욱하게도 그치지 않고 줄곧 허망한

고집을 부리니 안타까움을 견딜 수 없다. 너희 민중들은 짐이 아니면 누구를 섬기겠으며 짐은 너희 민중들이 아니면 누구를 부리겠는가. 너희 민중들은 이런 국시를 정하고 이런 도리를 알아서 다시는 경거망동하지 말고 각기 자기 직업에 안착하여 짐의 뜻을 잘 본받고 왕업을 도우라.

8월 8일에 법부대신 조중응이 이상설, 이위종, 이준에 관련된 검사의 공소 건을 황제에게 보고했다. 이상설은 사신 명령을 받은 관리라고 사칭하였으니 교형絞刑에 처하고, 이위종과 이준은 추종한 범인이니 한 등급을 낮춰 종신징역에 처한다는 내용이었다. 황제는 다 듣기 전에 답했다.

──윤허한다.

그해 9월에 대구에 머물러 있던 일본군 한 사람이 개에게 물려 죽었다. 대구 관찰사는 백성들에게 기르는 개를 다 죽이라 하고 듣지 않는 자는 처벌하겠다고 했다. 열흘 동안에 개의 씨가 말랐다. 11월에 송병준은 자기 처를 데리고 일본으로 들어가서 노다 헤이지로野田平治郎로 이름을 바꿨다. 서울 동대문 밖에서는 호랑이가 자주 사람을 해쳤고 인천항과 마포에서는 큰불이 났다.

1908년 정월에 황제는 이완용에게 10만 원을 하사했다. 며칠 후 이완용의 집 대들보가 울리고 우물물이 뒤집혔다.

창덕궁에는 호랑이가 들어왔다. 일본에서는 역질이 돌아 하루에 5백 명이 죽고 백성들이 소요를 일으켜 전차 16량을 파괴했다. 2월에는 대한제국 표준시를 그리니치 천문대 기준 동경 127도 30분 자오선에 준해 변경하여 시행했다. 5월에는 곡산과 천원, 일본 동경 등지에 큰 우박이 내렸다. 계란만한 것도 있고 감귤만한 것도 있었다. 전복鮑魚도 같이 떨어져 부상당한 사람들이 많았다.

도일

　머리를 깎은 후로 1908년 봄까지, 백담사와 건봉사를 오가며 설악에 갇혀 있었다. 스스로 가두었고 스스로 유폐했다. 갇혀서 편안했고 유폐되어 자족했다. 불문佛門의 가르침은 스스로 가두고 유폐하기에 안성맞춤이었다. 백성을 향한 측은지심도, 정명正名을 지키지 못하는 권력자에 대한 울분도, 한순간의 꿈이요 환상이라고 위로해주었다. 하지만 불문 안에서 세상의 길과 마음은 길은 서로 짓이겨져서, 결국 아무것도 하지 않는 방법으로 할 것이 없도록 만드는 듯싶었다.

　설악 산중의 저녁은 늘 권태로운 낮의 끄트머리를 물고 늘어지다가 엉겁결에 들이닥쳤다. 저녁 바람이 마당을 쓸면, 늘어진 달빛이 석탑을 쓰다듬으며 옅은 그림자를 늘어뜨렸다. 그런 저녁이면, 제 몸의 온기를 품고 웅크린 짐승처럼 이불 속으로 파고들어 시린 발등과 발바닥을 번갈아 감싸쥐면서 눈을 감았다. 잠들지 못한 밤 짐승의 울음소리가 어둠 속에서 밀려왔다가 멀어졌다.

설악에서 더 버텨내지 못하고 금강산으로 들어갔다. 유점사의 신하화상 문하에서 화엄을 익혔다. 화상은 화엄을 가르치면서도 화엄 따위를 배워서 뭘 하려고 그러냐고 말했다. 어떤 때는 그냥 지나가는 소리나 푸념처럼 말했고, 어떤 때는 사나운 기색을 드러내며 언성을 높였다. 드물게 다녀가던 속인들이 오고간 날이면 더욱 그랬다. 그런 날에 화상은 가르치는 일을 관두었고, 방문은 하루 종일 닫혀 있었다.

화상과 함께 가끔씩 동해 바닷가로 나가곤 했다. 세상 속으로 나선 그는 출가승을 고집하지 않았다. 잘 곳이 없으면 보리밭에서 이슬을 맞으며 잤다. 술을 마시고 나면 그냥 주막집에서 잠들었다. 사람들과 농을 즐기고 농이 지나쳐 두들겨 맞기도 했다. 맞으면서도 그는 웃었고, 웃었기 때문에 더 맞았다. 그는 흡사 맞으려고 작정하고 나선 사람처럼 보였다.

어느 날 그에게 보이지 않는 길에 대해 물었다. 세상의 길과 마음의 길이 맞닿아 이어지는 지점이 도무지 갈피가 잡히지 않아 답답했다. 겨우 입을 열었을 때, 화상이 대답했다.

— 길은 정해져 있는 것이 아니다. 중생이 가면 중생의 길이요, 그 길을 부처가 가면 부처의 길이다. 그러니 중생이 부처의 길을 갈 수는 없을 것이다. 부처만이 부처의 길을 갈 수 있다.

— 그러면 화엄의 길은 중생의 길입니까, 부처의 길입니까?

— 화엄은 중생의 길이면서 또한 부처의 길이다. 세상의 길과 마음의 길도 끝내 다르지 않을 것이다.

—스님, 그러면…….

— 더 묻지 마라. 말과 길은 끊어진 다음에야 겨우 열린다.

화상은 큰 돌로 눌러놓은 것처럼 깊이 가라앉았고, 대나무를 갈라 세워놓은 것처럼 살벌했다.

금강산에서는 그리 오래 머물지 못했다. 질긴 추위가 걷히자 더 주저앉아 있을 수 없었다. 일본엘 가봐야겠다는 생각이 들었다. 일본은 세상을 압도했고, 세상은 온통 일본에 메여 옴짝달싹 못하고 있는 것처럼 보였다. 그들이 도모하는 세상이 궁금했다. 마침 진하화상이 일본으로 건너갈 수 있도록 주선해주었다.

백담사로 돌아와 짐을 꾸렸다. 절에 올라와 있던 여연화가 다가와 물었다.

　── 어디, 멀리 가실 요량이십니까?

　늘 그렇게 밖에 말하지 않는, 아니 못하는 여자였다. 하고 싶은 말을 오래전부터 돌에 눌러놓았다가 겨우 새어나오는 액즙처럼 말하는 여자였다.

　── 일본엘 좀 다녀올까 해서……

　짐을 챙기던 손을 멈추지 않고 남의 일인 양 무심하게 대답했다.

　고향을 떠나 이곳저곳을 떠돌다가 설악에 들어와 반승반속의 생활을 하던 시절, 산이 답답하면 동해 바닷가를 쏘다니곤 했었다. 속초에 살던 여연화는 그때 만났다. 혼자 사는 사람이라는 정도만 알고 있었을 뿐, 왜 그러고 사는지는 캐묻지 않았다. 여자는 늘 할 얘기가 너무 많아 입을 열지 못하는 사람처럼 보였다.

　여연화는 그저 술을 먹다가 돈이 없으면 불러내는 사람이었고, 혼자서 말하다가 들어줄 사람이 고프면 불러내는 이였다. 불러낼 때마다 거절하는 법이 없었고, 돌아가야 한다고 재촉하지도 않았다. 여자는 같이 앉아 있어도 늘 듣기만 했다.

　바닷가에 떠밀려온 빈 조개껍질 같은 기억이 흐릿해질 즈음, 여연화가 말끝을 흐리며 다시 입을 열었다.

—— 살펴 다녀오십시오, 이른 봄에 남쪽바다가 사납다고 들었습니다…….

—— 보살이 어찌 물길을 아시오?

산 아래쪽에서부터 안개가 계곡을 타고 솟구쳐 올랐다. 산안개는 무겁고 두꺼워서 낮게 깔리고 깊이 젖었다. 안개 속에서 여자는 멀어지는 듯하다가, 물기에 젖은 머리카락을 이마에서부터 조심스럽게 쓸어올리더니 대답했다.

—— 세상 떠난 지아비가 뱃사람이었습니다.

여자는 다른 곳을 보고 말했다. 눈동자의 안쪽은 무겁게 잠겨 있어 아무런 그림도 떠오르지 않았다. 산 아래쪽을 향해 낮게 깔려 있는 여자의 시선을 따라가며 천천히 물었다.

—— 그리운 게요?

—— 스님도 그리움이 있습니까.

여연화는 뭔지 모르지만 마치 어떤 운명의 소리를 듣는 듯한 얼굴을 하고 되물었다. 여자의 얼굴엔 빈곤과 고통의 흔적이 없어 맑고 고왔다. 안개에 젖어 무거워진 머리카락 몇 올이 이마를 가로질러 눈꼬리를 비스듬히 지나고 있었다. 여자의 하얀 목선을 따라 흐르던 시선을 거둬 산 아래쪽으로 던지며 말했다.

—— 그립지 않으면 사람이겠소. 그리워야 사람인 게지.

여연화는 뭔가 말을 받으려는 듯 입을 오무작거리다가

끝내 말을 만들어내지 않았다. 여자는 머뭇거리며 방황하는 듯한 눈으로 건너다보더니 젖은 어깨를 떨었다. 뭔가 더 말을 하고 싶지만, 말이 혀끝에 풀처럼 붙어 있다가 떨어지지 못하고 입술마저 붙여버렸는지 밖으로 나오지 않았다. 어깨가 함초롬히 안개에 젖을 때까지 여자는 그냥 서 있기만 했다.

현해탄을 건너는 내내 비가 내렸다. 1908년 4월부터 수개월간 일본 조동종의 총본산인 조동종대학에 머물렀다. 대학의 기관지인 《화융지和融誌》는, 한국 강원도 고성군 건봉사의 도제徒弟인 한용운 군이 혼자서 일본불교를 공부하기 위해 5월 9일 조동종대학을 찾아왔다고 짤막하게 기사를 실었다.

일본 본토는 러일전쟁의 승리에 들떠 있었다. 도시의 허공에는 늘어진 빨랫줄처럼 전선이 종횡으로 이어져 있었다. 검게 기름 먹인 통나무 전신주 아래로 오가는 사람 중에 기모노를 입은 사람은 많지 않았다. 도로 중앙으로는 일장기를 펼쳐 매단 전차가 질주했고, 전차에 올라탄 일본군은 38식 보병소총에 착검하여 살기를 더했다. 보병의 총은 기병의 총보다 길었고 똑같이 다섯 발을 장전했는데, 탄환은 2킬로를 넘게 날아가고 460미터 안쪽의 과녁을 정확히 꿰뚫는다고 했다.

유신 이후 들어선 메이지정부가 급속히 받아들인 서양 문명은 일본 땅에 안착해 있었다. 유신의 깃발 아래 일본은 기고만장했고 일본불교도 호기롭게 성장하고 있었다. 유신은 거역할 수 없는 대세인 듯했다.

일본에는 6개월 남짓 있었다. 10월에 귀국했다. 한양 한복판에 일본의 국책회사인 동양척식주식회사가 설립되었다는 소식을 들었다. 대영제국의 동인도회사를 본떴다고 자랑하는 그 회사가 무엇을 하려는 것인지는 어렵지 않게 짐작할 수 있었다.

1907년 12월부터 이미 조선 전역에는 측량법이 시행되고 있었다. 측량법이 시행되기 한 달 전부터 동대문 밖에서는 잦은 호환으로 사람들이 두려움에 떨었다. 인천항과 마포에서는 큰불이 났다. 측량은 국유, 공유, 사유 세 단계로 나누어 산림에서부터 시행되었는데, 1910년 겨울까지로 한정되어 있었다. 기한 전에 측량하지 못한 땅은 모두 국유재산으로 인정하고, 동양척식주식회사에 귀속시켜 일본 이민자들의 자산으로 삼는다고 했다. 왕조의 하늘은 안에서 희미해지고 밖에서 허물어졌다.

세상은 바뀌어 있었다. 이심전심으로 물건을 주고받거나 흥정할 수 있는 세상이 아니었다. 그것이 일본에서 보고 온 거부할 수 없는 현실이었다. 면적을 산정하는 데 정町·반反·묘畝·평坪·보步·합合·작勺의 명칭으로 사방의 넓이를 측량하여 기록했다. 한 구역마다 모두 네 벌씩 도본을 그렸는데, 두 부는 농부에게 주고, 한 부는 지주가 갖고 다른 한 부는 측량사가 보관하여 서로 증빙케 했다.

백성들은 어리둥절했고 마음을 정하지 못했다. 땅을 빼앗길까 두려운 이들이 측량법을 배우느라 떼를 지어 상경했다. 장안에 쌀이 동났다. 신문에서는 날마다 속히 측량할 것을 권하는 기사를 실었지만, 글을 읽지 못하는 자는 알지 못했다.

조선에는 측량기계가 없었고 일본인들은 한 벌에 35원 하는 측량기계를 대량으로 팔아넘겨 10배의 이문을 남겼다. 측량비 역시 정해진 바가 없어 평당 1원 혹은 2원을 서로 다투며 세월만 보냈다. 소출이 없는 황무지를 소유한 이들은 땅값보다 비싼 측량비에, 마음대로 하라며 나자빠졌다. 정해진 시한까지 측량을 마친 곳은 전체 토지의 10분지 1도 되지 않았다.

마음이 다급했다. 12월 10일에 서둘러 경성명진측량강습소를 개설했다. 개소식에서 목소리를 높여 말했다.

―― 이제 자[尺]의 세상이다. 자로 그어진 세상에서 말은 허망할 것이지만, 자를 우회할 수는 없게 되었다. 자에서

눈을 떼지 마라. 한 치를 못 보면 한 자를 잃을 것이고, 한 자를 못 보면 한 마장을 놓칠 것이다. 자에는 아량이 없다. 자 속에서 세상이 편안하지는 않겠지만, 자가 일으켜 세운 세상 또한 세상일 것이다.

강습소는 이론과 실기 교육을 같이했다. 글을 통해 알아야 할 것은 교실에서 했고, 몸으로 익혀야 할 것은 바깥에서 했다. 교실이 모자라 학생들을 나누어 번갈아가며 교육했다. 학생들은 교실과 바깥을 오가며 분주하게 움직였다. 나이대가 일정하지 않았지만 강습생들은 대부분 서당에라도 다녀 글줄이나 읽을 줄 아는 이들이었기에 글로 가르치는 것은 빨리 습득했다.

── 기준점은 고정불변이다. 지표상의 어떤 점의 위치는 기준점과 그 점을 연결한 선분의 방향과 그 선분의 길이, 두 점 사이의 수평거리를 재면 결정된다. 또 그 점의 공간에 있어서의 위치는 기준점과의 고저차를 재면 결정된다.

가르치는 이들의 목소리는 차분했고, 배우는 이들의 손은 바빴다. 책상 위에서 여러 모양의 자들이 이리저리 옮겨 다녔다. 점을 찍을 때 이마는 책상에 부딪칠 것처럼 바짝 다가갔고, 줄이 그어지는 방향을 따라 머리도 같이 돌아갔다. 선을 그을 때 자를 누르고 있는 손가락 끝이 떨렸는데, 너무 힘을 많이 주면 자는 종이 위에서 여지없이 미끄러졌다.

바깥에서는 가르치는 이들의 목소리가 높아졌고 배우는 이들은 우왕좌왕했다.

─ 삼각대를 세워라. 한 번에 다 하려고 하지 마라. 한쪽 다리부터 땅에 일단 고정시켜라. 그 다음에 나머지 두 다리는 그냥 땅에 얹어둬라. 트랜싯에 달린 망원경의 높이는 눈보다 약간 낮아야 한다. 너무 높거나 너무 낮으면 힘들다.

가르치는 자의 목소리가 높아질 때마다 삼각대가 기우뚱거렸다. 배우는 자들은 연신 삼각대의 세 다리를 맞추느라 까치발로 위에서 내려다보거나 땅에 엎드려 위로 올려다보았다. 얼추 다리 모양이 맞춰진 듯싶으면 삼각대 위의 망원경을 들여다보며 신기해했다. 그러면 가르치는 이들은 고함쳐서 단속했다.

── 망원경은 아직 들여다보지 마라. 트랜싯 옆에 기포관이 두 개 보일 것이다. 먼저 원형기포관만 살펴라. 그것이 구심이다. 정중앙에 기포가 와야 한다. 땅에 얹어놓은 두 다리를 움직여 맞춰라. 횡기포관은 아직 보지 마라. 공연히 마음만 조급해진다. 구심을 먼저 맞춰라. 구심이 맞았으면 그 다음에 횡기포관을 보며 수평을 맞춰라. 그래야

모두 맞출 수 있다.

가르치는 이는 소리를 높여 학생들의 들뜬 기운을 누그러뜨렸다. 원형기포를 맞추면 횡기포가 한쪽으로 치우쳤다. 치우친 횡기포를 가운데 오도록 조절하면 원형기포는 기포관 벽면에 부딪쳐 찌부러졌다. 성미 급한 이들은 양쪽 기포를 바라보며 삼각대의 다리를 툭툭 차기도 했는데, 그럴 때면 가르치는 이들의 고함소리가 운동장을 다시 가로질렀다.

―― 삼각대의 다리는 절대 움직이지 마라. 다리의 나사를 풀어 높이를 조정하면서 수평을 맞춰라. 땅에 밟아놓은 다리를 움직이면 구심이 돌아간다. 두 기포 모두 정중앙에 와야 한다. 하나라도 어긋나면 될 때까지 반복해라. 눈금은 속이지 않는다…….

1909년 4월에 일본군은 조선 전체 지도를 펼쳐놓고 세 구역으로 나눴다. 의병이 남아 있는 곳과 없는 곳을 가려서 붙잡는 데 편하도록 했다. 의병장 서넛이 사로잡혀 죽임을 당했다. 측량기를 판매하는 일본인들은 조선의 돈을 모두 긁어모았다. 몇 조각 목편에 지나지 않은 것을 두고 70원을 받았다.

조선 백성들은 대개 우두커니 바라보기만 했다. 측량을

배우려는 자들은 측량기 값이 너무 비싸다고 웅성대며 세월만 보냈다. 희천에 사는 홍기협이라는 자는 스스로 측량기를 만들고 자명종도 만들었다.

그해 여름에 경성을 떠나 금강산 표훈사의 불교 강사로 취임했다. 이대로는 조선불교의 앞날을 기약할 수 없다고, 안으로 닫아걸어 지켜내야 할 것이 도대체 무엇이냐고 목소리를 높였다. 여름 끝자락에 일본 동경에서 홍수가 났다. 시가지의 물이 1장 5척이나 되었고 1만 2천 호가 침수되었다.

경성에서는 전염병이 크게 돌았다. 사망자가 1천 5백여 명이나 되었는데, 일본인이 수백이나 되었다. 역질은 의주로부터 철로를 따라 경성으로 곧바로 들이쳤다. 환자들은 물설사를 두 번 하고 나면 바로 죽었다. 의주에서는 큰 우박이 내려 새들이 맞아 죽었고 소도 한 마리 죽었다.

10월에 단군교의 교인이 백두산 석굴에서 단군의 사적을 얻었다고 칭하면서, 고경각古經閣을 짓고는 백봉白峰이란 사람을 추대하여 대종사로 삼았다. 단군교에 들어오는 사람은 반드시 백봉 인을 날인하여 신표로 삼았으니 동학과 비슷했다. 목포에서 항구를 빠져나가는 목화가 매년 30만 원에 이르렀는데 이 해에는 더욱 많았다. 정부에서는 전국의 사찰도 조사했다. 절이 957개이고 남자 중이 4천

928명이며 여자 중이 563명이었다.

같은 해 10월 26일 중국 하얼빈역, 안중근은 소지하고 있던 권총에 여덟 발을 장전하고, 다 쏘았다. 브로닝 자동 권총에서 발사된 네 발이 이토 히로부미의 노구에 명중했다. 총 맞은 이는 더 살지 못했다. 안중근은 이토 히로부미와 열 걸음 남짓한 거리에서 쏘았고 현행범으로 영장 없이 체포되었다. 아무도 그를 구하자는 소리를 입 밖에 내지 않았고, 그 또한 살려고 몸부림치지 않았다.

1910

1910년 경술년, 크게 빛난다는 뜻의 연호인 융희隆熙 4년이 밝았다. 새로운 황제가 위를 넘겨받은 지 4년째 된 해였다. 일진회 초대회장 송병준과 후임인 이용구는 새해 벽두부터 통감을 방문해서 한일합방을 하자고 애걸했다. 사람들에게는 합방이 되어 관제가 개편되면 인재를 많이 채용하게 될 것이니 지식이 있는 동포들은 서둘러 일진회에 가입하라고 권고했다.

궁내부대신 민병석과 내부대신 박제순은 무슨 일을 의논하는지 정초부터 서로 편지 왕복이 그칠 새가 없었다. 이완용은 지난 연말의 암살 위기를 넘기고 겨우 살아남았다. 황제는 그에게 녹용과 인삼을 하사했고 치료비로 5백 환을 함께 보냈다. 이완용을 대신해 칼을 받아냈던 일본인은 이완용의 처로부터 5백 환을 받고 승진했다.

농상공부대신 조중응은 황제에게 문안하기에 앞서 이완용의 병실을 먼저 찾아 매일같이 안부를 확인했다. 그의 지극정성을 두고 병문안 오는 자들은 아들보다 낫다고 칭송했다.

정월에 여순에 체류하고 있던 안중근의 형제들이 한인변호사회에 편지를 띄웠다.

…… 가형이 말한 바를 들은즉, 쌓이고 쌓인 심경을 자세히 말하고자 하면 본국 변호사가 있어야 할 터인데 본국 변호사가 없는 것이 한이라 하기로…… 오늘날 이 사건에 대하여 누구든지 관여하기를 탐탁지 아니하게 여길 줄은 저희도 모르는 바 아니나 가형의 청구함을 생각하고, 또 귀 회는 변호하는 목적으로 설립되었으니 혐의를 받을 염려가 없을 듯하기로 감히 알리오니 헤아려주십시오.

편지는 경시청에 압수되었다가 한인변호사회로 보내졌다. 변호사회에서는 짧게 답장했다.

…… 본 회 목적은 영업상에 지나지 아니한즉 경비를 우선 구하고, 또 변호사는 어떤 사람을 선임하고자 하는지 성명을 명기할 것…….

형제들은 수임료로 보낼 돈이 없었고 변호사회에 어떤 변호사가 있는지도 알지 못했다. 그러던 중에 평양에 있던 변호사 안병찬이 나섰다. 그는 가산을 털어 여비 백 환을 마련해서 경의선 기차에 올랐다. 심양을 지나 여순에 닿아 안중근의 형제들을 만났다. 수임료 얘기는 입에 담지 않았다.

공판은 2월에 있었다. 인근에서 수백 명이 몰려들었지만 방청표가 부족해서 대부분 돌아갔다. 법정에 한국인은 변호사와 안중근의 형제 두 사람뿐이었다. 법정에 들어갈 때는 일본인까지 몸을 검사하여 경계를 엄밀히 했다. 이토를 살해한 것에 대한 질문을 받자 안중근은, 이토에게 총을 놓은 것은 대한국 독립 의병의 참모중장 된 신분으로 행한 바요, 결단코 한 개인의 뜻으로 행한 바가 아니라고 진술했다.

사형 집행은 3월 26일 오전 10시 15분에 행해졌다. 안중근은 본국에서 새로 지어간 흰 명주 두루마기를 입고 조용히 집행을 기다렸다. 교수형에 처해지기 전에 변호사를 통해 동포들에게 전하는 유언을 남겼다. 형대에 올라서는 동양 평화 만세를 부르고 숨졌다. 형제들이 시신 반환을 요구하며 통곡했으나 내어주지 않았다.

경술년에 줄곧 표훈사에 있었다. 하얼빈역의 소식을 듣던 날, 주전主展인 반야보전의 추녀 끝 풍경소리가 유난스러웠다. 겨울의 끝자락에 매달린 바람이 매서웠다. 여순 감옥은 더 추웠을 것이었다.

산속에 웅크리고 앉아 있는 것이 죄스러웠다. 불문의 안쪽에서 시급한 일이 무엇일지 생각했다. 스스로 바꾸지 못한다면, 세상의 힘을 빌어서라도 바꿔야 할 듯싶었다. 붓을 들어 헌의서獻議書를 적었다.

…… 가만히 생각건대, 승니僧尼가 스스로 결혼해 아이를 낳는 일을 금함은 실로 수천 년 이래의 철칙인바, 어찌도 그리 도리에 어두운 것이겠습니까. 이 문제가 국가 대계에 관계됨이 적지 않은 바에는 승려 스스로 처리하도록 내버려두고 방관해서는 안 될 줄 압니다…… 만약 불교로 하여금 천하에서 종적을 감추게 해도 한이 없다면 그만이거니와, 만약 그렇지 않다고 하면, 승려들이 결혼해 자식을 낳음으로써 그 범위를 확장해서 종교 경쟁의 진영에 불교의 기치를 세우는 것이 또한 교세를 보존하는 대계大計가 아니겠습니까…… 이제 해는 지고 길은 멀어 조금도 더 늦출 수 없는 까닭에 감히 어리석은 말씀을 드리는 바이니, 다행히 잘 생각해주셨으면 합니다…… 천하에 법령으로 공포하여 승니의 결혼여부를 자유에 맡겨 진화에 장애가 없게 하여 주신다면 공사간에 매우 다행하겠습니다…….

수신자는 중추원 의장으로 있던 김윤식으로 했다. 그는 개화론자였다. 급진적 인사들과는 달리 조선의 전통적 사회이념과 질서의 바탕 위에서 적절히 신문명을 받아들이자는 이른바, 동도서기東道西器와 시무時務를 역설했다.

그는 황후를 중심으로 한 민씨 일족이 개화정책을 추진하는 과정에서 핵심적 역할을 했다. 또 대원군의 집권을 모의하기도 했다. 유림을 대표하는 대제학의 지위에 있었는가 하면, 한일합병 때는 그 공로를 인정받아 작위까지 받았다. 그는 생각하고 판단하는 데 일관성보다는 상황에 맞추는 것이 더 올바른 길이라고 여기는 사람인 듯했다. 그가 생각한 시무는 그런 것이었던 모양이다.

5월이 끝나갈 무렵에 일본에서는 조선 통감을 새로 임명했다. 통감이 바뀌었다는 소식에 어깨에 바람이 든 자들은 새같이 뛰고 살쾡이같이 웃으며 무슨 운동을 한다면서 분주하게 움직였다. 통감을 영접하는 절차는 전보로 전해졌다. 영접하는 자는 반드시 입장권을 소지해야 하고, 각 사회단체는 대표자 10명 외에는 들어갈 수 없으며, 통감이 탄 기차를 타기 위해서는 철도관리국에서 발행한 허가증서를 반드시 소지해야 한다고 하달되었다.

여름에 들 무렵, 일본에 머물고 있던 송병준은 무슨 긴급한 사건이 있었는지 일진회장 이용구에게 네 번이나 전보를 보냈다. 이유는 알려지지 않았다. 제3대 통감 데라우치는 7월 23일 오전 10시 50분에 경성에 입성했다. 조선의 황족들이 남문 밖 정거장까지 나가 영접했다. 통감이 일본 육군대신의 자격인 까닭에 근위대 병정 한 개 소대가 정거장에 도열했다.

도착한 지 이틀 후에 통감이 저녁 만찬회를 열었다. 병원에 입원 중이던 총리대신 이완용이 불참한 가운데 황족과 문무관리 50여 명이 참석했다. 의친왕은 나타나지 않았다. 7월의 마지막 날에, 이완용은 마차를 타고 한성구락부로 가서 박제순, 조중응과 만나 오찬을 함께했다. 세 사람은 아무도 가까이 오지 못하게 하고 여섯 시간 동안 밀담을 나누다가 저녁 7시께 헤어졌다.

8월 22일, 백중이 지났지만 더위는 밤에도 물러가지 않았다. 길가에 나와 잠자던 사람들은 아침햇살에 쫓겨 집 안으로 들어갔다. 동이 트자마자 창덕궁과 경운궁 주위로 일본 헌병들이 도열하여 에워쌌다.

오전 11시쯤에 궁내부대신 민병석과 시종원경 윤덕영이 황제에게 고했다.

── 일본과 병합 준비가 끝났사옵니다. 조약 체결을 위한 전권위원으로 총리대신 이완용을 임명하는 어전회의를 서두르셔야 하옵니다.

황제가 짧게 답했다.

── 대세가 이미 정해진 이상 속히 실행하는 것이 좋다. 오후 1시에 어전회의를 열겠다.

어전회의는 창덕궁 대조전 흥복헌에서 열렸다. 총리대

신 이완용을 비롯해서 각부 대신들이 참석했다. 왕족 대표인 이재면과 원로 대표인 중추원 의장 김윤식도 빠지지 않았다.

학부대신 이용직은 이질에 걸려 참석하기 어렵다고 알려왔다. 그는 나흘 전 내각회의에서, 임금이 욕되면 신하는 죽어야 한다며 혼자서 울었었다. 그는 집안의 노비와 하인들을 모아놓고, 더 이상 다른 사람에게 의식衣食을 부탁하지 말고 각기 나가서 자유생활을 하라면서 노비문서를 불태웠다.

황제는 오후 2시가 되어서야 모습을 드러냈다. 용상에 앉은 후에도 한동안 말하지 않았다. 각료들도 입을 열지 못했다. 매미 소리가 흥복헌 문지방을 넘으며 점점 커졌다.

이완용이 먼저 조약 내용을 읽어 내려갔다.

—— 한국 황제 폐하 및 일본국 황제 폐하는 양국 간의 특별히 친밀한 관계를 고려하여 상호 행복을 증진하며 동양의 평화를 영구히 확보하기 위하여, 이 목적을 달성하려고 하면 한국을 일본국에 병합하는 것만한 것이 없음을 확신하여 이에 양국 간에 병합 조약을 체결하기로 결정한다. 이를 위하여 한국 황제 폐하는 내각 총리대신 이완용을, 일본 황제 폐하는 통감 자작 데라우치 마사타케를 각각 그 전권위원에 임명한다. 위의 전권위원은 회동하고 협의하

여 다음의 여러 조항을 협정한다. 제1조 한국 황제 폐하는 한국 전부全部에 관한 일체 통치권을 완전히 또 영구히 일본 황제 폐하에게 양여한다. 제2조……

황제는 눈을 감고 이완용의 말을 들었다. 이완용은 병합 이후 황제의 칭호를 태공太公이라 하려던 것을 왕으로 하기로 했다고 보충하며 말을 마쳤다. 말이 끝난 후에도 황제는 눈을 뜨지 않았다. 작아졌던 매미 소리가 다시 커지더니 흥복헌 천정을 빙빙 돌다가 흩어졌다. 각료들은 기침 소리도 내지 않았다.

눈을 뜬 황제가 각료들의 얼굴을 순서대로 천천히 돌아보며 무겁게 입을 열었다.

── 경들은 조약에 대한 가부를 말하라.

아무도 입을 떼지 않자 황제의 목소리가 높아졌다.

── 내가 말하랴?

── ……

── 권신들이 모두 가하다면 짐도 이의가 없다. 동양 평화를 위해 참으로 기쁜 일이다.

'참으로'라고 말할 때 황제의 목소리가 갈라졌다. 황제는 위임장의 내용을 자세히 살피지 않았고 길게 말하지 않았다. 위임장에 서명한 뒤에 이완용에게 건네주라는 말만 남기고 자리를 떴다.

오후 4시에 이완용은 농상공부대신 조중응을 대동하고 통감 관저로 갔다. 전권위임장을 제출하고 준비된 조약문에 서명했다. 조칙문 공포일은 8월 29일로 정했다. 조칙문은 황제의 서명 없이 어새만 찍은 채 공포되었다. 대한제국의 황제는 다시 왕이 되었다.

　통감은 8월 26일자 신문에 유고문遺誥文을 발표했다.

　…… 천황 폐하의 명을 받들어 본관이 조선을 통합하는 임명을 받아 정사를 베푸는 강령으로 조선 상하 인민에게 효유하노라. 무릇 지경이 서로 접하며 환난에 서로 의지하여 민정이 또한 형체의 의가 있는 자 서로 합하여 일체를 이루는 것은 자연의 이치요 반드시 될 형세라. 이러므로 대일본국 천황 폐하께서 조선국의 안녕을 확실히 보호하시고…… 부질없이 망령된 생각으로 행정을 방해할 자 있으면 단정코 용서치 아니할지라. 충성으로 몸을 가져 근신하고 법을 지킬 어진 선비와 순한 백성은 반드시 은택을 입게 하여 그 자손이 영구히 은혜를 받게 함이니, 너희들은 각별히 새 정치를 받들고 몸 바쳐서 진실로 어김이 없게 할지어다.

　내각이 바뀌자 원로 이하 여러 사람들이 대신이 되려고 이리저리 몰려다녔다. 중추원에 주사 150여 과를 증설한다는 소문이 돌았다. 벼슬을 원하는 자들이 소문의 진위를

살피느라 분주했다. 그즈음에 함흥에서는 소 같은 곰이 출
몰하여 백성을 해쳤는데, 순사들이 출동해서 총을 놓아 잡
았다.

조약 체결 사실을 공포하던 날, 일본 군대와 경찰은 경
계 수위를 올리고 밤을 새워 시찰했다. 백성들은 소요를
일으키기는커녕 미동도 없었다. 도회에 살던 백성들 가운
데 시골로 이사하는 자들이 많아 성내 집값이 떨어졌다.
학교가 개학을 해도 지방의 학생들은 상경하지 않았다.
상경한 학생들조차 학문이 장차 소용없게 되었으니 내려
와 농사일에나 힘쓰자는 가족의 편지를 받고 서둘러 귀향
했다.

중추원으로 편지를 보낸 후로, 어떤 소식이라도 있을까
기다렸지만 여름까지도 별다른 회신이 없었다. 자문기관
에 불과한 중추원과 명예직일 뿐인 그 기관의 의장이 불교
계의 사안에 깊이 개입하는 것이 어쩌면 부담스러웠을지
도 모른다는 생각이 들었다.

가을에 들 무렵 좀 더 실제적 권력기관인 통감부에 비슷
한 내용의 백서를 보내기로 마음먹었다. 통감부는 명목상
외교업무를 관할하는 기관이었다. 하지만 사실상 정치 사
회 전반에 걸쳐 관리·감독하고 있다는 사실을 모르는 이

가 없었다. 통감은 조선의 외교권을 대행함은 물론이고 내정에까지 촉수를 뻗고 있었다. 백서는 이전 것보다 좀 더 간명하게 적었다.

…… 엎드려 생각건대, 승려 결혼을 불교의 계율이라 하여 금한 것이 그 유래가 오래되었으나, 그것이 백 가지 법도를 유신하는 오늘의 현실에 적합하지 않은 것은 말할 나위도 없는 일입니다. 만약 승려로 하여금 결혼을 금지한 채 풀지 않게 한다면, 정치의 식민과 도덕의 생리와 종교의 포교에 있어서 백해무익할 터입니다…… 부처님의 계율에 있는 금혼은 본디 방편의 하나에 불과한 것일 뿐, 불교의 궁극의 경지와는 거리가 먼 터이니 이를 제한한들 어찌 손상됨이 있겠습니까…… 정치는 혁신함이 제일입니다. 이 일이 비록 작은 듯하지만 사실은 중대한 일이니, 다행히도 빨리 조처하셨으면 합니다. 간곡히 기원해 마지않습니다…….

취처娶妻가 일반화되어 있는 일본불교를 생각할 때 일본인 관료들이 머뭇거릴 이유는 없어 보였다. 하지만 통감부에서도 별다른 반응이 없었다. 서른두 살의 젊은 중이 출가사문의 취처를 허용하자고 건의한 것이 그들의 이목을 끌기에는 역부족인 모양이었다.

한일병합조약이 체결되자, 사람들은 철새처럼 고요하게

무리지어 조선 땅을 떠났다. 반도의 남쪽 사람들은 부산에서 배를 타고 청진과 해삼위로 떠났다. 평양 인근에서는 5백 50리 길을 걸어가 원산에서 배를 타고 청진으로 이주했다. 경성에서는 경부선 열차를 타고 부산으로 내려갔다가 다시 배를 타고 청진으로 거슬러 올라갔다. 기차역과 부두마다 흰옷 입은 조선 사람들이 떼를 지어 꾸역꾸역 몰려다녔다. 배와 기차가 움직이기 시작하면 따라나서지 못하는 노인들의 울음소리가 안개처럼 깔렸다.

조선의 백성들은 1905년부터 이미 중국 동북 지역으로 밀려들었는데 병합 이후 급격히 늘어났다. 1911년 한 해만 1만 8천여 명이 북간도로 이주했다. 다음 해에는 3만 2천여 명이 이주했다. 만주 지역을 통틀어 조선족이 20만을 넘었다.

청국 관헌들은 간도로 망명한 조선인들에게 청국인모양 머리를 기르고 복색을 바꾸라고 강권했다. 받아들이지 않으면 잡아가거나 학대했다. 허기를 뽀얗게 참아낼 수밖에 없던 이주민들은 겨울잠 자는 뱀처럼 웅크리고 숨어 지내거나 요구를 받아들였다.

경남 밀양 부내면 사문동 일대에서는 무덤 183기가 파헤쳐졌다. 파헤친 일본인은 농상공부의 인허를 얻었다고 했고, 파낸 자리에 나무를 심었다. 무덤의 후손들이 고을과 농상공부에 호소했으나 아무런 조치도 없었다. 경의철도에서는 의병들이 철도 궤도를 끊고 돌을 쌓아, 북행열차 바퀴가 부서지고 엎어졌다. 곧바로 의병들이 습격했지만, 호위하던 순사들이 의병을 막아냈다. 백성들은 달리는 열차 유리창에 돌을 던졌다.

어떤 조선인은 충신 안중근이라 쓰인 그의 사진을 박아 엽서를 만들어 팔다가 치안방해죄로 경시청에 연행되고 엽서를 모두 압수당했다. 양평과 광나루 등지에서는 호환이 잦았다. 백성들이 함정을 만들었는데 되레 사람이 빠져 죽었다. 함정을 만든 이들은 연행되었다.

유신

조선이 넘어가던 그해 겨울에 다시 설악으로 들어갔다. 내설악의 겨울은 일찍 시작되고 오래 버텼다. 눈보라는 계곡을 타고 가파르게 쏟아져 내렸다. 늙은 소나무 가지는 밤마다 자지러지는 소리를 내며 부러졌다. 먹이를 찾아 내려온 산짐승들은 백담사 계곡 얼음장 위에 족적을 뿌리며 어슬렁거리다가 눈 속에 코를 처박고 쓰려졌다.

팽팽하게 당겨진 겨울바람이 절 지붕 기왓장을 종횡으로 난도질하면, 싸라기눈이 솟구쳐 올랐다가 마당에 흩어졌다. 문틈으로 들이친 바람에 손가락이 얼어붙어 손이 굳고 무디어졌다. 해가 저물기 전에 조선불교의 향방에 대한 글을 마무리해야 할 것 같았다. 손가락을 입김으로 불어 풀면서 새벽녘이 되어서야 겨우 원고를 마무리했다.

《시경詩經》〈대아大雅〉편에 처음 나오는 유신維新이라는

말귀는 2천 년이 지나 세상을 바꾸는 명분이 되었다. 청과 일본은 저마다 변법變法과 명치明治라는 이름으로 그 흐름을 일으키거나 혹은 올라타고 있었다. 고쳐 새롭게 해야 한다는 말은 정언명법처럼 세상을 찍어 누르고 있었다. 불교라고 해서 비켜갈 수 없었다. 다만, 남이 제 마음대로 새롭게 하는 상황만은 피해야 할 것이었다.

《조선불교유신론》은 열다섯 항목으로 나누어 적었다. 각각이 개별적이었지만, 유신 하나로 조여들게끔 구성했다. 첫 번째로 불교의 성질에 대해 논했다. 종교적인 것과 철학적인 것 두 가지로 나누었는데, 종교의 핵심은 희망이고 철학의 골자는 진리라고 역설했다. 희망이 없는 삶은 황폐할 것이고, 희망을 빙자한 미신은 속임수에 지나지 않을 것이기에, 이 둘은 서로 비벼져서 마침내 아름다울 것이었다.

서문을 적어내려가면서 매화나무 한 그루를 떠올렸다. 《삼국지》의 조조가 목마름에 시달리는 병사들에게 조금만 더 가면 매화나무 숲이 있다고 하자, 병사들의 입에 저절로 군침이 돌았다고 한다. 사람들이 무엇 때문에 갈증 나하는지 알고 그들의 입에 침이 돌게 할 수 없는 종교라면, 사람들은 마침내 그 종교가 왜 있어야 하는지 되물을 것이었다. 망막 위에 유신維新이라는 두 글자가 두드려졌다가 희미하게 흐려졌다.

참선에 대해서는 다섯 번째 항목에 실었다. 조선불교의 염세와 독선에 대해 적었다. 그런 불교는 구세의 가르침이요 중생제도의 가르침인 불법佛法과는 상치되는 것이었다. 선禪의 취지와 본말을 모른 채 세월만 끌고 다니며, 구두선口頭禪만 일삼고 시심마是甚麼를 찾는 유명有名의 속물들에 대해서도 답답함을 토로했다. 선의 좌표는 늘 세상 속에 있어야 하고 세상을 벗어나지 않아야 할 것이었다.

취처娶妻와 관련된 것은 새로 쓰지 않고 중추원과 통감부에 제출했던 백서를 그대로 실었다. 취처를 말하면, 조선 불교계의 대다수 인사들이 왜색과 파계를 운운하며 욕할 것이 뻔했다. 하지만 대처를 두고 왜색이라 비판하는 것은 그저 반감일 뿐, 먼 미래를 보지 못하는 소치였다.

대처는 파계가 아니기 때문에 용납되어야 하는 것이 아니었다. 설사 파계라 할지라도 그것이 시대적 요청이라면 용납되어야 했다. 취처는 조선불교가 자신의 순결성을 훼손하는 용단을 내릴 수 있는지를 살피는 시금석이었다. 세상 사람들은 불교계의 태도를 살피면서, 불교가 세상을 위해 제 몸을 불사를 수 있는지 두 눈 부릅뜨고 지켜보고 있었다.

책의 말미에서 부모의 은혜에 대해 얘기하다가, 고향에 두고온 어미 생각에 몇 글자를 우겨넣었다.

…… 나는 본래 탕자였다. 중년에 선친이 세상을 떠났고, 홀어미를 섬겨 불효에 이르렀다. 지난 을사년에 입산한 후로 국내외를 떠돌아다니며 집에 소식을 끊고 살았는데, 지난해에 길에서 우연히 고향사람으로부터 어미가 세상을 떠난 지 이미 3년이 지났다는 소식을 들었다. 이에 만고에 다하지 못할 한을 품었고 하늘을 뒤덮고도 남을 만한 큰 죄를 지었으니, 지금 생각해도 부끄럽고 떨려서 스스로 용납되지 않는다. 왕왕 사람과 세상에 뜻이 없어지기도 했지만, 이렇게 붓을 잡고 보니 부지불식간에 가슴이 막히고 몸이 떨린다. 감히 세상에 알려 죄를 기다리고자 한다 …….

멀리 민가에서 새벽닭이 울었다. 원고를 마치고 서안書案에 엎드려 잠들었다. 잠결에 누군가 부르는 소리가 들렸다. 죽은 어미의 목소리인 듯도 싶고, 고향에 남겨둔 식구들이 부르는 소리인 듯도 싶고, 꿈인지 생시인지 분간되지 않는 소리의 종적을 가늠하던 차에, 상좌인 춘성이 문을 열고 들어섰다. 뜨거운 보리밥과 동치미 한 그릇이 놓인 소반을 들이밀더니 퉁명스럽게 말을 던졌다.

── 스님, 또 밤을 꼴딱 새셨습니까. 이러다 몸 상하십니다.

붉은 눈을 두어 번 깜박이고 마른 얼굴을 손바닥으로 비비면서 허리를 세웠다. 흐리게 겹쳐 보이던 춘성의 얼굴이 점점 또렷해졌다.

—— 어허 네놈이 나를 다 걱정해주는구나. 걱정 마라. 왜놈들 머슴살이하는 주제에 끼니 찾아 먹는 것만 해도 이 게 어디냐.

살얼음이 낀 동치미 국물로 입을 헹구고 춘성에게 글 뭉치를 디밀었다.

—— 아침도 잘 먹었으니, 나는 이 길로 바로 떠날 것이다. 이것을 잘 간수하되 그냥 두지 말고 밤마다 조금씩 읽어봐라. 앞으로의 불법佛法은 이 글 가운데 있을 것이다. 그렇다고 해서 노스님이나 여러 큰스님의 말씀을 업수 여겨서는 안 된다.

—— 근데 이건 지난번 통감부에 넣었던······.

글 뭉치를 후루룩 넘겨보던 춘성이 손을 멈추면서 말을 이었다.

—— 스님 이 백서까지 넣어서 책을 찍어내실 요량이십니까? 취처는 다들 입에 담기 꺼려 하는 일이온데······.

—— 고쳐 새롭게 하지 않으면 안 되는 세상이다. 스스로 고치지 않으면, 남이 고치려고 덤빌 것이다.

—— 다들 취처는 파계라 하니 그러는 것 아니겠습니까.

—— 웃기는 소리 말라고 해라. 여자가 아내가 되면 제

식구가 된다는 것조차 모르는 맹랑한 놈들의 헛소리다. 파계를 운운하는 놈들에게, 여자의 가랑이는 배설의 도구요 욕정의 대상에 불과한 것이 아니겠느냐. 잔기침만 해도 오줌이 지려지고, 뜀박질만 해도 속옷이 젖는 그런 사타구니를 쓰다듬고 돌보아야 하는 세상살이의 고단함을 단 한 번이라도 생각해본 적이 있는지 그놈들에게 한번 물어봐라.

원고를 춘성에게 맡겨두고 백담사를 내려와 호남으로 향했다. 차 안에서 일본에 가 있는 동안 돌아봤던 불교의 모습을 떠올렸다.

일본은 취처 문제를 별 무리 없이 겪어낸 것 같았다. 메이지정부는 취처제도를 근대화의 일환으로 생각했다. 불교계나 일반 백성들 역시 별다른 거부감 없이 받아들였다. 그들에게는 원칙이나 규율보다 더 중하게 생각하는 것이 따로 있는 것처럼 보였다.

일본에서도 불교 수행자들은 결혼하지 않는 것이 전통이었다. 신란[親鸞]이 개창한 정토진종의 승려만 공개적으로 결혼할 수 있었다. 신란은 일본불교의 전설이었다. 급성장하는 정토진종을 경계하여 기성교단은 정부의 힘을 빌려 그를 귀양 보내고 정토진종의 승려 두 사람을 참수했다.

신란은, 자신의 구원을 위해 애쓸 여건이 안 되는 사람들을 보아 넘기지 못했다. 세속에서 악惡을 감내하며 살아내야 하는 이들을 하찮게 보는 것이 중노릇이라면 그런 중노릇은 안 해도 그만이라면서 결혼하고 환속했다. 환속한 후에도 그를 따르는 백성들은 늘어났다. 정토진종은 일본 최대의 교단이 되었다.

꿈속에서 만난 관음보살은 신란에게 말했다.

…… 네가 인간으로 태어난 업보로 인해 여자를 범하게 된다면, 내가 아름다운 여자가 되어 네 업보를 보듬어줄 것이다. 더욱 번뇌하고 갈등하거라. 그것만으로도 내가 너를 극락으로 인도하리라…….

신란은 자력신앙을 강조하는 선종의 오만함에 진절머리가 났던 모양이다. 정체불명의 마음자리를 정해놓고, 그 자리만 깨치면 성불할 수 있다는 말은 부처의 뜻이 아닐 것이라고 그는 확신했다. 선종의 말귀는 고귀해보였지만, 사람마다 다른 삶의 결을 못 본 체 하고 있었다.

윤리란 서로 다른 사람들 사이의 소통과 용인의 문제일 것이기에, 철저한 자기 긍정이 아니라 전면적 자기부정 속에서 온전할 것이었다. 그래서 타력신앙의 구원자들은 자신을 버리고 몹쓸 세상 속으로 뚜벅뚜벅 걸어 들어갔다.

진정한 자유는 자유로워지라는 정언명령을 기꺼이 가납하고, 나는 지금 과연 자유로운가를 스스로 물을 때 비로소 얻어진다고 그는 생각했다. 기도는 그런 명령에 기꺼이 복종하여 자신을 스스로 구속시키는 전면적인 자기 포기일 것이었다.

정토진종의 서방정토는 건너가 도달하는 곳이 아니라 복종하여 맞아들이는 곳이었다. 그 가운데서 모든 중생은 안쓰러운 아이의 얼굴이나 가냘픈 여자의 모습을 할 수밖에 없을 테지만, 스스로 구속하고 복종하여 마침내 자유로울 수 있었다.

그들의 복종이 너무 절실해서 속으로 시를 지었다.

…… 남들은 자유를 사랑한다지마는, 나는 복종을 좋아하여요. 자유를 모르는 것은 아니지만, 당신에게는 복종만하고 싶어요. 복종하고 싶은 데 복종하는 것은 아름다운 자유보다도 달콤합니다. 그것이 나의 행복입니다. 그러나 당신이 나더러 다른 사람을 복종하라면, 그것만은 복종할 수가 없습니다. 다른 사람을 복종하려면 당신에게는 복종할 수가 없는 까닭입니다…….

에도시대의 거지 성자 다이쿠 료칸大愚良寛은 또 하나의 전설이었다. 그는 식량 다섯 줌으로 매일을 살았고 아이들과 노는 것을 좋아했다. 그에게는 조카가 하나 있었다. 창녀에게 정신이 빼앗겨 재산을 탕진했다. 형수가 그를 찾아와 걱정하며 상의했다.

어느 날 그는 고향집의 조카를 찾아갔다. 사흘 동안 머물면서도 한마디도 하지 않았다. 떠나려고 나서면서 조카에게 처음 말했다.

— 세월은 어쩔 수 없구나. 이제 나이가 들어 그런지 손이 떨려서 아무것도 마음대로 할 수 없다. 얘야, 내 짚신 끈을 좀 매줄 수 있겠느냐.

조카는 쪼그리고 앉아 허리를 굽혀 신발 끈을 묶었다. 순간 조카의 목 뒷덜미에 물방울이 툭 떨어졌다. 깜짝 놀라 올려다보는 조카를 향해, 그가 젖은 눈으로 말했다.

— 고맙다……. 사람의 한 살이라는 게 이렇듯 하루가 다르게 늙고 약해진다. 너도 나처럼 되기 전에 할 일이 있으면 속히 하도록 해라.

그는 더 말하지 않고 떠났다. 그는 어떤 경우에도 꾸짖거나 화내는 법이 없었다. 자신의 제자였던 정심貞心 비구니와 사랑을 나누기도 했다. 두 사람의 사랑 이야기와 시는 글자 없는 경전처럼 수행자들의 입에 오르내리고 있었다. 그가 임종에 임박하자 제자 비구니가 필담으로 적었다.

— 죽음과 삶의 경계를 넘어서야 한다고 하지만, 이별의 슬픔을 어찌 참을까요.

그가 글을 적어 대답했다.

— 내가 남길 것이라곤 봄꽃과 여름 두견, 가을 단풍잎뿐일세.

일본정부가 승려의 결혼을 공인하는 과정에서, 신란과 다이쿠 료칸의 전설은 정당성의 근거가 되었다. 일본에서 승려의 결혼 문제는 각자의 자유에 맡겨졌다. 그들은 세상 밖의 이상보다 세상 속의 절실함을 아름답게 여겼다. 그들의 유미적 세계관은 일본불교를 더없이 실제적이고 현실적인 종교로 만들었다. 그들에게 금욕은 하늘 위의 숭고한 가치가 아니었다.

사람들은 취처를 말하면 마누라를 두지 못해 무슨 몸살이라도 난 것처럼 생각하는 모양이다. 출세간의 눈으로만 보면 세간으로의 귀향은 위반이고 일탈일지도 모른다. 하지만 살생유택이 용인된 까닭은 불살생의 순결성만으로는 해결되지 않는 문제가 있기 때문이 아니었을까. 금기는 세상을 떠나는 것인 동시에 등진 세상으로 되돌아올 수밖에 없는 운명을 담고 있다.

금욕은 참아내고 절제하는 의지에 다름 아니다. 그런데 욕망이 일어나지 않는다면 그런 의지 또한 생겨날 리 만무하다. 그러니 금욕한다는 것은 곧 제 안에서 욕망이 끓어오르고 있다는 뜻에 다르지 않다. 금욕은 역설적이게도 욕망을 인정하고 마는 것이다. 금욕은 범인凡人과 금욕자를 구별 짓는 동시에 그 둘이 사실 별로 다를 게 없다는 것을 보여준다. 금욕은 욕망이 원천적으로 부정될 수 없다는 것을 도리어 증명하고 만다.

금기는 법제화된 규칙 체계가 되어서는 안 될 것이었다. 금기는 스스로 파괴되기 위해 존재해야 했다. 그것은 구원을 현실화하기 위한 장치인 것이다. 에덴동산의 선악과는 인간이 신에게서 멀어진 이유인 동시에, 인간이 신을 찾아나서야 하는 이유가 되는 것이다.

계율은 스스로 무의미해지고 효력을 상실하기 위해 존재한다. 이 사실을 간과하면 윤리적 엄숙주의나 율법주의로 빠지고 말 것이다.

일본불교에서 독신과 취처는 금욕과 무관해 보였다. 독신을 계급장처럼 어깨에 달고 다닌다고 금욕을 보증하지 않듯이 결혼이 탐욕을 기필하지도 않았다. 욕망이 사슬이라면 금욕도 사슬일 것이다. 금욕이 욕망의 또 다른 기호라는 것은 논리적 필연이다. 일본불교는 계율의 허망함을 감당해내며 유신을 모색했고, 결국 이루어내고 있었다.

간도

백담사에서 《조선불교유신론》 집필에 전력하고 있을 무렵, 이회광이 각도의 사찰 대표자 50여 명을 임의로 불러 모아 전국적 종단인 원종圓宗을 설립하고 일본불교와 조약을 추진한다는 소식을 들었다. 조선 불교계가 염세와 독선에 빠져 있기는 했지만, 그것이 외부의 힘과 연합하여 깨질 것은 아닐 듯싶었다. 조선불교의 운명은 조선의 불문 안쪽에서 가릴 일이었다.

이회광이라는 인물에 대한 얘기는 건봉사에도 전설처럼 전해지고 있었다. 《동사열전》에서는 그를 두고 조선 왕조 최후의 강백이라고 했다. 그가 설법을 시작했을 때는, 황해도와 평안도는 물론이고 삼남 지방의 학인들까지 풀덤불을 헤치고 몰려들었다고 적었다. 또 봄에 사향노루가 산속을 지나가면 풀이 저절로 향기롭듯 그가 하룻밤을 묵고 지나간 자리 또한 그러했고, 다른 사람과 더불어 한번 말하면 마치 밝은 달이 참선에 든 수행자를 깊숙이 비추는 듯했다고도 적었다.

그는 조선불교를 일본 정치의 영향권에 두느니 차라리 일본불교와 연합하는 것이 낫다고 생각한 모양이었다. 일진회 회장 이용구가 그렇게 조언했고, 일본 중 다케다 한시武田範之를 고문으로 추천했다는 얘기도 돌았다. 다케다는 세상일에 관심이 많은 승려였다. 동학이 성공하려면 일본에 의지해야 한다고 전봉준을 만나 권유했다거나, 일본의 떠돌이 낭인들을 불러 모아 여기저기서 소요를 일으키고, 국모시해사건에도 깊숙이 가담했으며, 일진회가 한일병합을 황제에게 건의했다는 소식을 들었을 때도, 그 일본 중의 이름은 빠지지 않고 사람들 입에 오르내렸다.

이회광은 다케다와 함께 일본으로 건너가 조동종 관장을 만났다. 연합은 아니 되고 부속으로 두는 것은 승낙하겠다는 대답을 들었다. 정 그렇다면 일본 내의 다른 종파와 협의하겠다고 이회광은 맞섰다. 다케다는 관장을 따로 만나 다른 여러 종파에서 조선 불교계와 합병을 제안하고 있다는 말을 흘렸다. 이회광에게는 관장이 조동종의 대표이기는 하지만 종무 책임자는 아니라고 했다. 그리고 실권을 가진 다른 사람과 조약을 체결해도 무방할 것이라고 설득했다. 이회광은 조동종 종무원의 총무와 연합조약을 체결하는 것으로 일을 마무리했다.

일본 조동종과의 조약 내용이 공개되자 조선 불교계에서는 매종행위라는 비난이 들끓었다. 조약 내용이 굴욕적이고 독단적일 뿐만 아니라 조선불교를 일본불교화하려는 책동이라고 욕했다. 원종 측 관계자는 부속이 아니라 연합동맹이라는 점을 분명히 적시하였고, 조동종 종무원으로부터 고문과 약간 명의 포교사만 초빙하도록 했으니 전혀 손해될 것이 없다고 해명했다.

이회광은 총독부에 원종 종무원의 설립인가를 냈다. 조선 13개 도道 사암寺庵의 당사자들과 협의하여 서울 시내에 각황사를 설립하고, 종무원의 사무소 겸 포교소로 운용하겠다는 뜻도 밝혔다. 일본 조동종에서도 사람을 보내와 원종의 설립인가를 청원했다.

《조선불교유신론》 원고를 춘성에게 맡겨두고 서둘러 산을 내려와 전라도 광주 증심사로 갔다. 박한영, 진진응, 김종래 등과 만나 원종에 맞서는 전국승려대회를 준비했지만 호응이 없어 무산되었다. 다시 각지로 다니며 격문을 돌렸다. 순천 송광사에서 겨우 총회를 열고 조선 불교계의 자발적 조직인 조선 임제종을 출범시켰다. 죽은 공명이 산 중달을 대적할 수 있으리라 생각했다.

예상 밖으로 총독부는 선뜻 원종을 인가하지 않았다. 조선불교가 최대의 교세를 자랑하는 본국의 불교 종파와 손을 잡는 것이 어떤 정치적 결과를 가져올지를 걱정하는 눈치였다. 조선 불교계가 양분되며 갈등의 소지가 생기자 총독부는 행정력을 동원해서 일거에 평정했다.

원종과 임제종 양쪽 모두 해산하라는 명령이 떨어졌다. 그리고 1911년 6월에 3일에 사찰령이 반포되었다. 조선불교는 일본불교의 지배를 받지 말고 독자적인 한 종파로 성장하여 스스로 분발하고 면려勉勵해서 교세를 회복해야 한다고 취지를 밝혔다. 또 조선불교는 전통적으로 선교겸수禪敎兼修를 종지로 삼아왔다는 점을《경국대전》까지 원용하여 관보에 실어 전했다. 총독부는 조선불교를 온전히 자신들의 영향권 아래 두고 싶어 했다.

총독부는 사찰령을 통해 조선 불교계를 30본산체제로 묶었다. 그리고 각 사찰의 인사권과 재정권을 장악했다. 승규僧規와 교육 과정까지도 명문화했다. 본산체제는 조선불교를 하나의 단일 조직체로 묶지 않고 지역 단위로 편성하여 총독부가 직접 관할하는 구조였다.

한일병합 전후로 사람들은 고요히 조선 땅을 떠났다. 그 대열은 지식인들이 앞장서거나 이끌었는데, 단재 신채호와 우당 이회영 같은 이들이 사람들의 입에 오르내렸다. 사찰령으로 조선 불교계가 갈무리되고 나서, 한창 무더운 여름에 만주로 길을 잡았다. 대삿갓을 쓰고 바랑을 지고 짧은 지팡이 하나만 짚었다.

단재를 알게 된 것은 6개월간의 일본 체류를 마치고 귀국했을 즈음이었다. 조선의 앞날이 갈피가 잡히지 않아 배운 이들의 글을 좀 챙겨봐야겠다고 마음먹었다. 이런 저런 책과 잡지들 중에서 눈에 띈 것이 대한협회에서 발간한 기관지 《대한협회회보》였다.

대한협회는 해산된 대한자강회를 재정비하여 발족되었다. 회원은 약 5천 명이고 37개 지방에 지회를 두었다고 하니 규모가 만만치 않았다. 1908년 4월부터 기관지를 발간하고 있었는데, 잡지의 표지를 처음 구상한 사람은 기발하고 재기 있는 사람인 모양이었다. 표지 그림이 독특했다.

정중앙에 한반도 지도만 큼지막하게 그려넣고 국토 전체를 붉게 칠했을 뿐 다른 문양을 넣지 않았다. 남쪽으로는 제주도 아래쪽 바다까지, 동해와 서해도 넉넉히 드러냈다. 위로는 압록강 중간쯤까지만 나타나게 하고 더 이상 보이지 않게 했다. 그러면서도 조금 보이는 압록강 너머까지 붉게 칠하여, 압록강과 두만강 너머로도 조선의 영토가 연장된다는 것을 은근히 암시하고 있었다.

1908년 4월에 발간된 창간호부터 구할 수 있는 대로 모았다. 단재가 쓴 〈대한의 희망〉이라는 글이 눈에 들어왔다. 그의 글은 읽는 사람을 들뜨게 하지 않으면서, 근본을 살펴 말단을 도모하고 있었다. 그는 고통을 보편화 하여 아픈 사람을 덜 아프게 했고, 희망과 사실을 비벼내서 힘내게 했다.

단재는 1905년에 성균관박사가 되었고 을사늑약이 체결되고 나서 언론계에 뛰어들어 《황성신문》에 논설을 쓰고, 그 이듬해 29살 되던 해부터 《대한매일신보》의 주필로 있다고 했다. 그가 쓴 〈역사와 애국심〉, 〈대아大我와 소아小我〉 같은 글들은 먹물 옷 입은 자를 주눅 들게 했다.

…… 아, 내가 과연 이렇듯 미미하고, 내가 과연 이토록 작은 것인가…… 이러하다면 나는 바람과 같고 번개와 같고 물거품과 같고 부싯돌과 같을 것이어서, 저 하늘의 일월성신은 고금에 한결같건만 유독 나만큼은 고작 수십 년 세월을 겨우 살다가 형체가 사라져 없어지나니, 아, 나는 과연 이렇듯 미미하며 나는 이토록 작은 것일까…….

글을 쓴 사람은 일체유위법一切有爲法은 여몽환포영如夢幻泡影이요 여로역여전如露亦如電이니 응작여시관應作如是觀하라는 《금강경》의 한 구절을 떠올렸던 모양이다. 성균관박사를 지낸 사람이 어떤 경위로 자아에 대해 생각하고 불경

佛經을 접했는지는 알 수 없었지만, 자세히 보고 깊이 생각했음에 틀림없었다. 이런 글귀를 두고 유학자들은 대개 세상일이 죄다 부질없다고 여기는 불가의 나쁜 습성이라고 탓하기 마련인데, 그는 그렇지 않았다.

그의 문장은 대아를 향해 곧바로 이어졌다.

…… 아니다. 그렇지 않다. 그것은 정신의 내가 아니라 물질의 나이며, 영혼의 내가 아니라 육신의 나이며, 참된 나가 아니라 임시로 있는 나이며, 큰 나가 아니라 작은 나일 것이니…… 천상천하에 오직 나만이 홀로 존귀하고 만물이 삼계를 유전해도 오직 나만은 소멸하지 않으니, 나는 신성하고 나는 영원하구나…… 내가 나라를 위해 눈물을 흘릴진대 눈물을 흘리는 나의 눈만 내가 아니라 온 천하에 마음 있는 눈물을 흘리는 이는 모두 나이며, 내가 사회를 위해 피를 흘릴진대 피를 흘리는 내 몸만 내가 아니라 온 천하에 값진 피를 흘리는 이는 모두가 나이다…… 아, 온 세상 사람들은 어찌하여 그 자신의 진면목을 알지 못하는가?

단재는 자아를 좁혀서 동떨어져 있지 않게 했고, 벽을 허물어 넓혀나갔다. 그는 눈에 보이는 것 너머를 도모할 줄 아는 사람인 듯 했다. 불교의 무아는 그의 대아와 겹쳐져 비로소 온전해지고 부강해지는 것 같았다.

북대륙에서도 일본 땅에서도 보이지 않던 길을 또래의

젊은이가 조선 땅에서 짚어내고 있는 것을 보고 섬뜩했었다. 이후 그가 발표하는 글들은 빼놓지 않고 챙겨 보았다. 단재의 족적을 살피다가 《황성신문》과 《대한매일신보》를 눈여겨보게 되었다. 그 신문들이 비밀결사 조직인 신민회와 연관이 있다는 것도 알 수 있었다. 내로라하는 조선의 지식인들이 모두 모여 있는 조직인 듯했다.

조선의 지식인들과 백성들은 계통 없이 만주로 꾸역꾸역 밀려나갔다. 그들은 이동 중에 떠나온 곳과 먹고 살았던 일에 대해 서로 말하지 않았다. 간혹 떠벌리는 사람도 있었지만 아무도 새겨듣지 않았고 믿지 않았다. 백성들은 초지를 찾아 이동하는 초식동물의 본능으로, 혹은 신분 변화와 출세의 길을 꿈꾸며 무작정 이주했다. 그들의 얼굴에는 사육당한 세월이 응축해 들어 있었다.

만주는 땅이 넓고 인구가 적었다. 가경지 가운데 반 넘는 땅이 미경지로 남아 있었다. 다급한 백성들은 한족과 만주족 지주의 땅을 소작 맡아 경작했다. 조와 옥수수, 감자와 콩 등 한전旱田작물을 주로 심었다. 밭작물은 수리시설이 필요 없었고 땅을 그다지 가리지 않았다. 심은 곡식은 채 여물기도 전에 다급히 수확되었다.

밭작물로 생계를 버텨낼 수 없는 조선 여자들은 국경을

넘나들며 행상했는데, 생선과 소금, 두부 등을 팔았다. 도시 지역으로 이주한 이들은 식당과 여인숙을 열고, 다투어 아편을 팔았다. 아편이 들어오는 경로는 뚜렷하지 않았지만 어디선가 들어왔고 어디론가 팔려나갔다. 가격도 일정치 않았는데, 대개 가루비누 같은 것을 한 봉지에 담아 20전에 팔고 샀다. '꽁두이'라는 엿같이 생긴 아편을 고아서 파는 사람도 있었다.

아이들은 맨발에 담배를 피워 물었고 여자들은 보리 한 되 값에 몸을 팔았다. 살아지지 않는 삶을 살아내야 하는 이들에게 허기진 하루하루는 빚쟁이처럼 들이닥쳤다. 악다구니와 체념을 번갈아 토해내며 버텨내는 일상이었다. 성미 급한 이들은 인근 산에 올라 풀뿌리를 캤고 자식 있는 이들은 아무 땅에나 조를 뿌렸다. 저녁이면 게딱지처럼 붙어 있는 오막살이에 관솔불이 켜졌다.

지켜내야 할 것도 없는 사람들이 서로 의심하며 눈알을 부라렸다. 낮에는 감자 한 알을 두고 윗도리를 걷어부치며 멱살을 잡았고, 밤에는 깊이 잠들지 못했다. 집집마다 오가는 사람이 없어도 아침이면 어느 부락의 누가 지난밤에 상했거나 죽었다는 소문이 담장을 넘었다. 그들은 서로 길게 말하지 않았고 조선이나 일본이라는 말을 입 밖에 내지 않았다.

우당 이회영의 집을 찾았을 때는 하늘이 꾸물꾸물하고 구름이 낮게 내려앉은 저녁이었다.

—— 어디서 오시었소?

대문을 열고 나선 우당은 세상물정 모르는 촌부처럼 말하려고 애썼지만, 그의 눈에는 경계하는 빛이 역력했다.

—— 조선에서 온 한용운이라 합니다. 선생님의 존함을 오래전부터 듣고 있다가, 한번 뵙고 싶어 이렇게 찾아왔습니다.

그는 경계를 늦추지 않으며 다시 물었다.

—— 그냥 무턱대고 찾아올 만한 곳이 아닌데……, 안내해준 사람도 없는 듯 하고……, 그래 누구의 소개장이라도 들고 오시었소?

—— 준비하지 못했습니다.

—— 하여튼 멀리서 오셨다 하니 일단 들어오시오.

마당에 들어서자 눈매가 날카로운 젊은 청년 두어 사람이 서 있었다. 찻잔을 마주한 우당은 말을 아꼈다. 독립운동이나 만주에 이주한 조선인들에 대해 말하면 그는, 글쎄요……, 그럴 수도 있겠지만서도…… 하고 짧게 대답했다. 하룻밤을 신세지고 다음 날 아침나절에 그의 집을 나섰다. 대문을 나와 골목 모퉁이를 돌아서는데 담벼락 뒤에서 나지막한 소리가 들렸다.

――따라붙어라. 경거망동하지는 마라.

잠시 후 젊은이 두 사람이 뒤따라와서 말했다.

――우당 선생님께서 외진 곳이라 위험하니 전송해드리라 하셨습니다.

―그렇게까지 하지 않아도 되는데, 고마운 일이오.

가볍게 인사를 하고 가던 길을 내처 걸었다. 두 사람은 마치 어쩌다 같은 방향으로 가게 된 사람처럼 서너 발자국 뒤에서 따라 걸었다.

통화현의 굴라재에 이르자 저녁 어스름이 다 되었다. 하늘이 보이지 않을 만큼 나무가 빽빽한 숲 저편에서 저녁은 들짐승처럼 낮게 깔리며 다가왔다. 간신히 보이는 산길을 더듬어 고개 정상에 이르렀을 무렵, 갑자기 총소리가 들리더니 목덜미가 서늘했다. 아무리 고함을 지르려고 해도 목소리는 터져나오지 못하고 가슴팍 중간쯤에 걸렸다.

연이어 다시 총성이 울렸다. 목덜미와 어깨 쪽에서 흥건히 피가 흘러나오는 것을 느끼며 쓰러졌다. 달려온 청년들이 짐꾸러미를 뒤지고 있는 사이에 도망쳤다. 그들이 뒤에서 따라붙었다. 한참을 달려 청나라 사람들이 사는 부락으로 피신했다. 사람의 목소리가 들리는 집으로 무작정 뛰어들었다. 청년들은 그곳까지 쫓아왔지만, 이목이 많은 탓인지 되돌아 달아났다.

얼마 후 우당이 몇 사람을 대동하고 나타났다. 그는 조선인이 다쳤으니 조선인 부락으로 데려가 치료하겠다고 사람들에게 중국말로 말했다. 그리고 가까이 다가와 상처를 살피더니 낮은 음성으로 속삭였다.

──믿고 따라오시오. 여기서는 내가 해줄 수 있는 게 없소.

…… 청년들이 왜 내게 총을 놓은 것이오?

묻고 싶었지만 목소리는 여전히 나오지 않았다. 우당이 고개를 돌려 눈짓하자 서 있던 청년 중에 한 사람이 다가와서 넓은 등짝을 내밀었다.

조선인 부락에 도착하니 의사인 듯한 사람이 기다리고 있었다. 상처를 이리저리 살펴본 그는 한동안 생각을 가다듬더니 수건을 말아 입에 물렸다. 그리고 빠른 손놀림으로 수술을 시작했다. 한참 동안 살을 가르고 뼈를 긁어냈다. 총탄 하나는 집어냈지만 깊이 박힌 다른 하나는 꺼낼 수 없다고 했다.

두어 달을 그곳에 머물면서 몸을 추스렸다. 겨우 목소리를 낼 수 있고 웬만큼 거동할 수 있게 되었을 즈음에 신사한 사람이 나타났다. 우당이 자신의 동생이라고 소개한 그는 돈을 쥐어주며 말했다.

── 더 자세히 알려고 하지 마시오. 사고인 듯하오. 다

친 사람을 두고 할 말은 아니오만……, 만주 땅에서는 흔한 일이외다. 우선 의심부터 하고 봐야 그나마 목숨이라도 부지할 수 있는 곳이 이곳이오. 노자가 없을 테니 이거라도 가지고 속히 본국으로 돌아가시오.

우당은 더 만나보지 못하고 조선으로 돌아왔다. 1912년 1월부터 대한제국의 표준시가 폐지되고 일본의 중앙표준시가 적용되었다. 총독부는 조선민력이라는 달력을 만들어 민간에 배포했다. 식민지 백성들은 제국의 초침에 맞춰 자거나 일어나고 일했다.

전국에 걸쳐 토지조사사업도 실시되었다. 조선 땅은 국유화 절차를 거친 후에 일본인들에게 헐값에 불하되었다. 농민들은 소작농으로 전락했다. 농사지어도 배고픈 사람들은 들짐승처럼 산에 올랐다. 소나무를 한 마디 한 마디 벗겨서 그 사이를 긁고 껍데기를 벗겨냈다. 그런 다음에 집에 들고 와 솥에 삶아 두드려 목화같이 부드럽게 만들었다. 안 그러면 떫어서 먹질 못했다. 산에 소나무가 남아나지 않았다. 산에 오르지 못하는 어린 아이들은 흙을 먹었다.

오세암

만주에서 귀국한 뒤로 육신은 급격히 가라앉았다. 탄환을 제거하지 못한 목덜미에 시도 때도 없이 통증이 들이닥쳤다. 머리를 제대로 가누지 못해 자꾸 한쪽으로 기울어졌다. 사람을 만나는 일이 어려웠다. 고통을 잊어보려고 글 쓰는 일에 몰두하는 시간이 많아졌다.

이상한 일이었다. 삼십대가 끝나갈 무렵부터 나이를 잊었다. 그 즈음부터 누가 나이를 물으면, 자꾸 기억을 더듬곤 했다. 처음엔 웬일인가 싶었다. 총탄을 맞은 것 때문인가 싶기도 했지만, 가만히 생각해보니 늙어가는 심신이 본능적으로 발악하는 것인지도 모른다는 생각이 들었다. 스스로 가여웠다. 살아간다는 사실이 가엽고 또 가여웠다.

불현듯 생사生死가 대사大事라는 이것 말고는 영 마음 쓸 데가 없다는 선문의 일침이 들이닥쳤다. 사바의 하늘이 모두 무너져 흩어지는 것 같았다. 기억과 의지가 계통 없이 뒤섞이고, 현재는 바닥없는 심연처럼 가라앉았다.

설악의 깊은 골짜기 어느 한 귀퉁이에 소리 소문 없이 묻히고 싶다는 생각도 했다. 누군가 살아냈듯이 어떻게든 살아낼 것이고, 그렇게 살아내야 한다는 사실만 서슬 푸르게 자족했다. 그 즈음에 어떻게든 마음을 다잡아야겠다는 생각에서 손에 든 책이 《채근담》이었다.

《채근담》은 양명학 계열의 수양서로 분류되지만, 유학의 이치를 드러내는 데 힘쓰기보다는 사람의 속내 깊숙이 파고들었다. 읽어나가는 동안 틈틈이 생각나는 것을 조금씩 적어놓았더니, 분량이 제법 되었다. 누구나 가까이 두고 보면 좋을 듯싶어 출간하기로 마음먹었다.

1915년 단오절 즈음에, 석전 박한영 화상을 만나러 순창 구암사로 내려갔다. 한동안 소원했던 차에 안부도 묻고 서문도 부탁할 요량이었다. 내장사와 백양사의 중간쯤인 영귀산 중턱에 자리 잡은 절 주변으로 석류꽃이 붉게 피었고, 뜨거운 태양이 하늘에 굴러갔다. 이른 더위에 가만히 있어도 땀이 배었다. 절에 들어설 때까지 바람은 한 끝도 없었다.

저녁나절 연기가 민가의 지붕 위에 엉겨 있을 때쯤 구암사에 닿았다. 원고지 꾸러미를 풀어 내밀자, 석전은 두어

장을 넘겨보더니 지나가는 말처럼 입을 열었다.

── 참, 그 지난번에 출간한 책은 잘 보았소. 고생하셨소.

그는 얼마전에 출간했던 《불교대전》을 두고 인사를 건네왔다. 팔만대장경 전체를 한 권으로 뽑아낸 서물書物이 그의 눈에 어떻게 보였을지 저어기 걱정스러웠다. 속내를 감출 요량으로 찻잔을 드는데 그가 다시 말을 이었다.

── 마음을 너무 조이지는 마시오. 답답할수록 길게 보고 갑시다.

──《불교대전》에 혹 소홀히 한 구석이라도 보셨습니까?

── 아니 이 원고를 두고 하는 소리요. 《채근담》이라는 책이 원래 머리맡에 놓아두는 죽비 같은 것 아니겠소. 자기 등짝을 스스로 후려치는 죽비 말이오. 혹시나 너무 자주 휘두르지 않을까 싶어 하는 말이오.

── 사람은 사람이요 사물이 아닐 것인데, 사람임에도 사물의 부림을 받는 것은, 사람이 오히려 사물의 변지骿肵되는 꼴이 아닐까 싶습니다.

── 밤이 늦었소. 먼 길에 곤하실 테니, 천천히 살펴본 후에 더 얘기합시다.

석전이 들춰보던 원고를 덮으며 말했다. 석전의 처소에서 나와 절 마당으로 나섰다. 서늘하고 꿉꿉한 숲 냄새가 안개처럼 깔려 내려와 있었다. 찬 밤공기에 어깨가 서늘했다. 그날 밤, 구암사는 깊이 잠들었다.

다음 날 오후 나절에 석전과 마주 앉았다. 그는 다져 묶은 원고보따리를 떠밀며 말했다.

— 처음에는 비바람이 사면에서 부딪쳐 응접하기에 겨를이 없는 것 같았고, 중간쯤에는 뾰족뾰족한 향대香臺와 높직한 금은의 궁궐들이 바라보이기는 하여도 가까이 갈 수는 없는 것과 같더니, 마지막에는 시원한 맑은 바람이 높고 넓은 하늘에서 불어오는 것과 같았소이다.

——《채근담》이 본래 그러하지 않겠습니까.

—— 만해수좌께서 내용을 군더더기 없이 잘 풀었으니 하는 말이외다.

—— 간략하게 하는 것을 주로 삼고 윤색함을 덜었습니다. 문사文詞가 너무 무미건조하지는 않은지 모르겠습니다.

—— 본래 마음을 다잡는 글이니 번쇄한 것보다 나을 것이오. 사람들이 바람 앞에서 한번 읽고, 소나무를 어루만지면서 한번 읽고, 돌을 쓸고 앉아서 한번 읽는다면 육미를 잊고 허근虛根으로 돌아갈 듯하오. 그리고 서문이랄 것도 없소만 몇 자 적어서 함께 넣었으니 돌아가거든 살펴보시오.

——남의 턱짓하는 밑에서 한 허리를 만 번이나 구부리면

서도 부끄러워하지 않는 자들이 많습니다. 옳지 못한 복리福利를 위해 한번 찡그리고 한번 웃는 그 사이에 머리가 두 발굽에 닿도록 숙이면서도 태연한 이들도 적지 않습니다.

—— 조급하게 생각하지 말기로 합시다. 바로 이 책 속에서 그러지 않았소. 먹줄도 꾸준히 톱 삼아 쓰면 나무를 자르고, 오이도 익으면 자연히 꼭지가 떨어진다고 말이오. 이 나라 불교도 언젠가는 반드시 반석 위에 올라서리라 나는 믿소이다.

구암사를 나서는 길에 대낮의 태양은 다시 뜨겁게 내리쬐었다. 어쩌다 길 잃은 바람이 굽은 등짝을 미지근히 휘감았다. 단오를 지난 풀잎은 연한 빛을 버리고 짙어졌다.

인생은 본래 꼭두각시놀음에 불과하니, 근본을 잡고 한 가닥 줄도 헝클어짐이 없어야 할 것이었다. 그래야 감고 푸는 것이 나에게 있게 되어, 이 놀이판에서 벗어날 수 있을 것이었다. 하지만 마음 하나 지켜내는 일이 세상 전체를 일으켜 세우는 것보다 힘드니 발걸음만 자꾸 무거워졌다.

구암사를 다녀온 뒤로 몸은 더욱 주저앉았다. 잠자리에서 앓는 소리를 내는 일이 잦아졌다. 원고를 마무리짓지 못하고 있다가, 1917년 4월에야 《정선강의채근담》이라는 제목으로 출간했다. 그해 겨울에 다시 설악으로 들어갔다.

백담사는 두 해 전의 화재로 160여 칸 대부분이 전소되었는데, 어떻게 다시 일으켜 세워야 할지 갈피를 잡지 못하고 있었다. 백담사의 종무는 오세암에서 보고 있었다. 색계色界의 입김이 닿지 않는 해발 1200고지의 오세암은 공계空界인양 호젓했지만, 기도 하러 찾아드는 세인들의 발자국을 따라 세상의 소식도 딸려왔다. 편위偏位의 세상은 말 속에서 기신거리다가 끝내 아무것도 되지 못하고 있을 텐데, 그 말들의 후손이 세상 밖 그곳까지 침투해 겨울 산 속에서 얼어붙어 있었다.

겨울에는 바깥출입이 영 안 되었다. 낮에는 까마귀를 보며 놀았다. 절에서는 양식이 모자란 산짐승들을 위해 음식을 조금씩 덜어 마당의 담벼락 아래에 두곤 했다. 그러면 다른 조수鳥獸들보다 까마귀와 까치가 많이 먹고 그중에서도 까마귀가 주로 먹었다.

까마귀는 한 번에 다 먹지 못하면 몇 번이고 남은 음식을 물고 날아가서 숲 곳곳에 저장해두는 것 같았다. 하루는 일부러 음식을 좀 많이 두고 살펴봤다. 까마귀는 처음에 조금 먹다가 이내 물고 날아가기 시작했는데, 같은 곳에 두 번 가는 법이 없었다. 거리와 방향에 계통도 없어 보였다. 두었다가 나중에 찾아 먹으려는 것이 아니라, 물어 나르는 것 자체가 그 날짐승의 본능인 것처럼 보였다.

까마귀는 음식을 물어다놓으면 반드시 나뭇잎으로 덮

어 두었는데, 네댓 시간이 지나면 놓아두었던 것을 다시 찾아 먹기 시작했다. 신기하게도 놓아둔 순서대로 날아가서 찾아 먹었다. 한번 내려가 앉으면 한 발짝도 옮기는 일이 없었다. 내려앉은 그 자리에서 숨겨둔 것을 먹었다. 매번 그랬다. 그 뒤에 몇 번이나 눈여겨보았는데도 틀리는 법이 없었다. 사람을 두고 까마귀 고기를 먹었다고 하는 얘기는, 적어도 까마귀의 기억력과는 별 상관이 없어 보였다.

12월 3일 밤 10시경에 오세암에 혼자 있었다. 좌선하던 중에 갑자기 바람이 불었다. 무언가 떨어지는 소리가 들렸다. 소리는 희미하고 낯설었는데, 날카롭게 가슴속을 가로질러 들어왔다. 그 순간, 마음 한 구석에 맺혀 있던 의심덩어리가 풀리며 환해졌다.

얼마나 지났을까. 문 밖에는 또 눈이 내렸고, 촛불을 당겨와 짧게 시 한 수를 적었다.

…… 사나이 이르는 곳 어디나 고향인데, 얼마나 많은 사람들 나그네 시름으로 지내는가. 한 소리 온 세상을 깨우니, 눈 속에 복사꽃 하늘하늘 흩날리네.

오도悟道는 획득하거나 건너가는 것이 아닐 것이다. 그것은 살아내야 하는 것이다. 더 이상 흔들리지 않는 것이 아니라, 흔들려도 편안할 수 있고, 끝내 넘어지지 않는 것이다. 겨울 오세암에서 마음은 하얗게 얼어 편안했다.

겨울이 물러나고 눈이 녹아 길이 열렸다. 설악에서 내려와 경성부 계동에 잠시 살았다. 별 일이 없어 주로 사직단에 나가 시간을 보냈다. 사직단은 임금도 몸을 씻고 의관을 정제한 다음에야 드나들 수 있었던 곳이었다. 사직이 무너지면서 종묘가 파헤쳐지고 사직단도 초라해졌다. 일제는 공원을 조성한다는 구실로 사직단을 분할해 건물을 세우고 도로를 뚫었다.

공원이 된 사직단은 누구나 무시로 드나드는 곳이 되었다. 몸이 성치 않거나 나이 들어 일할 수 없는 자들이 꾸역꾸역 모여들었다. 또 그들의 메마른 주머니를 따라온 약장수와 사주쟁이, 야바위꾼들도 모여들었다. 공원에 모여드는 자들은 서로 늘 보는 얼굴들이었지만 약속이나 한 것처럼 멀찍이 떨어져서 자리를 잡고, 힐끔힐끔 쳐다볼 뿐 서로 말을 걸지 않았다.

사주쟁이는 늘 느티나무 아래서 귀퉁이가 찢어진 만세력을 펼쳐두고 목덜미로 달려드는 파리를 쫓으며 졸고 있었다. 추자나무 그늘 아래에는 아편쟁이 부부가 자리를 잡았다. 아편쟁이는 아내인 듯한 여자의 허벅지를 베고 누웠다. 흔들리는 나뭇잎 사이로 비친 뙤약볕이 아편쟁이의 송장 같은 얼굴에 어른거렸다. 그 때마다 아편쟁이는 아프다, 배고프다, 죽겠다 하며 연신 짜증을 섞어 앓는 소리를 냈다. 여자는 어찌해드릴까요, 어찌해드릴까요 하며 조심스러워했다.

아편쟁이의 짜증이 좀 잦아들면 여자는 그의 머리카락을 조심스럽게 헤집어가며 이를 잡았다. 여자는 말하지 않아 슬픔이 없는 듯 보였지만, 슬픔이 없는 것이 아니라, 말하지 못하는 것 같았는데, 그 슬픔은 너무 멀어서 가닿지 않았다.

어느 날 멀찍이서 늙은이들 한 축이 의관을 벗어 나뭇가지에 걸어두고서는 그늘 밑에 자리를 잡고 앉았다. 그리고 아편쟁이 부부 쪽을 쳐다보며 수군거렸다.

―― 저기 있는 저 여자를 좀 보더라고.

―― 어떤 여자 말이여?

―― 아따 저기 추자나무 밑에 아편쟁이하고 같이 있는 여자 말이여. 혹시 저 여자의 역사를 들어봤는가 모르겠네.

―― 아, 듣고 말고지. 여기 다니는 사람들이야 다 알지.

―― 그런데 지금은 내외간도 아니라네 그려.

―― 내외간이건 아니건 그거야 알 것 있나. 내외간은 고만두고 친부모라도 저렇게 할 사람이 누가 있겠는가. 내외간이라 하더라도 놈팡이가 저 지경이 된 바에 남녀 간에

정리 같은 게 있기나 하겠는가? 어쨌든 저 여자의 천품에서 우러나는 마음씨가 아니고서는 저렇게 할 수 없는 법이지, 암 그렇고 말고.

─── 그런데 가만 보면, 저 여자 얼굴이나 외양이 그다지 볼품없는 여자가 아니여. 저 모양이 되었으니 그렇지, 화장이나 하고 꾸며놓았으면 상당히 괜찮았을 모앙이여⋯⋯.

─── 그러게 더 어려운 일이란 말이여. 여자가 아주 못생겨서 돌에도 나무에도 댈 데가 없다면 혹 몰러. 여자가 저만하면 아무 데 가도 잡힐 손이 있단 말이여. 들으니까 꾀수는 사람도 꽤 있었다데. 저렇게 고생할 것 없이 마땅한 데 가서 잘 살라고 했지만, 그런데도 기어이 안 듣고서 저 아편쟁이를 위해서 저러고 다닌다니, 그 속내는 모를 일이지만 하여당간 어려운 일이여.

늙은이들이 수군대고 있는 동안 아편쟁이 부부 옆으로 신여성 두 사람이 지나가고 있었다. 삽상한 양장에 깨끗한 운동화를 신은 한 여자는 포도알처럼 검고 윤기가 도는 눈동자를 이리저리 돌렸다. 또 다른 여자는 중키에 펑퍼짐하고 머리는 깎았다가 기르는 중인 것 같았는데, 깊은 회색 파라솔을 짚으며 걷고 있었다.

─── 언니, 언니, 저것 좀 봐요.

─── 응? 뭘 가지고 그러니?

──저런 것들 때문에 여권 확장이 안 되거든.

양장한 여자가 입을 실룩거리고 혀를 낄낄 차면서 말했다. 알아듣지 못한 듯 능청을 떨던 다른 여자는 사십이 넘어 보였다. 희뜩희뜩한 머리와 괴롭게 잡힌 주름살에, 만고풍상을 다 겪은 듯 형적이 얼굴에 드러났다. 갸름하고 무뚝뚝한 듯 애교 있는 눈에 웃음을 흘리면서 그 여자가 말했다.

──왜, 저 여자가 여권 확장을 하지 말라고 말리기라도 하든?

양장한 여자가 흘겨보고 입을 실룩거리며 말을 되받았다.

──왜 아무 것도 모르는 구식 여자들 말하듯 하시오. 여권 확장이란 바꾸어 말하면 개성을 발휘하는 것이거든. 개성이 없어서야 무엇이 되겠어요. 구도덕으로는 여자는 남자에게 복종만 하는 것이요, 손톱만한 권리도 없거든. 저런 썩은 물건들이 구도덕의 노예가 되어 가지고 개성은 한푼어치도 없이, 다 죽어가는 아편쟁이를 쫓아다니면서 가장 열녀인 체하고서 저 지경을 하니, 조선의 여성운동이 될 수 있겠느냐 말이오. 게다가 썩은 사내놈들은 또 그것이 좋다고 오며가며 돈까지 쥐어주니 기가 막힐 노릇이 아니오. 나는 저 따위 인간을 보면 곧 죽이고 싶어서 못 견디겠어.

양장을 한 여자는 주먹을 쥐고 아편쟁이 아내가 있는 데로 금방이라도 뛰어갈 기세였다. 다른 여자가 그제야 알아들은 듯이 고개를 끄덕이며 말했다.

——그야 그렇지. 사실 저런 것들 때문에 여성운동의 촉진이 안 되는 것이야. 그렇지만 저런 일이라도 구도덕이나 소위 사회 이목에 구속을 받지 아니하고 자유의사로 하는 일이라면, 저보다 더한 일을 한다 해도 관계가 없지 않겠니? 그것도 개성을 발휘하는 것일 수 있을 테니까. 남편을 위해 한평생을 희생하는 것도 좋고, 남편이 죽으면 따라 죽는 것도 괜찮겠지. 자유의사로 하는 일이라면 무엇이든지 좋다 이런 말이야.

파라솔 짚은 여자가 좀 다른 이론을 전개하는 듯싶자, 양장한 여자가 불쾌한 듯이 반문했다.

——하지만 저 따위야 개성이니 소성이니 무슨 보탬이 있나요. 그저 들은 풍월로 인습에 끌려서 노예처럼 저리하는 것이지. 그렇다고 할 수 없으니까, 아편쟁이를 내세워서 그 핑계로 얻어먹으려는 것인지도 모르지. 순전히 노예적이지 개성의 자유가 다 뭐요. 그러니까 하는 말이지. 언니는 당치도 않은 얘기를 하시는구랴. 개발의 편자지, 저 따위에게 개성의 자유가 다 뭐람. 저런 것들은 다 운동에 좀이요 장애물이에요. 언니는 용서성이 너무 많

아요.

  ── 나도 저 여자가 그렇다는 말이 아니라……, 이를테면 저런 행동을 하더라도 개성의 발로로 한다면 그 행동 자체에는 가부가 있겠지만서도…….

  파라솔을 짚은 여자의 말하는 눈치가 성가신 모양을 했다. 그리고 슬쩍 말하는 방향을 틀었다.

  ──그런데, 저런 인간도 아무것도 몰라서 저런 노예 같은 행동을 하는 것이지만, 그래도 소위 정조 관념이라는 것이 있지 않겠니? 저 따위 인간이 콜론타이의 《적련》이나 입센의 《인형의 집》 같은 것을 보았으면 어떨까?

  ──그런 거야 어디 본대도 이해할 수야 있겠어요? 쇠귀에 경 읽기지. 그런 말은 비변증법적이야.

  두 여자는 차가운 웃음을 웃으며 멀어졌다. 두 여자의 말이 아편쟁이 부부의 귀에도 들렸는지 어쨌는지 알 수 없지만, 나무 아래 여자는 그런 말들을 그냥 삼키고 있었다. 아편쟁이가 다시 아이고 죽겠다고 고함을 지르자, 아내가 또 달래는 목소리를 냈다.

  ── 왜 그러세요, 어디가 편찮으세요, 설렁탕을 사올까요…….

  여자와 아편쟁이에 대한 가난한 기억은 오래 남았다. 낡은 것과 새것이 엉겨 붙은 사직공원에서 행복과 불행은 서로 접혀 구분되지 않았다.

세계대전의 포화 속에서 도시는 움츠려들어 속으로 떨었다. 사라예보에서 울린 한 발의 총성은 그렇지 않아도 개전開戰의 핑계거리를 찾지 못해 안달하고 있던 유럽의 여러 나라들에게 호재였다.

러시아, 영국, 프랑스가 삼국협상이라는 이름으로 한 편을 먹었다. 독일, 오스트리아, 이탈리아는 삼국동맹으로 손을 잡았다. 협상과 동맹이라는 말은 서로 치고받는 데 필요한 수사로 활용되었다. 새로운 식민지를 찾고 있던 독일은 이미 광활한 식민지를 경영하고 있던 영국과 프랑스의 빈틈을 노렸다. 이해관계를 같이 하는 국가들이 이쪽저쪽으로 무작정 뛰어들었다.

개전 초기에 터키와 이탈리아는 어느 쪽을 편들어야 할지 몰라 우왕좌왕하다가 중립을 선언했다. 하지만 어느 순간 둘 다 독일군의 지휘 아래 들어갔다. 전쟁은 더 이상 하나씩 죽이지 않았다. 기관총을 매단 탱크와 전투기는 일거에 죽였고, 독가스와 잠수함은 보이지 않게 죽였다.

지구 반대쪽 한 귀퉁이에 있던 일본은 영일동맹을 구실로 느닷없이 독일에 선전포고했다. 유럽의 나라들은 어리둥절했다. 일본은 독일의 대포가 닿지 않는 중국과 태평양

군도로 군대를 보내고, 전쟁 물자를 파는 데 열을 올렸다. 남의 집 부부싸움 구경하듯 보고 있던 미국은, 독일의 잠수함이 영국의 선박을 공격하는 바람에 그 배에 타고 있던 미국인 몇 사람이 죽었다는 석연치 않은 이유로 전쟁의 막바지에 참전했다.

그해 9월에 문예지 성격의 잡지를 창간했다. 제호는 《유심惟心》으로 정했다. 오로지 마음일 뿐이라는 것은 부처의 말이기도 했지만 세상의 모습이기도 했다.

창간호의 머리말을 이리저리 구상해보다가 모두 버렸다. 〈심心〉이라는 시 한편을 싣는 것으로 머리말을 대신했다.

…… 마음은 마음일 것이다. 마음만 마음이 아니라 마음이 아닌 것도 마음이니, 마음 밖에는 아무것도 없으리라. 사는 것도 마음이요 장미꽃도 마음이다…… 마음이 생겨나면 모든 것이 일어나고 마음이 사그라지면 텅 빈 것조차 없으리니, 마음은 아무것도 없는 것이 실재함이요 있는 것이 사실은 텅 빈 것이라. 마음은 사람에게 눈물도 웃음도 주느니라.

창간호에 실을 글을 이리저리 청탁했다. 최린은 수양修養에 대한 글을 보내왔다. 최남선은 〈동정 받을 필요 있는 자가 되지 말라〉는 제목의 글을 실었다. 타고르의 시 〈생의 실현〉도 번역해서 싣고, 현상공모도 했다. 견지동 118번지

에 살고 있던 스무 살의 방정환은 〈고학생〉과 〈마음〉 등 2
편이나 당선되었다. 평양 창전리에 사는 김순선의 글도 뽑
혔다. 그렇게 얼추 잡지의 모양새를 갖추어 《유심》을 창간
했지만, 그해 12월까지 겨우 세 번 발간하고 중단할 수밖
에 없었다.

모의

1914년 7월에 시작된 세계대전은 1918년 11월에 종전되었다. 전쟁은 유럽 전역을 잿더미로 만들었고 1천만 명 가까운 사람이 죽었다. 러시아에서는 혁명이 일어나 군주제가 붕괴되고 전쟁을 포기했다. 독일은 황제가 군중들에게 쫓겨나 네덜란드로 망명하고 공화정으로 바뀌었다. 일본과 미국은 승전국의 자리에 나란히 함께 앉았다.

전쟁이 끝나자, 이제 더 이상 강대국들이 힘의 논리를 앞세워 약소국을 식민지로 만들어서는 안 된다는 목소리가 힘을 얻었다. 각 민족은 자신의 의지에 따라 그 귀속과 정치 조직, 정치적 운명을 결정하고, 타민족이나 타국가의 간섭을 인정하시 않는다는 민족자결의 원칙이었다. 소식이 전해지자 식민지 백성들은 서둘러 들떴다. 그 원칙이 소급 적용되는지, 승전국의 식민지에도 적용되는지, 어떻게 실효성을 가지는지를 따져 물을 겨를이 없었다.

1919년은 새해 벽두에 동경의 조선유학생들이 독립선언서와 각국에 보낼 독립청원서를 준비하고 있다는 소식이 현해탄을 넘어왔다. 민족자결주의가 근거가 되었다. 그 즈음에 최린과 만나 얘기했다. 국내에서도 뭔가 도모해야 하지 않겠느냐고 처음 말을 꺼냈을 때 그는 시큰둥한 표정이었다. 몇 번 더 만났을 때, 그는 천도교 쪽에서 얼마간의 움직임이 있다는 얘기를 털어놓았고, 불교계와 유림儒林 쪽을 접촉해주면 좋겠다고 했다.

1월 21일에 고종이 세수 68세를 일기로 덕수궁 함녕전에서 갑작스레 숨을 거두었다. 시신은 불과 사흘 만에 완전히 부패했다. 치아가 입안에서 모두 빠져 있었으며, 수의를 갈아입히는데 살점이 옷과 이불에 묻어났다는 얘기가 돌았다. 죽은 사람을 여럿 본 사람들은, 시체가 단 사흘 만에 그렇게 되는 일은 본 적이 없다고 수군거렸다. 황제가 승하하기 전날 밤에 이기용과 이완용이 입직했고, 수라를 담당했던 시녀 두 사람이 돌연히 죽었다는 소문도 뒤따랐다.

백용성화상을 찾아간 건 2월 중순쯤이었다. 그는 경성에 대각사를 창건하고 대각교를 알리느라 분주했다. 독립선언에 대한 얘기를 꺼냈을 때, 한참 동안 듣고만 있더니 천천히 입을 열었다.

　──나는 만해수좌와 뜻을 함께 하겠네. 하지만 불교계에는 더 찾아다녀 봐야 별 소득이 없을 것이야.

　──어인 말씀이십니까.

　──처자식을 버리고 출가한 사람들일세. 그들의 눈에는 왕조의 흥망성쇠란 것도 수미산의 반딧불 같은 것 아니겠는가. 세간에는 세간의 도리가 있을 것이야. 끝내 허망한 도리일 테지만……. 어쨌든 출세간에서 가타부타할 일은 아니라고 여기지 않겠는가.

　──스님, 저는 그런 조선불교에서 염세와 독선을 봅니다. 불교만이 아닙니다. 조선 전체가 그렇습니다. 안으로 닫아걸고 스스로 고매하다고 여기며 편안해했던 결과 지금 이 지경에 이른 것이 아니겠습니까. 선禪의 도리는 부처도 죽이고 조사도 죽이는 것일진대, 세상을 등지고 산속에 고요히 들어앉아 지켜내야 할 것이 도대체 무엇일지…….

　──만해수좌…….

　용성화상이 무겁고 낮은 목소리로 말길을 끊었다. 그리고 한참 동안 빈 찻잔을 손가락으로 쓰다듬더니 천천히 입을 열었다.

　──조선의 불교가 이렇게 된 것도 무리는 아닐 것일세. 조선 왕조 5백 년 동안 중들은 사람 취급도 받지 못했네.

죽지 못해 살았다고 해야 할 것이야. 산으로 유람 오는 양반네들에게 술을 대고, 지나갈 길을 쓸고, 가마를 메고 산길을 내달렸네. 그들이 말에 오를 때면 땅바닥에 엎드려 등을 내줬어. 백성들에게조차 걸뱅이 취급을 받으며 손가락질을 당했지 않나.

── 스님, 시절인연이 닿지 않은 때였습니다. 그 인연이 이제 달라지고 있습니다.

── 임진왜란 때는 또 어떠했는가. 승병들의 피가 강물을 이루었네. 하지만 난리가 평정되자 조정에서는 어떤 호의도 보이지 않았어. 왕조 시절 내내 도성 안쪽으로는 들어갈 엄두도 내지 못했지 않은가. 병합 이후에야 겨우 숨 좀 쉬게 되었지.

── 스님, 왕조는 끝났습니다. 백성이 주인 되는 세상이 열릴 것입니다.

── 자네가 말하는 독립이 왕조를 다시 일으키는 것이 아님을 짐작하지 못하는 것이 아니야. 하지만, 조선의 중들에게 독립이란 옛날로 되돌아가자는 얘기로밖에 더 들리겠는가.

불교계 인사들을 몇몇 더 만나 보았다. 용성화상의 말은 틀리지 않았다. 세상의 밑바닥을 기면서 왕조를 버텨낸 불교계의 원로들은 잃은 게 없었다. 잃은 게 없으니 답답할 것도 없었다. 유림에서 참여할 사람을 물색하는 일도 만만치 않았다. 서울·경기 지역 인사들은 권력의 핵심부와 가깝거나 그렇지 않더라도 나서지 않으려고 했다. 거창으로 내려갔다. 그곳에 거유巨儒 면우 곽종석이 있었다.

면우는 영남 유림의 거두였던 한주寒洲 이진상의 학맥인 한주학파를 잇고 있었다. 그에게서는 메마른 대의명분보다는 도학자의 마음가짐에 더욱 충실하려는 양명학의 기운이 서려 있었다. 그는 을사조약이 강제 체결되자 오적 처단의 상소를 수차례나 올렸었다. 급기야 노구를 이끌고 상경하여 황제의 배알을 청하며 울면서 말했었다.

── 신은 부르튼 발을 끌고 병을 앓으면서 가다가 수원에 당도하여 삼가 폐하의 비답을 받들었습니다. 비록 참작하는 것이 있어야 한다는 하교를 받았지만, 신의 어리석은 생각으로 또 이미 반복해서 누차 참작해보았지만, 결국 폐하께서는 역적들에게 속았고 역적들은 또한 일본 사람들에게 속았을 따름입니다. 대체로 토지와 인민과 정사는 나라의 삼보인데, 우리가 그중 한 가지도 가지지 못하고 모두 저들에게 넘겨준다면, 폐하께서는 장차 무엇을 놓고 임금 노릇을 하려 하시옵니까.

황제는 서둘러 비답을 내렸다.

── 이처럼 추운 날씨에 분주하게 길을 오자니 어찌 몸

이 상하지 않았겠는가. 참으로 염려스럽다. 노고에 시달린 뒤의 병환이 염려된다. 그대는 곧 집으로 돌아가 몸을 추스르다가 조금 나아지면 속히 올라오기를 도모하라. 경연 經筵의 직함職銜으로 또 어찌 사직을 말해서야 되겠는가. 그대는 잘 이해하라.

면우는 시비를 가리는 일에 망설임이 없었다. 시비를 가린 후에 자신에게 닥칠 일을 가늠하지 않는 사람이었다. 독립선언 얘기를 꺼냈을 때도 그는 망설이지 않았다.

월남 이상재는 기독교 계열의 대표적인 인사였다. 그는 황성기독교청년회 종교부 총무와 교육부장을 겸하고 있었다. 독립선언에 참여를 권유하자 그가 대답했다.

—— 독립선언을 하지 말고 일본정부에 독립청원서를 제출하고 무저항운동을 전개하는 것이 유리하지 않겠소?

—— 청원서도 준비하고 있고, 무저항 비폭력으로 할 것입니다. 다만, 입에 물고 있는 자에게 뱉어내라고 청원한다 해서 이미 입에 문 것을 뱉어내기 어려울 것이기에, 독립선언을 함께하려는 것입니다. 또한 조선의 독립은 제국주의에 대한 민족주의요, 침략주의에 대한 약소민족의 해방투쟁입니다. 청원에 의한 타력본위가 아니라 이제 민족 스스로의 결사적인 행동으로 나가지 않으면 안 될 것입니다.

—— 하지만, 독립선언을 기화로 군중모임이 폭력적으로

진행되면 걷잡기 어려울 것이고…….

── 폭력을 하자는 게 아닙니다. 선생님 개인의 문제가 아닙니다. 선생님께서 물러서시면…….

── 참고 견디면서 우리가 스스로 힘을 기르면, 신이 언젠가 우리를 자유롭게 할 것이오.

…… 신이 왜 인간을 자유롭게 하겠습니까. 인간의 일은 끝내 인간의 일일 뿐입니다. 신에게는 신의 일이 있을 것입니다. 자유는 누구에게 받는 것도 누구에게 줄 수 있는 것도 아닙니다. 자유가 구걸해서 얻어지는 것이겠습니까. 사람이 부자유하면 신도 부자유하고, 신이 부자유하면 사람도 또한 부자유할 것입니다. 신이여 자유를 받으라, 이렇게 말할 수 있는 사람이라야 자유롭다 할 수 있지 않겠습니까…….

목구멍 아래까지 치밀어오르는 말을 애써 눌러 담았다. 말이 닿을 곳이 보이지 않았다.

독립선언의 대표 격인 손병희는 지난 시절의 관료들도 동참시키자고 의견을 냈다. 철종의 사위인 박영효와 한규설, 김윤식, 윤용구 게다가 이완용까지 가담하도록 해야 한다고 말했다. 그들까지 함께해야 진실로 민족적이고 거국적일 수 있을 것이라고 목소리를 높였다.

엉뚱하게도 그 말은 곧이들리지 않았다. 가슴 깊은 곳

에서 거부가 싹텄다. 비겁하다는 생각을 하면서 속으로 말했다.

……이 자가 살 길을 도모하는구나.

최남선과 송진우 그리고 최린은 대한제국의 옛 관료들을 접촉하기 위해 나섰다. 갑신정변의 주역 가운데 한 사람이었던 박영효는 22년간의 망명생활을 청산하고 1907년 6월에 귀국해 있었다. 그의 어미와 여동생은 처형되었고, 아내는 갓난아이만 남겨놓고 한강에 투신했었다. 독립선언에 참여를 권유받자 그는, 대궐 앞에서 자결하자면 따르겠으나 민족자결은 모르겠다고 말했다고 한다.

이완용은 독립선언에 대한 얘기를 다 들을 때까지 서안에 펼쳐둔 《주역》에서 눈을 떼지 않았다고 했다. 그리고 찾아온 이들이 대답을 기다리자, 본래 말수가 적은 그는 낮은 목소리로 천천히 입을 열었다.

── 세상에 처신하기 힘든 일이 세 가지가 있는데 뭔지 아시오?

그의 물음은 답을 기다리는 것이기보다는 자신의 말길을 열기 위한 사전 정지작업 같았을 것이다. 잠시 뜸을 들인 후 다시 말을 이었다.

── 쇠약한 나라의 재상과 파산한 회사의 청산인 그리고 빈궁한 가정의 주부가 그것이외다. 세상의 도리는 때에

따라 적당함을 따르는 것일 뿐 정해진 길은 없을 것이오. 무릇 천도에 춘하추동이 있으니 이를 변역變易이라 하고, 인사에는 동서남북이 있으니 이것 역시 변역이라 하오. 천도와 인사가 때에 따라 변역하지 않으면 실리를 잃게 되고 끝내 성취하는 바가 없게 될 것이오.

한규설은 을사조약 당시 참정대신의 지위에 있었다. 그는 조약 체결을 끝까지 반대했었다. 일제는 그에게 남작 작위를 주었지만 거절하고 칩거했다. 병조판서와 포도대장을 거친 무인 출신답게 그의 행적에는 흐릿함이 없었다. 넓은 이마와 두툼한 얼굴 모양은 그가 어떤 사람과도 척을 지지 않고 좋은 관계를 유지하는 사람이라는 것을 말해주고 있었다.

독립선언에 대한 애기를 꺼냈을 때, 그는 조금 돌출한 입안에서 잠시 혀를 굴리는가 싶더니, 손가락으로 뺨과 인중을 비볐다. 오른쪽 눈 아래의 검은 점이 잠시 떨리더니 이윽고 입을 열었다.

——좀 두고 생각해봅시다.

한규설은 더 말하지 않았다.

문인 윤용구는 고종 당시 예판과 이판을 지낸 인물이었다. 을미사변 이후로 관직에 나가지 않고 서울 근교의 장위산에 은거하고 있었다. 순조의 딸인 덕온공주의 남편 되는 부마도위 남녕위 윤의선이 집을 지었는데 윤용구는 그의 양자였다.

윤용구는 해서·행서에 두루 능했고 대나무와 난초를 잘 그렸다. 음악을 칠현금으로 연주하는 것을 좋아했고 거문고 악보도 편찬했다. 서울 근교에 묏자리를 잡은 양반네들이 그의 글씨를 받아 돌에 새기기 위해 수시로 드나들었다. 각처의 중들은 전각의 현판 글씨를 받으려고 그 집 문턱에 엎드렸다. 그의 저택을 찾아 독립선언에 대한 말을 꺼냈을 때, 그는 끝내 말을 받지 않았다.

독립선언은 3월 1일 오후 2시에 파고다공원에서 결행하는 것으로 알려졌다. 그런데 불과 하루 전에 장소가 바뀌었다. 2월 28일 해질 무렵에 오세창과 최린 등 6명이 김상규의 집에서 회합했다. 또 밤 10시경에 손병희의 집에서 다시 모였다. 학생들이 대거 파고다공원에 모일 예정이어서 자칫 집단시위와 폭력으로 비화될 수 있다는 걱정이 오갔다. 독립선언 장소는 명월관 지점인 태화관으로 변경되었다.

그날 면우 곽종석의 아들이 허겁지겁 도착했다. 아비가 노환으로 자리에 누웠고, 자신에게 인장을 전해주며 상경토록 했다고 말했다. 아들은 사후 서명이라도 해야 한다며 인장을 내밀었다. 땀에 젖은 인장을 건네받았다가 그냥 돌려주었다. 병석에 누운 노인은 옥고를 감당해내지 못할 것이었다.

3월 1일 당일에 혼선이 생겼다. 파고다공원에 독립선언서 낭독자가 없었다. 학생 대표였던 강기덕이 태화관으로 달려왔다. 들이닥치자마자 금방이라도 숨이 넘어갈 듯한 목소리로 소리쳤다.

──지금 뭐하시는 겁니까. 여기가 파고다공원입니까. 도대체 왜 요릿집에 모여들 계신 겁니까. 지금 공원에서 기다리고 있는 사람들은 다 뭐란 말입니까. 도대체 누가 이 책임을 지시겠습니까.

서른 한 살의 늦깎이 학생 강기덕은 피를 토하듯 소리쳤다. 눈물과 콧물이 뒤섞여 붉으락푸르락 해진 얼굴을 뒤덮었다. 탁자 귀퉁이를 붙잡은 그의 손이 떨리자, 술잔이 엎어지고 접시 두어 개가 바닥으로 떨어졌다. 가까이 있던 사람들이 다급히 일어나 팔을 잡으며 제지했다.

──이보게, 젊은 사람이 이래서야 원…….

──이거 놓으십시오. 조선의 지도자라는 분들이 이게 무슨 꼴입니까. 사람들이 눈을 시퍼렇게 뜨고 지켜보고 있습니다. 도대체 뭐가 두려워서 요릿집에 숨어서 독립을 선언한단 말입니까. 부끄럽지도 않습니까.

모인 사람들이 서로 쳐다보며 웅성거렸다. 안쪽에 앉아 있던 손병희가 벽처럼 말했다.

——그만하게······. 그만하면 되었네······. 혈기를 앞세울 일이 아닐세. 이런 일은 여기 어른들에게 맡겨두고 돌아가게나.

강기덕은 분을 삼키며 자리를 떴다.

회합이 끝날 무렵 손병희의 연설이 있었다. 태화관 주위로 군홧발 소리가 요란해졌다. 헌병대장이 주인을 불러내 손병희를 찾았다. 다급히 뛰어온 요릿집 주인을 보고, 손병희가 말했다.

——지금 술을 마시고 있으니 술판이 끝나면 보잔다고 전하시오.

일본군은 1층 홀에 도열해서 지키고 서 있었다. 얼마 후 만세 삼창이 이어지자 일본 총독부의 명령을 고지하며 순사들이 들이닥쳤다. 참석자들은 포승줄에 묶여 차에 실렸다.

차가 군중 속을 헤집고 지나갔다. 열두세 살 되어 보이는 아이 두 명이 도드라졌다. 두 아이는 만세를 부르며 호송차를 향해 손을 흔들며 따라붙었다. 일경이 한 아이를 밀어붙이자 개천으로 굴러떨어졌다. 다른 아이는 일경에 의해 팔이 꺾이며 고꾸라졌다. 차량에 같이 탄 헌병

이 머리를 깊이 숙이라고 고함치며 소총의 개머리판을
휘둘렀다.

심문

끌려간 당일부터 경찰의 신문은 시작되었다. 서대문 경찰서의 담당자는 기본적인 인적사항과 독립선언을 하기까지의 과정을 먼저 물었다. 이어서 관련자와 문안 작성자 그리고 비용의 출처 등을 캐물었다. 태극기를 사서 나눠준 사람이 누구냐고 경찰이 물었을 때, 말이란 결국 이런 것이고야 마는구나 싶었다.

경찰은 잡혀온 사람들을 차례로 불러내서 똑같이 물었다. 앞뒤 대답을 맞춰가다가 서로 어긋나면 목청을 높였다. 독립선언서에 서명하고 참석하지 못했던 사람들은 저녁에 자진 출두했다. 관련자로 입에 오르내린 사람들도 줄줄이 연행되어 들어왔다. 붙잡은 자들의 고성과 붙잡힌 자들의 애걸복걸이 뒤섞였다. 퇴로를 확보하려는 자들과 차단하려는 자들이 말씨름을 했지만, 조서 속에서 어쨌거나 사실관계는 일목요연하게 계통 지어졌다.

5일에 바깥이 어수선했다. 학생들이 시위를 일으켰다는 소식이 들렸다. 남대문 정거장에 사오천이 넘는 학생들이 몰려들었다. 대열은 태극기와 붉은 천을 흔들며 가두시위를 벌였다. 선두에 인력거 한 대가 앞장섰다. 강기덕, 김원벽이 그 위에 올라타서 대열을 이끌었다.

11일에는 경무총감부에서 젊은 검사가 파견되어 거듭 신문했다. 검사는 서두르지 않고 다그치지도 않았다. 입을 열 때마다 피고는, 피고는 하는 말을 반복하면서, 자신은 경찰과는 다른 법조인이라는 사실을 스스로 뿌듯해하는 듯했다. 그는 독립운동의 전말에 대해 묻기는 했지만 크게 신경 쓰지 않았다. 그저 하는 말이니 옮겨 적어놓기는 하겠다는 투로 조서를 작성했다.

그의 관심사는 증거물로 보관된 압수 문건들에 있었다. 증거물이 혐의를 입증할 수 있을지 신중히 살폈고, 작성자와 소지경위 등을 집요하게 캐물었다. 신문이 끝날 즈음에 그가 아래턱을 천천히 쓰다듬으며 느리게 물었다.

―― 피고는 금번의 운동으로 독립이 될 줄로 알았는가?

길게 대답하지 않았다.

―― 그렇다. 독립이 될 줄로 안다.

―― 피고는 금후에도 조선의 독립운동을 할 것인가?

── 그렇다. 계속하여 어디까지든지 할 것이다. 반드시 독립은 성취될 것이다. 일본의 중에 월조月照가 있다면, 조선의 중에는 한용운이 있을 것이다.

검사는 씩 웃더니 조서 맨 끝에 자신의 이름을 쓰고 소리 나게 서류철을 덮으며 일어났다. 그리고 밥이나 먹고 오겠다며 입맛을 다시고는 사라졌다. 그는 법정에서 '개전의 정이 없다', '재범할 상당한 개연성이 있다'고 말할 근거를 마련해서 흡족한 모양이었다.

5월 8일에 경성지방법원에서 예심이 열렸다. 땅에도 타고난 운명 같은 게 있는지, 법원 건물은 옛 의금부 자리인 종로 공평동 163번지에 섰다. 일본은 조선 지배에 필요한 건물들을 무서운 속도로 지어냈다. 탁지부 건축소에서 설계를 담당하여 반년 남짓 공기를 거쳐 1908년 12월에 준공되었다.

법원은 지상 2층의 벽돌조로 건물을 올렸고 외관을 회벽으로 마감하여 석조건물처럼 보이게 했다. 중앙부의 윗부분을 오목볼록한 모양의 난간으로 처리해서 웅장한 성처럼 보이게 하여 권위를 더했다. 건물의 중앙 지붕 상부에는 돔을 얕게 설치했으며 중앙 현관은 아치로 돌렸다.

정문은 사각형의 벽돌기둥을 양쪽으로 세우고 그 사이에 창살 모양을 한 대문을 달았다. 대문의 윗부분은 모두 삼지창 모양으로 다듬어 살벌한 기운을 더했다. 정문의 좌우측으로는 각각 하나씩 커다랗게 안내판을 세워 법원 안에서 일어나거나 결정되는 일을 종이에 적어 붙여두었다. 지나는 사람들은 대부분 낯선 글자와 긴 문장을 읽어내지 못했다.

법이란 것이 원래 돌덩이처럼 차갑고 무거운 것인지는 알 수 없지만, 돌로써 도모하는 질서는 눌러서 이룩되는 질서일 테고 튕겨내서 보존되는 질서일 텐데도, 어쨌거나 법이 세상을 일으켜 세울 것이라고 믿는 자들은 돌덩이의 차갑고 무거움이 법의 공평무사와 법관의 냉철함을 드러낸다고 믿는 것 같았다.

돌로 된 건물 안에서 판사는 '최후의 일인까지 최후의 일각까지' 라는 독립선언서의 문구에 대해 집요하게 캐물었다.

—— 피고 등이 독립선언서를 배포한 것은 인민을 선동하여 많은 사람들이 시위를 하고 폭동을 일으키도록 하는 데 목적이 있었던 것 아닌가?

—— 그런 목적이 아니다.

—— 이 선언서에는 최후의 일인 최후의 일각까지라는 대목이 있는데 폭동을 선동한 것이 아닌가?

—— 그런 것이 아니다. 그것은 조선 사람은 한 사람이 남

더라도 독립운동을 하라는 것이다.

―― 그런데 인민이 피고 등의 선언서에 자극되어 관리에 대항할 것을 생각하였는가?

―― 나는 독립선언을 하면 일본은 반드시 승인할 줄로 믿어 그런 생각을 아니하였다.

판사의 질문은 사실관계 확인보다는 의도를 캐묻는 데 집중되었다. 재판부는 증거물이 입증할 수 없는 빈 공간을 피의자의 진술로 채워넣으려고 애썼다. 그들은 애당초 출판법이나 보안법으로 걸기에는 사안이 중차대하다고 생각한 모양이었다. 재판부의 심문은 계속해서 이어졌다.

―― 선언서에는 일체의 행동은 질서를 중히 하라 하였는데 이것은 폭동을 경계한 것인가?

――그렇다.

――그런데 선언서를 보고 질서를 문란시키고 폭동을 한 것이 있는데…….

――그런 말은 듣지 못했다.

재판부의 심문은 독립선언의 대표 격인 손병희와 문건을 작성한 최남선, 그리고 주동자로 지목된 최린에게 집중되었다. 판사는 손병희에게 조선과 일본이 병합한 것에 대해 어떻게 생각하는지 묻는 것부터 입을 열었다. 손병희가 대답했다.

──나는 별로 찬성도 아니고 불찬성도 아니고 중립을 지키고 있었으며, 지방의 천도교 교도들에게도 당시 입을 열지 말라고 효유했었다.

──그러나 일한병합에 대하여 상당한 의견을 품고 있었던 것으로 생각되는데 어떤가?

──우리들은 일청전쟁 당시 정부를 전복하지 않으면 인민의 행복을 얻을 수 없다는 생각으로 전복을 꾀했으나 성취할 수 없었으며, 한번은 정부가 전복될 때가 올 것으로 생각하고 있었으므로 별로 감상도 없었다. 그래서 나는 방금 진술한 태도를 취했던 것이다.

대답하는 손병희의 모습을 보면서, 눙치는 듯한 그의 말이 어쩌면 그를 구할지도 모른다는 생각이 들었다. 그리고 북촌에 있던 그의 거처를 방문했을 때의 기억이 떠올랐다.

8백 평이 넘는 저택이었다. 마당 한 켠에 검정색 캐딜락 승용차가 짐승처럼 엎드려 있었다. 쌀 3천 가마니 값을 넘게 치르고 샀다는 소문도 있었고, 황제가 타는 어차보다 더 좋은 차라는 말도 들렸다. 어쨌든 어차를 포함해서 황실에서 굴렸던 두 대와 총독부에서 굴렸던 한 대 그리고 그의 자동차 외에 장안을 굴러다니는 캐딜락을 보았다는 사람은 없었다.

손병희는 충북 청원 출신이었다. 22살 되던 해에 동학에 입도하여 최시형의 참모로 발탁되었다. 동학전쟁 당시에는 북접의 통령직에 있었다. 공주 우금치전투에서 동학군이 관군에 패하여 전봉준이 처형되자 남접과 결별했다. 1901년에는 일본을 경유, 상하이로 망명하여 이상헌이라는 가명을 사용하기도 했다. 그즈음에 그는 무력항쟁노선에서 계몽운동으로 방략을 변경했고, 1906년에는 동학을 천도교로 개칭하고 제3세 교주로 취임했다.

청주 아전의 서자로 태어나 교주의 눈에 들고 동학교단의 지도자로 떠오르기까지, 그는 오래 기다렸을 것이었다. 남접 동학군이 승승장구할 적에도 그는 은인자중하며 자기 견해를 밝히지 않으며 시간을 보냈다. 그리고 남접과 합류하기로 약속한 기일보다 한 달이 지난 후에야 황색 깃발을 내걸고 중군을 이끌고 진출하였다.

손병희는 짐승의 본능처럼 칼끝을 피하는 길을 알고 있는 듯했다. 압송되던 전봉준과 동학군에 맞서다가 세상을 떠난 아비의 모습이 떠오르던 순간에, 판사가 다시 손병희에게 질문했다.

—— 독립운동에 관하여 피고에게 의견을 말한 사람은 누구 누구인가?

—— 금년 1월 20일에 권동진, 최린, 오세창이 내 집에 와서 그런 의견을 말했었다.

―― 피고 등이 기도한 조선독립의 취지는 이 선언서에 있는 그대로인가?

―― 나는 명월관 지점에서 잠시 그 선언서를 보았을 뿐, 읽어보지는 않았으므로 어떤 것이 기재되어 있는지 모른다. 나는 처음부터 독립선언서는 과격한 문서가 되지 않도록 독립 이유를 설명하여 선언한다는 취지로 하라고 말해두었다. 그런 의미로 선언서의 문장을 만들었을 것으로 믿고 있었으므로 그것을 눈여겨보지 않았다. 또 나는 천학이므로 그것을 보았다손 치더라도 그 취지를 충분히 알 수가 없는 것이다.

판사의 심문은 최린으로 이어졌다. 최린은 독립선언의 주동자로 혐의를 받고 있던 터라 독립선언 과정 전반에 대해 집중적으로 심문을 받았다.

―― 피고는 언제 손병희를 알게 되었는가?

―― 동경에 유학 중에 알게 되었다.

―― 최남선과는 언제 알게 되었는가?

―― 함께 동경으로 유학하러 갔었기 때문에 알게 되었으며 서로 왕래하며 교제하였다.

―― 조선독립 선언은 언제부터 계획했었는가?

―― 금년 1월 28일 손병희에게 호출되어 권동진, 오세창과 함께 그의 집에 갔을 때 비로소 그 말이 나왔다.

── 최남선은 언제 선언서나 청원서 등의 초안을 완성했는가?

── 2월 10일에 선언서와 청원서 초안을 각각 한 통씩 내게 가지고 왔다. 나는 그것을 손병희, 권동진, 오세창에게 보였다. 그달 중순경에 함태영에게 부탁하여 예수교 측에 보냈더니 그 다음날 그것을 나에게 돌려보내 왔다.

── 최초 피고가 최남선에게서 받은 초고는 어떻게 했는가?

── 그것은 참고하기 위해 내가 가지고 있었는데 경찰에서 조사를 받을 때 필요하다고 생각했으므로, 조사를 받을 때 이것을 경찰에 주라고 하면서 한용운에게 맡겨두었다.

판사는 책상 위에 놓인 증거자료를 뒤적거렸다. 그리고 잠시 후 문건을 하나하나 집어 최린에게 들어 보이면서 다시 물었다.

── 한용운은 지금 보여준 3통의 원고를 가지고 있었을 뿐, 선언서 원고는 가지고 있지 않았던 것 같은데 어떤가?

── 선언서 초고는 인쇄하기 위해 최남선에게 돌려주었고 한용운에게는 맡기지 않았다.

── 한용운과는 언제 회합했는가?

── 내가 일본에 유학하고 있을 무렵부터 아는 사이였다. 금년 1월 말경에 내 집에 와서 현재 민족자결이란 것이

제창되고 있으니 조선에서도 독립운동을 해보는 것이 어떻겠느냐고 했다. 그 때는 손병희에게서 상의가 있은 뒤였었지만 한용운은 우리들이 그런 기도를 하고 있는 것을 모르고 온 모양이었다. 우리들의 기도는 아직 정리되어 있지 않았으므로 누설해서는 안 된다고 생각했다. 그래서 수단 방법을 잘 연구해가지고 하지 않으면 안 된다고만 대답했다. 그 뒤에도 여러 차례 그 일로 한용운이 찾아왔으므로 1월 말경에 우리들의 계획을 터놓고 밝혔다. 한용운은 자기도 참여하고 싶다고 신청했던 것이다.

최린의 대답은 길게 이어졌다. 그가 대답하는 동안에, 십 년 전 일본에 몇 개월 유학했을 때의 기억이 떠올랐다. 최린은 수재였고, 5척 3촌 정도의 키에 보통 체격이었다. 피부색은 약간 검은 편이었는데 둥근 얼굴에 어두운 그늘이 없었다. 한인유학생회 회장이라고 자신을 소개했다.

그는 함경남도 함흥의 중인 집안 출신이었다. 1902년 조선에서 일본 육군사관학교 출신의 청년장교들을 규합하여 정치개혁을 도모하다가 발각되어 일본으로 피신했다. 그리고 1904년에는 황실 유학생으로 선발되어 도쿄부립제1중학을 다니고 있었다. 메이지 대학 법학부에 지원할 것이라고 그는 말했다. 천도교 교주인 최수운을 존경한다고도 했다.

조선이 병합된 것은 러일전쟁의 당연한 결과로 어쩔 수 없는 일이었으며, 또 조선의 정치는 지독한 악정이어서 도저히 조선의 안녕과 행복을 유지하고 증진하기는 불가능한 상태였으므로 병합에 찬성하지는 않지만 피치 못할 일이 아니겠냐고 그가 말했을 때, 나는 대답하지 못했다. 세상은 늘 피치 못했고, 피치 못해서라는 말 위에서 용인되지 않는 것은 없을 것이었다. 유학 중인 귀한 집 자제들이 대개 다르지 않았다.

젊은 최린을 생각하고 있는 중간에도 판사의 심문은 계속되었다.

── 한용운에게는 피고가 선언서의 취지, 청원서의 취지 및 발송 방법을 말해주었는가?

── 그렇다.

── 피고는 2월 26일 한용운에게 인쇄된 선언서를 받아서 배포해달라고 부탁했는가?

── 얼마쯤 배포하는 것을 맡고 싶다고 했으므로 받으러 가라고 말했었다.

독립선언에 연루된 사람이 수십 명이나 되었음에도, 예심법원의 판결은 예상밖으로 신속히 내려졌다. 예심이 있은 지 불과 나흘 후에, 경성지방법원은 독립선언이 지방법원의 관할범위를 벗어난다며 관할위管轄違로 판결하고 사건을 고등법원으로 이송했다. 죄명은 출판법 및 보안법 위반에서 내란죄로 바뀌었다.

법이란 것은 참 묘했다. 법이 중간에 끼어들면 누군가 갇혀도 가둔 사람은 드러나지 않았다. 누군가 죽어나가도 죽인 자는 종적이 묘연했다. 가두고 죽이는 자는 내가 그렇게 한 것이 아니라 법이 그렇게 한 것이라고 했다. 가둬지고 죽임을 당하는 자는 누가 그렇게 하는지 알지 못했다.

가두고 죽이는 자는 법 안에서 편안했고, 가둬지고 죽임을 당하는 자들은 원한을 품을 상대조차 없어서 막막했다. 법은 제 속의 논리를 뱀처럼 똬리 틀고 있는 것처럼 보였다. 법은 아는 자에게는 제 틈새를 활짝 벌려 보여줬고, 모르는 자들에게는 하소연할 틈조차 주지 않았다.

중국의 소식蘇軾은 일찍이 옛 책에 있는 글귀를 빌어서 말했다.

…… 죄가 있는지 의심스러울 때는 죄가 가벼운 쪽을 택하여 벌을 내리고, 공功이 있는지 의심스러울 때는 공이 많은 쪽을 택하여 상을 내려야 하느니, 죄 없는 사람을 죽이기보다는 법을 지키지 않는다고 비난을 받는 것이 차라리 낫기 때문이다……

그의 말귀는 왕도정치의 이상인 명덕신벌明德愼罰을 재

확인했다. 하지만 법치는 개화와 함께 도리 없이 들이닥쳤다. 1909년에 이미 대한제국의 각급 재판소, 법부 및 감옥이 모두 폐지되고 통감부에 흡수되어 사법권은 일본의 수중에 온전히 들어갔다. 그리고 1912년에는 사법제도가 지방법원-복심법원-고등법원의 3심제도로 바뀌었다.

왕도의 이상은 신상필벌信賞必罰이 법치로 다급하게 바뀌었다. 사법기관의 구성과 법관 인사 문제 등이 총독의 재량에 맡겨졌다. 입헌정치의 대전제는 사법권의 독립일 터인데, 사법의 독립은 무시되고 총독에 직속되어 중앙행정부서의 하나로 기능하고 있었다.

7월에 서대문감옥소에 구금되었다. 검사는 독립선언에 가담 정도, 목적, 배경 등을 집중적으로 캐물었다. 간명하게 대답했다. 검사가 왜 조선이 독립해야 한다고 생각하느냐고 물어왔을 때, 난감했다. 그것은 애초에 물음이 되지 못하는 말이었다. 배고픈 자에게 왜 밥 먹으려고 하느냐고 묻거나, 사랑하는 이에게 왜 사랑하느냐고 묻는 것처럼 들렸다. 하도 어이없어서 짧게 대답했다.

── 바람에게나 물어보시오.

── 그걸 대답이라고 하는 거요?

── 그러면, 당신은 그것을 지금 질문이라고 하는 게요?

면박 주듯이 대답했다.

검사는 물음이 되지 못하는 지점이 어디일지 속으로 살피면서, 그래도 이유가 있을 것 아니냐는 표정으로 물끄러미 쳐다봤다.

그를 향해 다시 입을 열었다.

── 그냥 물어본 것이면 이쯤에서 관두고, 정 궁금하면 내 아예 적어서 주리다. 내일까지 줄 것이니, 쓸 것을 구해다 주시오.

검사는 뜻밖에도 그렇게 하리고 허락했디. 감옥소 안에서 종이와 필기구를 받았다. 조선이 독립해야 하는 이유를 밤새 써내려갔다.

…… 자유는 만물의 생명이요 평화는 인생의 행복이다. 그러므로 자유가 없는 사람은 죽은 시체와 같고 평화를 잃은 자는 가장 큰 고통을 겪는 사람이다. 압박을 당하는 사람의 주위는 무덤으로 바뀌는 것이며 쟁탈을 일삼는 자의 주위는 지옥이 되는 것이니, 세상의 가장 이상적인 행복의 바탕은 자유와 평화에 있는 것이다…… 이른바 강대국, 즉 침략국은 군함과 총포만 많으면 스스로의 야심과 욕망을 충족시키기 위하여 도의를 무시하고 정의를 짓밟는 쟁탈을 행한다. 그러면서도 그 이유를 설명할 때는 세계 또는 어떤 지역의 평화를 위한다거나 쟁탈의 목적물, 즉 침략을 받는 자의 행복을 위한다거나 하는 기만적인 헛소리로써 정의의 천사국으로 자처한다…… 각 민족의 독립자결은 자존성의 본능이요, 세계의 대세이며, 하늘이 찬동하는 바

로서 전 인류의 앞날에 올 행복의 근원이다. 누가 이를 억제하고 누가 이것을 막을 것인가……

써놓고 보니 1만 자에 이르는 장문이 되었다. 다음 날 검사에게 전달했다. 똑같은 내용을 휴지에 빽빽하게 따로 옮겨 적어 종이끈 모양으로 똘똘 말았다. 그리고 면회 온 춘성에게 몰래 건네주었다. 그 문서가 여러 경로를 거쳐 상해임시정부에까지 전달되었고, 《독립신문》에 〈조선독립에 대한 감상의 대요〉라는 제목으로 실렸다는 사실은 출옥한 후에 알았다.

경성고등법원은 서소문정 38번지에 있던 한국정부의 의정부 청사를 사용하고 있었다. 피의자들은 차에 태워져 법원 마당에 부려졌다. 포승줄로 두 손과 두 팔이 묶여 굴비처럼 기다랗게 이어졌다. 얼굴이 보이지 않도록 둥글고 긴 용수도 뒤집어 씌웠다.

고등법원에서는 내란에 초점을 맞추어 선전선동 여부를 집중적으로 추궁했다. 심문은 8월 27일에 있었다. 판사는 독립선언서의 작성자로 지목된 최남선에게 먼저 물었다.

── 피고는 독립선언서라는 제목의 불온 과격한 문서를 발표하고 또 사람을 보내어 각지의 사람을 선동했기 때문에 그 자극에 의하여 내란이 일어나기에 이르렀다는 것이 공소되었는데 어떤가?

—— 이번의 문서는 최린에게서 부탁을 받고 쓴 것으로 나는 다만 부탁 받아 쓴 것에 지나지 않는다. 또한 나는 사람을 선동한다는 생각도 없고 또 사람을 보낸 일도 없다. 따라서 그 결과 내란이 일어났다는 등의 일은 없는 것으로 생각한다. 그러므로 그것에 대해서 나는 책임을 느끼지 않는다.

—— 피고는 최린의 부탁으로 선언서와 청원서를 기초한 것이 틀림없는가?

—— 결코 틀림이 없다.

—— 선언서와 청원서의 취지는 최린과 상의해서 정했는가?

—— 대체로는 상의했으나 전체적인 구성은 내가 했다.

—— 선언서를 발표한 취지는 무엇인가?

—— 그 취지는 한마디로 말해서 독립의 의사를 발표했다는 것이 된다.

—— 독립의 의사를 발표했다는 것만으로는 매우 막연하다. 그것은 이미 독립했다는 것인가, 아니면 독립을 바란다는 것인가?

—— 말한 대로 매우 막연한 말이지만, 대체로 독립선언 그 자체가 막연한 것이다. 이미 독립했다고 하면 벌써 운동은 필요 없게 되는 것인데, 공약 3장에 운동에 관하여 주

의를 써넣은 정도이므로 그것은 독립을 바란다는 것이다.

판사가 선언서 내용을 두고 막연하다고 말한 이유는 분명치 않았다. 그의 질문은 뭔가 유도하는 듯이 보였다. 최남선으로 하여금 조선이 독립국이 아님을 스스로 인정하도록 하려는 것이거나 혹은 최남선이 독립국이 아닌 조선을 독립국이라 적어서 사람들을 기망했다고 판단하고 싶었는지도 모른다.

판사의 질문은 내란과 선동에 초점을 맞춰 다시 이어졌다.

── 이와 같이 불온한 문장에 최후의 일인, 최후의 일각이라는 과격한 말을 쓴 것을 보면 아무래도 전쟁에 견준 것 같고, 매우 극렬한 문구로 보이는데 어떤가?

── 내가 이 문장을 쓴 요점은 하여튼 감정에 일주하지 않을 것, 독립의 의사를 명확하게 할 것, 이 두 점에 무게를 두었었다.

── 감정에 일주하지 않는다고 하지만 선언서는 꽤 감정적이며 자극적인 문장인데 어떤가?

── 얼마쯤 자극적인 대목이 있는 것은 독립선언서이므로 부득이한 것이다.

── 바로 그렇게 불온한 뜻을 겉으로 드러내지 않으면서, 내면에서 지극히 독립의 의사를 철저히 하도록 제법

잘 씌어 있는 것 같다. 그래서 이것을 본 사람은 자극되어 경거폭동을 할지도 모른다. 그러니 도리어 선동적인 문서 같은데 어떤가?

—— 독립선언서 그 자체가 불온한 것이므로 그렇게 생각하는 것은 당연하지만, 나도 꽤 주의해서 썼으므로 결코 선동의 의미로 쓴 것은 아니다.

판사가 독립선언서를 두고 제법 잘 쓴 것이라고 했을 때, 비아냥거림처럼 들렸다. 그는 선동성을 표면적으로 드러내지 않는 교묘함이 선언서에 잘 내포되어 있다고 생각하는 것 같았다. 그렇게 봤다면 어쩔 수 없지만 어쨌든 동기는 그렇지 않다는 말로 최남선은 판사의 예봉을 피해나갔다. 물어봐야 더 나올 게 없을 것 같다는 표정을 지으며 판사는 정리하는 듯한 어조로 말을 이어나갔다.

—— 피고는 처음에는 매우 적극적으로 시작했지만, 중간쯤에서 기초하는 일과 구한국 대관들을 교섭하는 일을 맡았을 뿐이며, 마지막에 참가하는 것을 그만두었다고 했는데 그것은 어떤 까닭인가?

—— 나는 대체로 정치에 취미를 가지고 있지 않고 어디까지나 학자로 처신하고자 할 뿐이다. 그뿐 아니라 근래는 상업이 뜻대로 되지 않아 그런 운동 등을 하고 있을 수 없었으므로 거절했었다. 다만 이번의 거사에는 동정을 가지

고 있었다.

　이어서 판사가 백용성화상을 불러 세웠다. 성명과 주소지 등 인적사항을 묻고 전과와 공훈 여부를 확인하는 관례적인 문답이 먼저 오갔다. 용성화상은 천천히 또박또박 대답했다. 판사는 목소리의 높낮이를 일정하게 유지하려고 애썼다.

　경찰의 조서와 검찰의 공소 내용 그리고 예심법정의 심문기록까지 그는 이미 훑어봤을 것이었다. 따라서 용성화상이 독립선언 과정에 깊이 관여하지 않았고, 속속들이 알지도 못한다는 것을 짐작하고 있을 것이었다. 판사는 별로 새로운 것을 기대하지 않는다는 듯이 무심하게 말했다.

　──피고는 금년 2월 27일에 한용운의 권유로 조선독립운동에 참가하고 3월 1일에 명월관 지점에서 선언서를 발표하고 그 자리에서 체포된 사람으로서 그 사이에 독립운동에 관하여 취한 행동, 기타 사항은 피고가 전에 지방법원 예심에서 진술한 대로 틀림이 없는가?

　──틀림없다.

　──독립운동의 방법은 무엇인가?

　──독립선언서를 배포하면 자연히 일본에서도 조선이 독립을 희망하고 있다는 것을 알고 독립을 승인해주리라는 것을 한용운에게서 들었으므로, 그렇게 생각하고 운동

에 참가할 것을 승낙하고, 나도 선언서에 이름을 내기로 했었다. 그 밖에 청원서를 만들어 일본정부나 총독부, 강화회의의 각국 대표자 등에 보내는 것에 대해서는 아무것도 듣지 못했다.

── 선언서를 배포하면 그것으로 곧 독립이 얻어진다고 믿었는가?

── 그렇다.

── 선언서에는 어떤 것을 쓸 생각이었는가?

── 나는 선언서를 본 일도 없으나, 한용운의 말로는 무기를 가지고 하는 것이 아니고 난폭한 짓을 하는 것도 아니고 다만 온건한 태도로 서면으로써 독립을 선언하는 것이라고 했으므로, 그런 취지로 선언서는 쓰일 것으로 생각했었다.

── 그러한 선언서를 발표하면 보안법에 저촉된다는 것을 그대는 알고 있었는가?

── 그런 것은 나는 모른다. 다만 이번의 일에 대하여 이름을 내라는 것이었으므로, 나는 독립하는 것이라면 이름쯤 내도 좋다고 생각하여 이름을 낸 것에 불과하다.

판사와 용성화상의 문답은 간명했다. 판사는 세세하게 묻거나 돌려 묻지 않았다. 용성화상의 대답 역시 머뭇거리거나 희미한 구석이 없었다. 판사는 그 대답의 선명함을 두고 세상 물정 모르는 중이 앞뒤 모르고 공연히 세상일에 관여했다가 이 지경에 이른 것이라고 생각하는 듯했다.

판사의 질문이 이어졌다.

── 독립운동에 관하여 한용운 이외의 사람과 말을 한 일은 없는가?

── 없다.

── 피고 등은 조선의 독립을 강화회의의 문제로 삼고, 일본으로 하여금 독립을 어쩔 수 없이 승인하도록 하게 할 생각이 아니었는가?

── 나는 그런 것은 모른다. 나는 동양의 평화를 영원히 유지하기 위해서는 조선의 독립이 필요하고, 일본에서도 그것을 잘 알고 있을 것이며, 또 불교로 보더라도 조선의 독립은 마땅한 것이므로, 여러 가지 점으로 보아, 하여튼 조선의 독립은 용이하게 될 것으로 믿고 있는 터이다.

판사가 종이뭉치를 뒤적이더니 독립선언서를 들어 보이며 물었다.

── 이것이 선언서인가?

── 그렇다.

── 이 초안을 보았는가?

── 못 보았다.

── 언제 이것을 처음 보았는가?

──명월관 지점에서 처음 보았다. 그 때에도 나는 늦게 갔었기 때문에 손으로 잡아서 보려고 하는데 경찰관이 와서 체포하였으므로 자세히 볼 사이가 없었다.

──이 선언서에는 불온 과격한 문구가 있는데, 이런 것을 발표한 것은 조선민족을 선동하여 폭동을 일으키려는 취지가 아닌가?

──그렇지는 않다.

판사가 다른 증거 자료 몇 장을 더 들어 보였다.

──이 문서들에도 피고의 도장이 찍혀 있는데 어떤가?

──나는 그런 것에 날인한다는 것은 몰랐다. 다만 독립선언서에 날인한다는 것을 듣고 한용운에게 도장을 맡겨 두었을 뿐이다.

관련자 전원에 대한 심문이 종결된 후에도 고등법원은 오래 고민했다. 해를 넘겨 이듬해 3월 22일에야 판결했다. 판결문은 어려운 말귀로 법의 엄존함을 구했고, 긴 문장으로 심사숙고의 흔적을 남겼다.

…… 작성 배포한 독립선언서 중에는 '조선민족은 최후의 일인, 최후의 일각까지 독립의 의사를 발표하여 서로 분기하여 제국의 기반에서 벗어나 조선의 독립을 도모하도록 격려 고무하는 취지를 기재한 것이고 별도의 폭동을

하도록 하는 또는 폭동을 수단으로 하여 조선독립의 목적을 달성하도록 교사한 문구가 없으므로 그 독립선언서를 배부하고 또 독립만세를 외치도록 전달한 것을 가지고 내란죄를 교사한 것이라고 할 수는 없다. 따라서 그 배부 또는 전달을 받은 자가 이따금 폭동을 수단으로써 조선독립 목적을 달성하고자 하는 자가 있다고 하더라도 그것은 그 자의 자발적인 의사에 의한 것이라고 할 것이므로 위의 피고들의 행위는 내란죄의 교사로서 논할 수 있는 것이 아니다. 내란죄는 정부를 전복하고 또 방토邦土를 참절僭竊하여 기타 조헌을 문란할 것을 목적으로 폭동을 함으로써 성립하는 것이므로 폭동을 하는 일이 있어도 위의 목적을 달성코자 하는 수단으로서 행한 것이 아닐 경우에는 내란죄를 구성하지 아니한다. 그렇다면 본 건은 고등법원의 특별권한에 속하지 아니하고 경성지방법원을 본 건 관할재판소로 지정함이 상당하다…….

오래 고민한 고등법원은 경성지방법원을 관할재판소로 다시 지정했다. 그들은 독립선언사건이 가져올 정치적 부담을 염려했는지도 모른다. 그래서 차라리 사건을 소요 정도로 모양 좋게 축소하고 싶었던 모양이다.

그런데 그들이 미처 예상하지 못한 일이 발생했다. 피고 측의 변론을 맡고 있던 변호사 허헌은, 고등법원이 이 사건을 기각 처리하여 종결한 것이므로 경성지방법원에서는 사건을 다시 담당할 권한이 없다고 문제 삼았다. 고등법원이 사건을 보안법 위반으로 처리하기로 하고 경성지방법원으로 내려보내면서 그 관할을 지정하였을 뿐 '송치한다'는 용어가 없었으므로 사건이 다시 전달된 것으로 볼 수 없다고 그는 대들었다.

7월 12일부터 재판이 시작되자 허헌은 이런 이유를 들어 공소불수리를 신청하고 피고인들의 즉각적인 석방을 요구했다. 경성지방법원은 8월 9일에 판결했다. 죄명은 보안법 출판법 위반 및 소요였다. 판결문은 짧았다.

독립선언 관련자들이 민중을 선동하고 독립만세를 고창함으로써 치안을 방해했으며, 황해도 수안군遂安郡 헌병대에 밀고 들어가 독립만세를 고창하였으며, 다수의 위세로 협박하여 동 분대의 퇴거를 강요하였다는 공무집행 방해 내용도 구체적으로 적시되었다. 그렇게 범법 사실을 줄줄이 나열한 후에 법원은 결국 공소를 수리할 수 없다고 판결했다. 허헌의 지적은 정확했고, 이미 진행되어버린 절차상의 하자를 인정하지 않을 도리가 없었다.

검찰은 곧 미비한 부분을 보완해 다시 공소를 제기했다. 재판은 속개되었다. 허헌은 다시 공소불수리를 신청했지만, 그해 10월 마지막 날 최종판결이 내려졌다. 관련자들은 모두 징역 3년에 처해졌다. 주문에는 원판결을 취소하고 공소불수리 신청은 각하한다는 내용이 적시되었다. 미결 구류일수 360일을 본 형에 산입한다는 내용도 포함되었다.

대학

1921년 12월에, 감옥소에서 나왔다. 해방감보다는 함께 했던 이들의 더러운 군상이 잔상으로 남았다. 하는 것도 아니고 안 하는 것도 아니며, 되는 것도 없고 안 되는 것도 없는 상황이 개탄스러웠다. 몇몇 사람들이 감옥소 앞에서 기다리며 축하인사를 건넸다. 길게 말을 섞고 싶지 않아 서둘러 거처로 향했다. 녹슬어 푸슬거리는 햇빛 아래서 발등 위로 흘러내린 그림자가 낯설었다.

감옥소에서 나온 뒤로, 여러 사람들이 거처인 선학원으로 찾아왔다. 이곳저곳에서 강연 요청도 쇄도했다. 감옥소에서 3년을 보내는 동안 어느새 사회저명인사가 되어 있었다. 검사장에게 줬던 〈조선독립의 서書〉는 독립을 염원하는 사람들 사이를 옮겨 다니며 읽힌 모양이었다. 만난 이들 중에 주위를 둘러보고 나서 조심스럽게 그 얘기를 꺼내는 이가 적지 않았다.

3·1운동을 계기로 일본은 문화정치를 표방했다. 총독부는 제2차 조선교육령을 선포했다. 그것이 선포되기 전까지 조선인 학생과 일본인 학생은 서로 다른 학교에서 별도의 교육과정을 이수했다. 일본인 학생들은 경성중학교와 용산중학교 두 곳을 다녔다. 조선인 학생들은 공립의 고등보통학교와 사립학교를 다녔다. 고등보통학교에서는 중학교보다 훨씬 쉬운 교재를 사용했다. 대부분의 교과를 초보적인 지식만 훑는 것으로 끝냈다. 영어는 성적이 좋은 학생들에게만 한정해서 가르쳤다. 그 시간에 조선 학생들에게는 직업교육을 시켰다. 조선 아이들은 스스로 못나 했고 지레 풀죽었다.

제2차 조선교육령이 선포되면서 각급 교육기관의 학제는 일본의 그것과 동일하게 맞춰졌다. 교육은 개별적이어서 비로소 전인적일 수 있을 것인데, 그들은 개별과 차별을 구분하지 못했거나 일부러 모호하게 하는 듯싶었다. 이른바 공학제도였다. 과학책에는 황국신민의 이론과 원리가 스며들었고, 음악과 기술 책에는 일본 천황의 성은이 배어났다.

인간의 존엄성과 개성에 입각해 교육할 수 있는 민간 주도의 교육기관이 필요하다고 조선의 지식인들이 입을 모았다. 조선인을 위한 민립대학을 세워야 한다는 목소리도 여기저기서 나왔다. 사문의 신분으로 세상일에 자꾸 나서는 것이 두려웠지만, 독립선언으로 체포될 때 뒤따라오며 만세를 부르다가 넘어지던 아이들의 모습이 자꾸 떠올라 참여했다.

민립대학 기성준비회는 그해 11월에 결성되었다. 이듬해인 1923년 3월 29일 오후 1시에 종로 중앙청년회관에서 발기총회가 열렸다. 전체 발기인 1,170명 가운데 462명이 참석했다. 나는 30명으로 구성된 중앙부 집행위원 가운데 한 사람으로 선출되었다. 9명으로 구성된 상무위원직도 맡았다.

대학을 설립하는 데 필요한 소요기간을 3년 정도로 잡았다. 1천만 원 모금계획도 세웠다. 경성은 물론 지방 곳곳으로 다니며 강연하고 호소해서 자금을 모았지만 모금 성과는 지지부진했다. 어느 지방에서 강연회가 끝나고 자리를 옮기는데 군중 한 귀퉁이에서 중늙은이 두엇이 서로 수군거리는 소리가 들렸다.

── 대학, 대학 해쌌는데 도대체 뭘 가지고 그러는 것이여?

── 낸들 아는가. 까막눈이기는 자네나 내나 매 일반 아닌가벼. 뭔 핵교를 만든다는 소리 같은디, 있는 핵교도 못

보내는 판에 뭔 핵교를 또 만든다는 소린지 원……

—— 대학이라는 게 핵교여? 학상들 공부 갈키는 그 핵교란 말이여? 근데 핵교를 만드는데 왜 우들한테 돈을 내라고 그래쌌는거여?

——아, 자꾸 묻지 말어. 배 꺼져.

두 사람이 티격태격 말을 주고받는 것을 지켜보고 있던 갓 쓴 노인이 혀끝을 차면서 끼어들었다.

——그 참, 한심한 사람들 같으니라고. 대학이라는 건 말이여, 중핵교나 고등보통핵교 같은 데 나온 학상들이 말이여, 더 많이 공부혀서 말이지, 판검사도 되고 고관대작도 되는 곳이란 말이여. 대학상을 보기나 혔는가? 내 먼 친척의 아는 사람 아들이 동경에서 대학에 댕기는데 말이여, 고향에 한번 오면 아주 난리가 난다니께. 대학상이 되면 말이여, 면장이고 군수고 죄다 머리를 숙인단 말이시. 경찰서장도 아주 꼼짝을 못 혀.

말을 마친 노인이 하얀 수염을 몇 번 쓰다듬더니, 자네들 같은 사람들한테는 아주 먼 소릴 것이여 하면서 사라졌다. 노인이 사라지자, 두 사람은 아까보다 더 큰 목소리로 아주 대놓고 성토하듯이 말했다.

——당장 땟거리도 없는 판에 핵교는 뭔 얼어 죽을 핵교를 만든다고 난리여!

──그러게 말이여, 동네 서당도 못 보내는 판인디.

──그려 우째우째 해서 대학을 만들었다 쳐. 그기에 누가 다닐꺼여. 우들 자슥들이 갈꺼냔 말이여. 방귀 꽤나 뀐다는 높은 분들 자제들이나 다닐꺼 아닌가뵈. 근데, 우들이 왜 돈을 낸디야.

──이찌것어, 머리에 먹물 든 것들 하는 것이라는 게 다 그렇지 뭐. 다 한통속 아닌가베.

──그려, 맞는 말이여. 사람들이 모인다길래, 뭐 주는 거나 있나 싶어서 발품을 팔았더만, 헛걸음만 했구만 그려.

──어여 돌아가더라고, 더 있어봐야 나올 게 없어.

두 사람이 떠난 뒤에도 한동안 그대로 멍하니 서 있었다. 뭔가 잘못 되어가고 있는 게 아닌가 싶었다. 대학 설립의 취지와 동기에서 어딘가 문제가 있는 것이 분명했다.

민립대학 설립이 지지부진한 사이에, 1923년 5월에 총독부에서는 갑자기 조선제국대학령을 발표했다. 다음해 《동아일보》1월 12일자에 입시요강이 공고되었다. 첫머리에, 조선제국대학은 제국대학령에 의依하는 종합대학으로 도쿄, 교토, 규슈, 도호쿠, 홋카이도의 각 제국대학과 완전히 동일한 종류의 것이며 조선제국대학 부속 예과 수료자는 무시험으로 본과에 입학할 수 있다고 적혀 있었다.

모집인원은 법학 40명, 문학 40명, 의학 80명 해서 도합

160명이었다. 시험과목도 공지되었는데, 문과는 국어와 한문, 외국어, 수학, 역사였고, 이과는 다른 과목은 문과와 동일하고 역사 과목이 없는 대신에 박물학이 추가되어 있었다.

시험과목이 공지되자 조선 학생들은 좌절했다. 국어와 역사는 일본어와 일본사였고, 외국어 시험을 포함한 전 과목 모두 답안을 일본어로 작성해야 했기 때문이다. 세계적인 대학을 만들 것이며, 실력을 갖춘 학생이라면 조선인 일본인을 차별하지 않고 누구든 받아들이겠다던 취지는 허망했다.

입학시험은 3월 18일부터 21일까지 나흘 동안 치러졌다. 647명이 응시해서 180명이 합격했다고 발표되었다. 6월 12일에 열린 입학식 겸 개교식에는 경성의 고관대작들은 물론이고 지방에서 상경한 관료들까지 자리를 메웠다. 칙어봉독과 기미가요 합창이 있은 뒤에 예과부장이 단상에 올라 말했다.

── 제군들에게 배부한 인쇄물에 있는 것과 같이, 현재 본교 학생은 문·이과를 통틀어 전부 168명 중에 조선인은 44명뿐이고 기타는 모두 일본인인데 그중에는 일본에서 중학을 졸업한 사람이 반수 이상 있으나, 그 다수는 조선에 부형이나 친척을 둔 사람들이올시다.

예과부장은 학생들의 출신 성분을 억지로 조선에 가져다 붙이려고 애썼다. 그해 7월에 발간된 《개벽》 잡지에서는 예과부장의 말을 두고, 차라리 조선 사람에게는 고등교육 기회를 내심 주고 싶지 않으나 기미년에 약속한 것도 있고 외국 사람들 보는 눈도 있고 해서 어쩔 수 없이 조선 학생들을 좀 입학시켰다고 하는 것이 더 조리 있는 설명이 아니었겠느냐고 비꼬았다.

조선제국대학은 대학을 운영하는 데 임시비만 5백만 원가량 들고 경상비는 매년 5십만 원 가량이 든다고 했다. 조선에 있던 10여 개 전문학교 경상비를 다 합친 금액보다 많았다. 경비는 모두 조선 백성들의 세금으로 충당되었지만, 입학생 중 조선인은 44명에 불과했고 교수와 직원도 대부분 일본인으로 꾸려졌다. 조선의 돈을 끌어모아 일본인을 교육한다는 소리가 예과부장의 귀에까지 닿지는 않았을 테지만, 지레 이목이 두려웠던 모양이다.

총장과 이완용의 축사가 있은 후에, 마지막 순서로 학생 대표의 사사謝辭가 이어졌다. 단상에 조선인 학생이 나타났을 때 장내가 어수선해졌다. 학교 관계자들은 고개를 숙이고 인쇄물을 뒤적거리며 귀빈석의 눈을 피했다. 수석 합격자는 조선인 학생이었다. 2등에서 10등까지도 모두 조선인 학생이 석권했다는 소문이 돌았다. 전체 합격자 가운데 조선인이 44명에 불과하다는 사실에 사람들은 의아해했다.

조선제국대학이라는 교명을 두고, 어떤 이들은 조선 '제국대학'으로 읽고, 어떤 이들은 '조선제국' 대학으로 읽었다. 교명은 개교 이후 슬그머니 경성제국대학으로 바뀌었다. 경성제국대학에 재학하는 학생들에게는 조선인과 일본인의 차별이 유보되었다. 어지간한 일본인도 경성제대의 조선인 학생을 무시하지 못했다.

예과만으로 개교한 학교는 1926년에는 3년제 법문학부와 4년제 의학부를 설치하고. 조선총독부 정무총감이 총장으로 취임했다. 경성제국대학은 전국의 인재를 빨아들였다. 그해 여름에는 큰 수재와 관동대지진까지 겹쳐 민립대학 설립을 위한 모금은 더 이상 진척이 없었다.

민립대학 설립을 위해 오가는 동안 조선노농총동맹이 결성되었다. 소작인 조합의 결성과 소작권 보호 및 소작조건의 개선 등을 주된 투쟁노선으로 정한 사회주의 노동운동 단체였다. 소작료는 생산량의 절반 이하로 하고, 지세 및 부가세는 지주의 부담으로 하며, 짚단은 전부 소작인의 소득으로 인정할 것을 요구했다. 지주에 대한 무상노역도 모두 없애라고 주장했다.

지주들은 지주회의를 조직하여 집단 대응했다. 그들은 소작인을 변경하거나, 땅을 놀리는 한이 있더라도 그렇게는 할 수 없다고 버텼다. 사회주의자들은 소작농 문제를 계급 간의 갈등으로 보고 정치적으로 해결하려고 했지만, 허기와 가난이 이념화되면서 분은 풀렸을지 모르지만 배고픔은 더 길고 깊어졌다.

말이나 명분은 배고픈 현실을 갉아내어 박제처럼 만들었다. 어느 순간부턴가 배고픈 자들은 종적도 없이 사라졌다. 그들이 사라진 자리에는 말로 먹고 사는 사람들만 남아, 앞에서 다투고 뒤에서 함께 밥 먹었다.

조선노농총동맹의 지도부 가운데 한 사람이 신백우였다. 오래전 측량학교에서 열 살 가량 아래인 그를 처음 만났다. 말보다 몸이 앞서는 사람인 듯싶었다. 5척 6촌쯤 돼 보이는 키에 몸이 다부졌다. 눈과 입은 좀 작은 듯했는데, 그래서 그런지 코와 귀가 유난히 두드러졌다. 왼쪽 눈꼬리에 1촌 정도 두드러진 상흔은 무엇이든 정면으로 맞서는 사람이라는 인상을 주었다.

그가 어려서부터 단재와 함께 동문수학했고 성균관에서 같이 공부했다고 말했을 때 잘 믿어지지 않았다. 하지만 그의 삶은 단재와 많이 겹쳐 있었다. 단재의 권유로 신민회에 가입하여 활동했고, 단재와 비슷한 시기에 만주로 망명했다. 상해임시정부의 노선에 반대하고 무장항쟁을 주장한 것까지 단재의 행적과 포개져 있었다.

한일병합 시기에 중국으로 떠났던 단재는 1925년 신년 벽두에 《동아일보》 지면에 모습을 드러냈다. 4면 1단에 '낭객의 신년만필'이라는 제목 옆에서 '북경에서 신채호'라고 적힌 글자를 보았을 때 뛰는 가슴을 쓸어내렸다.

얼마 후 의열단의 독립운동노선과 항일투쟁 방법을 천명한 그의 글 〈조선혁명선언〉이 국내에 전해졌다. 짐승도 숨을 죽이고 들풀조차 잎사귀를 숙이는 듯했다. 글은 안절부절 하지 않았고 앞뒤를 재지도 않았다.

…… 강도 일본이 우리의 국호를 없애며 우리의 정권을 빼앗으며, 우리 생존에 필요한 조건을 다 박탈하였다…… 우리는 일본 강도정치, 곧 이민족 정치가 우리 조선민족 생존의 적임을 선언하는 동시에, 우리는 혁명 수단으로 우리 생존의 적인 강도 일본을 없애는 일이 곧 우리의 정당한 수단임을 선언하노라. 내정독립이나 참정권이나 자치를 운동하는 자가 누구이냐?…… 문화 운동을 부르짖는 자가 누구이냐?…… 조선민족의 생존을 유지하자면, 강도 일본을 쫓아내어야 할 것이며, 강도 일본을 쫓아내려면 오직 혁명으로써 할 뿐이니, 혁명이 아니고는 강도 일본을 쫓아낼 방법이 없는 바이다…… 혁명의 길은 파괴부터 개

척할지니라. 그러나 파괴만 하려고 파괴하는 것이 아니라 건설하려고 파괴하는 것이니, 만일 건설할 줄을 모르면 파괴할 줄도 모를지며, 파괴할 줄을 모르면 건설할 줄도 모를지니라……

〈조선혁명선언〉을 보면서 《조선불교유신론》을 쓸 때 유신을 설명히며 적었던 말이 기억났다. 유신이란 파괴의 자손이며, 파괴란 유신의 어머니라고 적었었다. 단재와는 오래전부터 그렇게 닿아 있었던 모양이었다.

양진암

민립대학 설립이 지지부진할 즈음, 이른봄에 변산반도의 월명암을 찾아 나섰다. 가파른 산길을 따라 반나절을 훌쩍 넘겨서야 겨우 닿았다. 암자는 신라 문무왕 12년에 창건되었다고 전한다. 경주 땅에 살던 열여덟 살 벙어리 여자가 부설거사를 만나자 갑자기 말문이 트였다. 두 사람은 부부의 인연을 맺었는데, 사람들의 눈과 입에 짓이겨지다가 더 머물지 못하고, 결국 변산반도까지 밀려와 암자를 짓고 남매를 낳아 살았던 자리라고 했다.

전설은 이어졌다. 부설거사와 동문수학했던 도반 두 사람이 찾아와 부설의 파계를 꾸짖었다. 듣고 있던 아내가 물이 가득 담긴 병 세 개를 가져왔다. 그리고 두 사람의 눈앞에 내밀고는 병을 내리쳐보라고 했다. 두 사람은 들고 있던 지팡이로 병을 내리쳤다. 병이 깨지며 물이 쏟아졌다. 남편에게 남은 병을 내밀었다. 부설이 병을 부수었다. 물이 공중에 그대로 떠 있었다. 허공에 떠 있는 물과 부설浮雪은 묘하게 겹쳐져 월명암을 떠받치고 있었다.

학명선사는 월명암에 없었다. 그는 월명암 아래쪽 양진암에 기거한다고 했다. 양진암으로 곧장 내려오려다가, 남여치 방면으로 길을 잡았다. 월명암 삼거리에서 다시 왼쪽 길을 더듬어 낙조대에 올랐다. 발바닥이 미끄러졌고 땅 속 깊이 박히지 못한 자갈들이 비탈을 굴러내렸다. 낙조대에 오르니 변산 앞바다에 떠 있는 하섬과 고군산 군도, 서남쪽으로 영광 부근의 칠산어장까지 한눈에 들어왔다.

멀리 바다 한가운데로 빠져드는 해가 기절할 듯이 붉었다. 원양에서 밀어닥친 파도가 대륙으로 밀려드는 와중에서도, 해안은 절망처럼 고요하기만 했다. 울다가 추스르고 추스르며 터져나오는 울음이 바람에 꿀럭거렸다.

일본은 산미증식계획의 일환으로 간척사업에 박차를 가했다. 간척사업은 이주를 통해 일본 내국의 과잉농업인구를 해소하는 방편이었다. 또 조선 농민과의 갈등이나 대립 없이 일본인 자작농을 육성할 수 있어 민족 간의 위화감을 피하면서 조선을 효과적으로 식민화 할 수 있는 방법이기도 했다. 간척사업은 1923년 3월에 제정된 조선공유수면매립령을 근거로 본격화 되었다.

갯벌이 만들어지려면 밀물과 썰물의 높이 차이가 커야 하고 지형이 평탄해야 했다. 서해바다는 간척을 하기에 천혜의 조건을 지니고 있었다. 바다의 폭이 좁고 길며 북쪽이 요동반도에 막혀 있어서, 달과 태양에 끌려온 물이 육지로 밀려들었다. 달이 멀어지면 물도 멀리 밀려났다. 물이 밀려난 곳에 펼쳐진 갯벌은 영토를 넓히려는 자들의 욕심을 불러일으켰다.

사람들은 갯벌에 흙을 쏟아 붓거나 벽을 세워 바닷물을 막았다. 방조제 건설은 간척사업의 가장 중요한 부분이었다. 간척사업에 소요되는 경비의 4할 가량이 방조제 공사비로 소요되었다. 일본에서는 1정보 간척에 15간 내외의 방조제를 수축해야 했지만, 서해에서는 5간 내외면 족했다. 또 지반이 높고 폭풍우가 드물어 방조제가 낮고 구조가 비교적 간단해도 충분했다.

방조제는 폭풍이 불어오는 방향에 직면하여 건설하는 것을 피했다. 부근의 도서나 반도의 위치 및 제방 바깥에 있는 간석지의 고저와 광협 등을 세밀히 살펴 파랑의 영향을 최소화하면서 세워졌다. 갯벌 매립으로 조선 땅이 넓어진다고 사람들은 좋아했고, 조선인 역시 앞다투어 간척사업에 뛰어들었다. 하지만 누구의 것도 아니었던 곳이 별안간 누군가의 땅이 되는 사태는 납득되지 않았다.

간척지는 밭보다는 논을 목적으로 했다. 벼는 토양 중에 염분이 1000분의 2 이하가 아니면 생육이 불가능하기 때문에, 염분 제거가 중요하면서도 어려운 일이었다. 간척이 대규모화 되면서 갯지렁이, 바지락, 가물락, 대맛, 홍합, 수염고둥, 키조개 같은 것들이 먼저 떠났다. 그리고 이것들을 먹고 사는 개꿩, 개리, 황새, 도요새, 저어새, 흑부리오리, 두루미가 점점 적게 날아왔다.

갯벌의 주인이 떠난 자리에 실업자와 영세소작인들이 꾸역꾸역 모여들었다. 소규모 간척사업에는 인근 지역에서 모여들었고, 대규모 사업에는 먼 지역의 인부들까지 모집 동원되었다.

옆구리를 파고드는 막막함에 치를 떨다가 낙조대를 뒤로 하고 양진암으로 내려가는 길을 서둘렀다. 암자에 들어서니 마루 아래에서 졸고 있던 삽살개 한 마리가 졸린 눈을 껌뻑이며 고개를 드는가 싶더니 이내 다시 눈을 감았다. 뒤꼍에서 사람 소리가 들려 발걸음을 옮겼다. 멀리서 봐도 품새가 분명한 학명선사가 젊은 중들을 다그치고 있었다.

── 야 이눔들아, 그게 아니라니까. 땅을 들볶지 마라. 겉만 살살 들춰라. 호미와 괭이를 너무 높이 들지 마라. 땅이 깊이 찔린다. 땅이 다치면 숨구멍이 막혀 뿌리가 깊이

뻗지 못한다는데도…….

학명은 이리저리 번갈아 보면서 목소리를 높이고 있었다.

──허허 참, 풀을 마구 뽑아내지 말라고 하지 않았더냐. 풀을 모조리 뽑아내면 땅이 뜨거워진다. 너무 크다 싶은 놈만 뽑아서 땅을 덮어줘라.

학명의 지청구가 더해질 때마다 젊은 중들의 손놀림은 오히려 둔해졌고, 멀찍이 떨어진 곳으로 자리를 옮겨갔다. 물끄러미 보고 서 있자니, 호미질 하던 젊은 중이 학명을 향해 턱짓으로 이쪽을 가리켰다. 밭 가운데 서 있던 학명이 잰걸음으로 걸어나와서는 흙 묻은 손을 내밀었다. 억센 힘이 손마디로 전해져왔다.

솜털에 땀이 맺힌 그을린 팔뚝을 흔들며 학명이 호기롭게 말했다.

── 이 궁벽한 곳에 누가 찾아왔나 싶었더니. 아 이 사람아, 왔으면 기척을 할 것이지.

──스님, 여전하십니다. 그동안 무고하셨습니까.

──허허, 이 사람아 내가 자네의 무고를 걱정해야지. 감옥소에서 나왔다는 소식은 들었네. 고생 많았으이. 하여튼 어서 들어가세. 시장하시겠네.

── 근데, 스님께서 말씀을 하실 때마다 되레 일이 느려지는 듯합니다.

── 에이, 그런 소리 말어. 저 늚들은 아직 몰라. 흙이 마음인 이치를 여태 모른다 말이야.

학명이 목에 걸치고 있던 수건을 들어 옷에 묻은 흙을 툭툭 털어내며 등을 떠밀었다. 절 마당의 나뭇가지 사이로 실낱 같은 노을이 길게 걸쳐져 있었다.

저녁 늦게 비가 내렸다. 단출한 저녁상을 물린 후에 찻잔을 마주하고 앉았다. 학명은 한동안 말없이 눈만 내려 감고 있었다. 어린 계집아이처럼 유난히 긴 속눈썹이 고요 했다. 남은 세월 동안 몇 번이나 더 봄꽃을 볼 수 있을까 생각하면서 짧은 백발을 쓰다듬는데, 학명이 무겁게 입을 열었다.

── 한 십 년 되었는지 모르겠네. 어느 해던가, 이른봄 에 20대 중반의 젊은이가 나를 찾아와 열흘 남짓 머물렀다 가 간 적이 있었네. 박중빈인가 하는 인사였어. 패기에 찬 젊은이였지. 그는 산속에서 참선 수행해서 과연 무엇을 도 모할 수 있을지 답답해했네. 제 몸속의 뜨거운 것을 감당 해내지 못하는 눈치였지.

── ······.

학명은 한동안 식은 찻잔을 어루만지더니 다시 말을 이 었다.

── 내내 듣기만 할 뿐 아무 말도 하지 못했어. 내가 잘

하고 우리가 열심히 하는 것 말고는 별 뾰족한 수가 없어 보인다고 차마 말할 수 없었네. 아무것도 기도할 수도 기약할 무엇도 없는 상황에서, 무작정 열심히 하고 잘해야 한다는 언사가 무책임과 어떻게 다를지 자신이 없었네.

학명의 말은 계속 이어졌다.

── 힘든 세상일세. 식민지 조국은 더없이 슬픈 일이지만, 마음의 식민화는 또 어찌할 텐가. 이 둘이 하나면서 또한 둘이고 둘이면서 하나일 텐데, 참 쉽지 않은 일일세.

학명의 말끝에 깊은 한숨이 묻어나왔다. 그는 지옥 같은 세상에서 장대 위에 꼿꼿이 서서 한걸음도 내디딜 수 없는 듯싶었다.

학명의 찻잔 속에 그의 지난날들이 어른거렸다. 출가한 지 25년째 되던 1912년에 월명암에서 공안집을 읽다가, '만법과 더불어 짝을 짓지 않는 자, 그는 누구인가'라는 글귀에서 막혀 더 읽어내지 못했던 그였다. 만법과 짝하는 것이 죄다 망념妄念이라면, 진심眞心은 그 너머 어디엔가 있을 텐데, 진심을 진심이라 하면 그 또한 하나의 법이 되어, 진심을 거머쥐려고 하는 그 마음 역시 망념에 불과한 것이어서, 거머쥐려는 마음 너머의 마음은 내내 갈팡질팡 했을 것이었다.

학명에 대한 기억을 걷어버리고 입을 열었다.

──백 자 장대 끝에 앉아계시니 보기에 위태롭습니다.

──내가 딱해 보이는가?

──아닙니다, 세상이 딱할 뿐입니다. 한걸음 더 내디디시면 안 되겠습니까?

학명은 대답하지 않았다. 비바람이 소나무 가지에 갈라지며 찢어지는 소리를 내고 처마 밑 풍경이 요란하게 흔들렸다. 문틈을 파고드는 비바람에 호롱불이 흔들리고 불그늘이 창호지에 어른거렸다. 학명의 대답을 기다리다가 다시 입을 열었다.

──산이 있는 곳엔 산이 있고, 물이 있는 곳엔 물이 있을 뿐이라고 들었습니다.

──물을 건널 줄만 알았지 물이 흐르는 줄은 모른다는 소리로 들리네.

──저는 기약하지 않기로 했습니다. 기약하면 조급해지고, 기약하면 자꾸 서운해집니다. 살아가는 일을 두고 스스로 거래하지 않으려고 합니다. 마음의 길은 곧은길도, 굽은 길도 아닐 것입니다. 길은 걷는 자의 것일 뿐이지 않겠습니까.

학명은 더 말을 받지 않았다. 그는 빈 찻잔을 채우고 주전자를 화롯불 위에 얹었다. 숯을 고르는 손길이 고요했다.

밤새 내리던 비는 새벽 무렵에야 그쳤다. 새벽은 산봉우리에서부터 밀려 내려왔다. 하늘과 산의 경계가 드러날 무렵에 세상의 작은 소리들이 점점 가깝게 들렸다. 밤사이 마당에 떨어진 꽃잎은 무겁게 달라붙어 날리지 않았다. 학명이 밭에 나간 사이에 시 한 수를 하직인사로 남겨놓고 암자를 나왔다.

…… 세상 밖에 천당은 없고 인간 세상에는 지옥이 많으니, 장대 끝에 우두커니 서서 어찌 한걸음 더 내딛지 않을손가. 일에 다다르면 고생이 많고 사람이 만나면 이별하는 것이 세상의 이치이니, 사내로 태어나 주어진 일을 할 뿐이라네.

월명암에서 떠나온 지 얼마 후에 학명은 하산했다. 백양사 주지로 있던 송만암은 그에게 퇴락할 대로 퇴락해 있던 내장사를 일으켜줄 것을 요청했다. 그는 선원을 새로 짓고 흩어져 있던 부도를 모아 부도전에 안치했다. 선원에는 참선하는 대중들을 받아들였다. 황무지를 개간해 전답 80두락을 일구어 벼 40여 석을 수확할 만한 농토도 확보했다.

내장사 선원은 엄격하게 운영되었다. 반농반선半農半禪, 자선자수自禪自修, 자력자식自力自食을 기조로 했다. 선원에서는 재가자나 신참 승려들을 주로 받아들였다. 이곳저곳 절집을 떠돌며 세월만 보낸 출가자들은 가급적 받지 않았다. 그들은 참선과 일을 병행하는 수행을 납득하지 못했고, 동참하려 하지 않았다.

선원의 일과는 아침에 공부하고 오후에 일하고 밤에 좌선하는 것으로 마무리되었다. 일이 없는 동안거에는 좌선 시간이 좀 더 늘어났고, 하안거에는 일하는 시간이 늘어났다. 젊은 학인들에게는 범패와 창가를 가르치고 선리를 연구하도록 했다. 인근의 어린 학동들을 모아 천수경과 발원문도 가르쳤다.

조선 팔도에 선실禪室은 많지만 명예나 이익을 낚으려는 곳이 대부분이었다. 진정한 선객禪客은 봉황의 털이나 기린의 뿔처럼 희귀했다. 학명은 천진했고, 아이들은 그의 눈망울을 보고서는 마을 친구 중에서도 제일 친한 친구 같아서 안심하고 따라다녔다.

학명은 호미와 화두를 함께 들었다. 낫으로 덤불을 쳐내고 괭이로 돌밭을 골라내는 것과 마음자리를 가꾸는 일이 다르지 않다고 그는 늘 말했다. 호미질하고 괭이질 하는 중간 중간에 파고드는 육신의 고단함 속에서도 그의 마음자리는 내내 성성했을 것이었다.

양진암을 다녀온 무렵에 엉뚱하게도 소설을 한번 써볼까 하는 생각이 들었다. 신문물을 타고 밀려든 새로운 가치와 이념에 사람들은 정신 차리지 못하고 쏠려 있었다. 조선을 오백 년 동안 떠받쳐온 마음을 봉건과 구시대라는 이름으로 그렇게 그냥 막 날려버려도 되는 것인지 아찔했다.

오래전 돌아보고 온 북대륙과 일본은 분명 조선에 비할 바가 아니었지만, 모두들 날카로운 물건을 쥐고 있는 아이처럼 아슬아슬했다. 온 세상을 전쟁의 포화 속으로 몰아넣은 세계대전은 마음이 외물을 감당해내지 못할 때 어떻게 되는지 보여주었다. 신문물은 어쩌면 이념이나 가치가 같은 것은 없고 그저 우승열패와 약육강식만 있는 것인지도 모른다는 생각에 몸서리쳤다.

조선의 미래는 지나간 것을 함부로 버리지 않고 새로 밀려드는 것에 섣불리 눈멀지 않는, 그 둘 사이의 경계에서 찾아야 할 것이었다. 하지만 그 지점은 희미해서 잘 보이지 않았다. 그런 마음이 왜 엉뚱하게도 소설을 한번 써 보자는 생각으로 굳어졌는지 알 수 없었다. 섣부른 개화의식이 어쩌면 위태롭고 무자비할 수도 있다는 얘기를 좀 살가운 방식으로 알릴 수 있지 않을까 싶었던 것 같다.

한 여성의 죽음을 소재로 해서 그 어느 쪽으로도 꿰지지 않는 세상살이의 문제를 줄거리로 삼았다. 제목은 《죽음》으로 정했고, 영옥이라는 여자를 주인공으로 삼았다. 주인공을 포함해서 등장인물을 모두 죽어나가게 할 작정이었다. 하지만 죽음이 공연히 음산한 불안감이나 불가항력적 폐허감을 일으키지 않도록 했다.

소설 속에서 모든 죽음은 어떤 것도 자연사가 되지 못해서, 병사와 자살, 객사와 타살 그리고 교사가 서로 뒤엉켜 몸부림치겠지만, 마침내 저마다 자족할 것인데, 그 편안함 속에서, 가치나 이념 너머의 삶의 실상이 부풀어오르도록 해볼 요량이었다.

도입부는 영옥 어미의 병사에서 시작했다. 죽어가는 어미는 복무규율이나 행동강령 같은 유언을 남겼다. 학생의 책임, 특히 여학생의 사회적 책임을 조목조목 언급했고, 여성과 아내로서의 책임, 국민으로서의 책임까지 거론했다. 영옥의 아비인 최 선생은 혼자서 영옥을 키우다가 중늙은이가 된 후에 못된 여자를 만나 재혼했지만, 죽은 아내가 생전에 쓰던 수건으로 목매달아 자살했다.

혼자 남은 영옥에게 종철이라는 청년이 나타났다. 두 사람은 사랑을 키워갔다. 초가을 어느 날, 다 저물어가는 저녁 때, 두 사람은 파고다공원에서 만났다. 거북비가 있는 북편의 나무 밑에 놓여 있는 긴 의자에 함께 앉았다. 붉은 단풍이 두 사람의 얼굴을 비췄다.

두 사람의 사랑을 시험대에 올린 인물은 성열이었다. 영옥에 대한 그의 집착은 집요했다. 남편인 종철을 살인 교사하는 지경에 이르렀다. 종철의 주검을 확인한 영옥은 자살을 결심하지만, 뱃속의 아이 때문에 포기했다. 출산한 영옥은 어느 정도 아이를 돌본 후에, 지아비를 잃은 아내의 책임을 다해야겠다고 결심했다.

젖먹이와 영원한 이별을 준비하던 날 밤 영옥의 심정을, 가장 아프고 가장 슬프고 가장 쾌락한 날……이라고 적었다. 핏덩이와 헤어지기에 아프고, 죽을 것이니 슬프고, 아내로서의 책임을 다할 것이니 쾌락했을 것이었다. 성열을 불러낸 영옥은, 준비해간 포도주에 독약을 부어넣고 함께 마시고 자살했다.

소설의 끝은 죽음으로 마무리했다.

…… '풍덩' 하는 소리가 영옥의 모든 문제를 해결하였다. 물결을 따라서 서너 번 솟아오르면서 처량한 달빛에 희끗희끗하는 것은 아름답고 검소한 영옥의 몸을 싼 치마폭이었다. 밝은 달빛과 흐르는 물소리는 어젯밤과 같았다. 그 이튿날의 각 신문에는, '정성열 자살' 이라는 제목을 크게 내고, 경성신문사 편집국장 정성열 씨는 금월 십칠일 밤에 한강철교 위에서 자살하였는데 자살한 원인은 미상이라는 의미로 게재되었다…….

소설은 중편 정도의 분량으로 1924년 10월 하순에 마무리했다. 백담사에서 가져온 양면괘지는 먹을 잘 먹고 촘촘히 적을 수 있어 쓰기에 편했고 종이를 아낄 수 있어 좋았다. 작가도 아닌 사람이 공연히 작가 흉내를 내는 듯도 싶고 멋쩍기도 해서, 발표하지 않았다.

장마

소설을 마무리하고, 1925년 봄에 다시 설악을 찾았다. 백담사는 중건되어 옛 모습을 어지간히 되찾아 반듯했다. 오세암까지 내처 올라 한동안 그곳에서 지냈다. 오세암에는 원래 있던 책과 백담사 화재 속에서 간신히 건져온 책들이 뒤섞여 쌓여 있었다. 잠이 오지 않을 때 읽으려고 머리맡에 둔 책이 《십현담十玄談》이었다. 현玄이라는 한 글자는 아득했지만, 짧게 읽어도 길게 생각할 수 있어 좋았다.

당나라의 동안同安 상찰常察(?~961)이 처음 《십현담》을 구상했을 때, 열 개의 계단을 생각했는지, 열 갈래의 길을 생각했는지는 분명치 않다. 심인心印과 조의祖意에서 시작해 회기廻機와 전의轉位 그리고 일색一色으로 마무리되는 짧은 시는 서로 엉겨 각각 자족했다. 그는 망설이지도 에두르지도 않았다. 처음의 심인에서부터 마음자리를 향해 곧장 내질렀다.

…… 묻노라, 그대의 마음 도장은 어떤 모습을 하고 있는가. 마음 도장을 누가 감히 전하겠다고 덤비는가. 아, 마음 도장이라는 말조차도 비어 헛되구나. 모름지기 본체는 허공을 닮았으니, 불타는 화로 속에 피어난 연꽃 같다고나 할까. 무심無心이 곧 도道라고 함부로 말하지 마라. 무심도 오히려 한 겹 막힘이니라…….

아홉 번째 시 〈회기편〉 가운데 피모대각被毛戴角한 사람이 시장통에 성큼성큼 걸어다닌다는 글귀에서 무릎을 쳤다. 늘 마음에 품고 있던 사람다운 사람의 모습이었다. 행어이로行於異路는 유마의 행어비도行於非道일 것이다. 그 길은 출세간과 해탈을 향한 길이 아니라 중생의 길, 축생의 길, 지옥의 길이다. 소 노릇 하고 말 노릇 하는 길이다. 그렇게 하면 이르는 곳마다 본지풍광 아닌 곳이 없을 것이었다.

중국의 청량국사와 조선의 설잠 김시습이 《십현담》에 주석을 달았다. 깊은 뜻을 드러내기는 역부족인 듯싶었다. 설잠은 또 다른 조동종 계열의 문헌인 《조동오위曹洞五位》에도 주석을 가했다. 세상을 잘못 만나 불운했던 천재 유학자가 무엇 때문에 선사들조차 눈길을 주지 않던 조동종 문헌에 관심을 두었는지 알 수 없었다. 설잠은 눈이 밝고 마음이 여린 인사였던 모양이다.

영월 땅 청령포에서 목 졸려 죽은 단종은 밤마다 그를 찾아왔을 테고, 그는 밤새 가위눌렸을 것이다. 사대부들의 불교 비판은 구구했지만 대체로 불교의 몰사회성과 몰역사성을 겨냥했다. 그런 비판의 속내는 집권세력의 기반을 다지기 위한 것이었을 텐데, 속수무책인 불교가 그는 답답했을 것이다.

설잠은 유학과 불교가 피차동철彼此同轍이라고 했다. 그는 불교를 설명하면서 주돈이의 태극도와 주희의 해석을 원용했다. 불교가 몰사회적이지도 몰역사적이지도 않다는 것을 보여주려고 애썼다. 그는, 그물을 벗어났다가 도리어 죽은 물에 갇히는 꼴이 된 비단잉어가 되어서는 안 되니, 정위正位에 주저앉아 있지 말고 바로 그 자리를 박차고 일어나야 한다고 썼다. 돌아온 불 속의 소[牛]는 정위에 주저앉지도 편위偏位에 치우치지도 않으며 다른 뭇 생명들 속으로 걸어다닌다고도 적었다.

그는 정위에 치우쳐 역사와 사회에 무관심한 선이 안타까웠을 것이다. 편위에만 매몰되어 어린 왕을 육지 속의 섬에 유폐하고서도 밤잠을 이루지 못하다가 끝내 살해할 수밖에 없었던 편위의 폭력과 야만에도 진절머리 쳤을 것이다. 그가 꿈꾸었던 금시조, 공空 속에서 유희하더라도 공에 구속되지 않는 그 새는 활강하여 착륙할 지점을 찾아

공중을 선회했다.

조사祖師의 뜻을 푸는 과정에서 그는 말했다.

…… 달마가 이 땅에 대승의 근기가 있음을 알고 오직 이 인印을 가져와서 미혹한 이에게 보여주었다. 만일 문자로 얻으려 해도 옳지 못하거늘 하물며 문자를 무시하고 얻을 수 있겠는가.

옳은 말이었다. 조사의 뜻이 어찌 일찍이 따로 있었겠는가. 중생의 뜻이 조사의 뜻이고 조사의 뜻이 곧 중생의 뜻일 것이었다. 《십현담》은 뇌지 않아 아득한 현의 세계를 도모했던 사람들의 속내였다.

《십현담》에 주석을 끝내던 날, 새벽에 붓을 놓았다. 산안개 속에서 세상을 여는 소리가 가깝게 들렸다. 속눈썹에 맺힌 물기를 소매로 훔쳐내며 마당을 이리저리 걸었다. 날이 밝으며, 만경대 바위틈에 뿌리내린 조선 소나무의 굽은 허리를 감고 산안개가 갈라지며 흩어졌다. 안개에 허리가 잘린 공룡능선의 기암괴석은 공중에 뜬 채 오세암을 굽어보고 있었다. 다람쥐 한 마리가 인기척을 느끼고 줄행랑을 놓았고, 바위 틈새마다 철쭉이 쏟아졌다.

6월까지 오세암에서 지내다가 초여름에는 백담사로 내려와 살았다. 장마가 길었다. 조선 전역에 폭우가 쏟아졌다. 7월 중순부터 내리기 시작한 비는 9월까지 지치도록 내렸다. 황해도 이남의 강들이 죄다 범람했고 가옥과 농경지가 침수되었다. 경성에서는 용산 일대와 송파 주변이 모두 잠겼다. 용산의 철도창이 지붕만 남기고 모두 잠겼다. 한강철교와 인도교는 초당 3만 톤의 수량을 감당해내지 못하고 한꺼번에 쓸려나갔다.

송파 나루터 일대는 피해가 극심해서 송파 장터마을이 모두 떠내려갔고 사람들은 다급히 이주했다. 한강이 범람해 청량리역에서 정릉천 용두교까지 나룻배로 사람을 실어 날랐다. 군대까지 동원되어 구조했지만 홍수로 목숨을 잃은 사람이 전국적으로 6백 명을 넘었다. 피해액은 조선총독부 한 해 예산의 반을 훌쩍 넘었다. 수마는 숭례문과 경성역 앞까지 혓바닥을 늘름거리고 나서야 겨우 잦아들었다. 홍수로 온 세상이 물 천지인데 정작 마실 물이 없어 사람들은 목말라했다.

지루한 장마 속에서 대웅전 처마 밑을 걸었다. 외벽에 그려진 십우도를 보면서 상념에 잠기는 날들이 많았다. 십우도 속의 소들이 일제히 울었다. 마지막 입전수수入纏垂手의 소 그림 앞에서 늘 걸음을 멈추었다. 중국의 곽암이 그 그림에 시를 적어 넣었다. 맨가슴 맨발로 저잣거리에 들어와 재투성이 흙투성이 얼굴로 웃음 가득 띠며, 신선의 비법 따위 쓰지 않아도 마른 나뭇가지에서 꽃이 바로 피어난다고 했다.

곽암의 시는 한 치의 망설임도 없이 당당했지만, 재와 흙이 묻은 얼굴로 웃는 웃음이 매번 씁쓸했다. 세상 밖을 엿본 자의 여유가 거북했다. 소를 찾아 떠났다가 다시 세상으로 귀환한 자에게, 세간은 출세간 못지않게 부담스러워야 할 것이었다. 그렇다면 웃을 수 없을 듯싶었다. 귀환은 세상 밖에서 세상으로 향하는 또 다른 출가일 수밖에 없을 것이기 때문이다. 울지도 웃지도 못하는 얼굴로 귀환하는 자가 자꾸 떠올랐다.

마른 나뭇가지에 피는 꽃도 마뜩지 않았다.

——꽃, 마른 나뭇가지에 핀 꽃이라. 꽃, 꽃, 꽃이라…….

'꽃'이라는 말끝에서 황급히 막혔던 숨은, '이라'라고 말할 때 한꺼번에 쏟아져나왔다. 입안에서 잔뜩 웅크리고 있던 꽃봉오리들이 일제히 입 밖으로 뛰쳐나오며 벌어지는 것 같았다. 하지만 메마른 꽃이었다.

절집에서 기르는 개는 처마 밑을 떠나지 않고, 푸르스름한 눈곱이 낀 눈 주위를 앞다리로 연신 쓸어내렸다. 텃밭의 채소 잎은 젖은 땅에 진물처럼 녹아내렸다. 빛줄기를 타고 쏟아져내리는 햇빛 속에서 세상은 삶아졌다.

그해 장마 속에서 마음 밭에 두엄을 끼얹고 풀을 매는 심정으로 시를 썼다. 8월 29일 밤중까지 88편의 시를 엮어냈다. 마음을 짠하게 하는 모든 것을 죄다 '님'이라는 한 글자 속에 우겨넣었다. 그리고 님을 떠나보내고, 그리워하고, 염려하고, 기도하지만, 끝내 님에게 달려가지 못하는 여자를 시적 화자話者로 삼았다. 여자는 오래전부터 강렬한 화두였다. 소설《죽음》을 구상할 때도 그랬다.

여자는 세상의 모든 욕망이 집약되고, 온갖 이념이 무너져내리며, 사랑과 그리움이 숙성되고, 바람과 기대가 솟아나는 곳이었다. 여자는 시간보다 빨리 변하면서도 돌처럼 늘 제자리에 있었고, 미추와 선악의 경계를 오가면서도, 성을 높이 쌓고 그 안쪽에 혼자서 웅크리고 있는 듯도 싶었다. 여자의 자리를 생각할 때마다 부처의 자리가 떠올랐다.

권두시는 〈님의 침묵〉으로 했다.

…… 님은 갔습니다. 아아, 사랑하는 나의 님은 갔습니다. 푸른 산빛을 깨치고 단풍나무 숲을 향하여 난 작은 길을 걸어서 차마 떨치고 갔습니다. 황금의 꽃같이 굳게 빛나던 옛 맹세는 차디찬 티끌이 되어서 한 숨의 미풍에 날아갔습니다…….

사람들의 마음속에 있는 님은 대개 분칠하고 위장한 제 욕망의 그림자였다. 사람들은 대개 님을 잃고 서러워하지만, 그 슬픔의 본질은 님의 부재가 아니라 제 안의 상실감이었다. 님을 잃은 중생들은, 해 질 녘에 혼자 남은 어린양처럼 애처로웠는데, 삿되다기보다는 차라리 안쓰러웠다. 그 모습은 배고픈 젖먹이가 늙은 애비의 젖꼭지를 빨며 칭얼대는 것보다 더 측은해서, 산만큼 많은 슬픔이 덮어버리는 것만 같았다.

욕망은 잘라내고 뿌리 뽑는 것이 아니라 보듬어 안고 함께 울어야 비로소 잦아든다는 것을, 석양이 먼지처럼 쌓이고 어스름이 황혼을 갉아먹기 시작할 때쯤 백담사에서 겨우 알았다. 그런 심정을 시집의 첫머리에 〈군말〉로 따로 적어 넣었다.

시집은 〈사랑의 끝판〉이라는 시로 마감했다. 맨 끝에 독자에게 전하는 말을 몇 자 적어넣었다.

…… 독자여, 나는 시인으로 여러분의 앞에 보이는 것을 부끄러워합니다. 여러분이 나의 시를 읽을 때에, 나를 슬퍼하고 스스로 슬퍼할 줄을 압니다. 나는 나의 시를 독자의 자손에게까지 읽히고 싶은 마음은 없습니다. 그 때에는 나의 시를 읽는 것이 늦은 봄의 꽃수풀에 앉아서, 마른 국화를 비벼서 코에 대는 것과 같을는지 모르겠습니다. 밤은 얼마나 되었는지 모르겠습니다. 설악산의 무거운 그림자는 엷어갑니다. 새벽종을 기다리면서 붓을 던집니다……

멀리서 도량석 소리가 설악의 젖은 새벽을 두드려 깨우고 있었다.

방할

백담사에서 경성으로 돌아와서는 《십현담주해》와 《님의 침묵》 원고를 들춰보며 보냈다. 원고량이 많지 않아 한두 번 다시 보면 되겠다 싶었는데, 다듬기 까다로워 꼬박 겨울 한철을 보냈다. 두 책은 이듬해인 1926년 5월에 겨우 출판되었다. 가끔 인근 여학교 학생들 두엇이 《님의 침묵》을 들고 찾아오기도 했다. 딱히 할 말이 없고 멋쩍고 해서 잠시 웃다가 돌려보내곤 했다.

그 무렵 우연히 집어든 《동아일보》에 춘원 이광수의 이름이 보였다. 자세히 살펴보니 〈육당의 근작 심춘순례를 읽고〉라는 제목의 글이 실려 있었다. 육당이 책을 낸 모양이었다. 춘원은 육당이 1925년 3월 하순부터 50여 일에 걸쳐 지리산 주변의 각지를 여행한 기록을 《시대일보》에 연재했는데, 그것을 모아 《심춘순례尋春巡禮》라는 제목의 책으로 엮어냈다고 소개하면서 글을 시작했다.

이태 전 3월경에 육당이 《시대일보》를 창간했다는 소식을 들은 기억이 났다. 그가 사장 겸 주간으로 취임했고 작가 염상섭이 사회부장을 맡았다고 했다. 《조선일보》나 《동아일보》와 달리 1면을 정치면 대신 사회면으로 잡았다는 얘기도 들었다. 춘원은 《심춘순례》의 의미와 맥락부터 조근조근 짚어 내려갔다.

…… 육당의 여행은 결코 한유閑遊의 여행도 아니요 탐경探景의 여행도 아니다. 그가 스스로 이름 지은 것과 같이 순례다. 육당은 37년 동안 지금까지의 일생을 '조선'을 위하여 보낸 사람이다. 그의 여행도 이 때문이다. 즉 조선의 정신을 찾아보자는 것이다…….

말이 피탈된 세상에서 육당은, 하고 싶은 말을 강에 띄워 흘려보내고 산에 얹어 솟구치게 하고 싶었던 것일까. 그렇게 떠나보낸 말이 읽는 이의 마음에 심어져 어떤 싹을 틔우길 바랐거나 적어도 오래 저장되기를 소망했을까. 두루마기 자락이 남도의 봄 물오른 나뭇가지에 감겨 물결처럼 뒤척이면서 연둣빛으로 깊게 물드는 육당의 뒷모습을 떠올렸다.

어렵게 책을 구해봤다. 모두 33편의 기행문이 실려 있었다. 서문의 첫줄에, 우리의 국토는 그대로 우리의 역사이며, 철학이며, 시이며, 정신이고 우리 마음의 그림자와 생활의 자취는 고스란히 똑똑히 이 국토 위에 박혀서 어떠한 풍우風雨라도 마멸시키지 못한다는 것을 믿는다고 적혀 있었다. 풍우라는 두 글자를 쓰면서 육당은 풍우만 생각하지는 않았을 것이다.

봄 속으로 떠난 육당은 내장사와 월명암 인근까지 돌아보았던 모양이다. 내장사를 소개하는 편에 학명선사 얘기가 실려 있었다.

…… 선사의 깊은 증오證悟와 날카로운 기봉機鋒이 이곳을 선불장選佛場으로 하여 크게 현양 발휘되기를 바라는 이가 물론 나뿐이 아닐 것이다. 더욱이 맹방치할盲棒痴喝을 격외지格外旨로 알고 종욕난행縱慾亂行을 대승선大乘禪으로 자랑하는 이판에, 정풍선양正風宣揚, 진종부립眞宗扶立을 위하여 해오양전解悟兩全한 사師 같은 이의 노력이 크기를 간절히 바라지 않을 수 없다. 방생지放生池를 만든다, 저수지를 경륜한다, 무릇 법계法界를 장엄할 만한 모든 시설은 힘자라는 대로, 아니, 힘에 겹도록 비심비력費心費力하여 잠시도 가만히 있지 못하고 그대로 두지 못하는 그의 성격은, 반드시 내장內臟 부활의 큰 주초柱礎를 놓고야 말리라…….

문장은 거침이 없었다. 선문의 알 듯 말 듯한 말귀들이 그의 글 속에서 종횡으로 엇갈리면서 가지런히 펼쳐졌다. 하지만 선문의 속내를 깊숙이 엿보기에는 역부족이었다. 맹방치할과 종욕난행을 나란히 펼쳐놓은 부분에서 얕은 한숨이 새어나왔다.

중국 당나라 때 임제선사는 제자를 점검할 때 큰 소리로 고함치는 할喝을 썼다. 또 덕산선사는 주장자로 후려치는 방棒을 썼다. 종문의 제일서第一書로 불리는 《벽암록》에는, 덕산의 방망이가 소나기 쏟아지듯 했고 임제의 고함소리가 벼락 치듯 했다고 적혀 있다.

하지만 누구에게나, 아무때나 고함치고 몽둥이질을 하는 게 방할이 아니다. 병아리가 알 속에서 나오려고 껍질을 깨는 순간에, 밖에서 어미닭이 결정적으로 한번 콕 쪼아주는 게 방할이다. 이를 줄탁동시啐啄同時 혹은 줄탁동기啐啄同機라고 한다. 알 속에서 아무런 움직임이 없으면 뭔가 잘못된 달걀이고, 어미는 쪼지 않는다. 다가온 자가 몸부림칠 때까지 기다릴 줄 아는 참을성과 다가가야 하는 순간이 언제인지를 알아채는 예리함이 있어야 한다. 남을 가르치는 자는 모름지기 그래야 한다고 선문에서는 강조했다.

…… 방할이 육당에게는 눈먼 방망이질과 미친 고함소리로밖에 보이지 않았던 모양이구나. 임제臨濟의 할喝과 덕산德山의 방棒은 특별한 명물名物이다. 그것이 명물인 까닭은

할마다 치할痴喝이요, 방마다 맹방盲棒인 때문이다. 지해知解와 착상着相이 있으면 영리한 치할이요 총명한 맹방이 되고 만다. 그 영리함과 총명함이 바로 삿됨의 시작이다……

해주고 싶은 말들이 가슴 속에서 웅웅거리는 소리를 냈다. 들어줄 상대가 없어 입 밖으로 나오지 못하고, 뜻을 실이낼 수 없는 말들이 가슴속에서 하얗게 질렸다. 육당이 곁에 있으면 술잔이라도 나누며 조곤조곤 알아듣도록 말해주고 싶었다.

…… 미친 고함소리는 소리 지르는 자가 없어야 한다는 뜻이다. 눈먼 방망이질은 방망이를 맞는 사람이 없어야 한다는 뜻이다. 할은 본래 그것을 쓰는 마음이 없는 법이고, 방은 본래 그것을 쓰는 상相이 없는 법이다. 할은 한마디의 무심한 소리에 지나지 않고, 방은 고목에 지나지 않는다. 그렇게 사량복탁思量卜度의 지해知解가 없기 때문에 통하지 않는 법이 없다. 친소애증親疎愛憎의 상이 없기 때문에 맞지 않는 법이 없는 것이다……

하긴, 육당을 붙잡아 앉혀놓고 얘기한다손 치더라도 그런 것이었냐고 단박에 수긍하리라고 기대하기도 어려웠다. 육당만이 아니었다. 조선의 완당 김정희가 노구의 백파선사를 꾸짖는 편지를 쓰면서도 맹방치할이 선문의 고질병이라고 탓했었다. 큰 학자라고 칭송받는 권상로도 〈조선불교개혁론〉을 쓰면서 조선불교는 맹방치할에서 벗어나야 한다고 했다.

선문의 안쪽을 들여다보지 않은 이들에게 선문답은 낯설었을 것이다. 갑자기 휘둘러대는 몽둥이 찜질이나 고함소리라니, 낯설다 못해 해괴망측해 보였을 것이다. 하지만 마음을 다스리는 일이 선문의 일이기만 할까. 예수가 요르단 강변에서 40일 동안 명상한 것도 마찬가지였을 것이다.

마음이란 본래 누구에게나 있지만 아무도 그 정체를 알지 못한다. 그것은 본래 방종산일放縱散逸해서 물욕物欲에 교폐交蔽되어 밖으로는 외물을 좇아 따르고 안으로는 제 욕망을 좇는다. 마음은 원숭이나 망아지와 같아서 무작정 밖으로 내쳐 달려나간다. 그렇게 좇아나간 다음에야 겨우 보인다.

맹자가 그랬다, 인仁은 사람의 마음이요 의義는 사람의 길이라고. 그는 사람들이 개나 닭을 잃어버리면 찾아 나설 줄 알면서도 제 마음을 잃어버리고서는 찾을 줄 모른다고 했다. 학문이란 다른 게 아니라 구방심求放心, 즉 도망나간 마음을 찾는 것일 뿐이라고 덧붙였다. 하지만 거기까지였다. 도망간 마음을 어떻게 구해내야 하는지 더 말하지 않았다.

송대宋代의 주희는 존양存養으로 마음을 살폈다. 존양은

마음이 뛰쳐나가기 전에, 미리 잘 다독거려 함부로 경거망동하지 않게 하려는 뜻이었다. 하지만 마음은 뛰쳐나가야 비로소 마음이 되는 것이고 뛰쳐나가기 전의 마음은 끝내 마음이 될 수 없을 것인데, 뛰쳐나가기 전의 마음자리에 대해 주희는 알아듣게 말하지 못했다.

중생이 마음은 본래 미쳐 날뛰기 때문에 중생인 것이고, 미쳐 날뛰지 않는다면 부처의 마음일 것인데, 부처의 마음은 중생의 눈에는 마음으로 보이지 않을 것이니, 그런 마음을 두고 마음이라고 하든 하지 않든 아무 상관이 없는 일이고, 마음이라고 이름 하는 마음은 끝내 중생의 마음뿐일 것이었다.

선문에서는 미쳐 날뛰는 중생의 마음자리를 못 본 체하지 않았다. 방과 할은 그것을 향해 벼락 치듯 쏟아진다. 벼락 치는 소리에 놀라 멈춘 자리에서, '이렇게 미쳐 날뛰는 것이 도대체 무엇인고' 하며 스스로 되짚어볼 수 있다면, 그것으로 충분하다.

방할을 생각하다가 답답한 마음에 방문을 열어젖혔다. 빈 마당에 마른 햇살이 튕겨 올랐다. 햇살이 눈부셔 마당가의 나무로 시선을 돌렸다. 나뭇가지에 올라 앉아 있던 새 한 마리가 마당에 내려앉았다. 새는 머리통을 연신 상하좌우로 움직이며 이리저리 옮겨다녔다. 옮겨다닐 때마다 두 다리와 날개를 동시에 움직였는데, 날아서 옮겨다니는지 걸어서 옮겨다니는지 구별하기 어려웠다. 두어 번 옮길 때마다 한 번씩 부리로 땅바닥을 쪼았다. 땅바닥에 무엇이 있어 그렇게 하는 것인지 아니면 그냥 그렇게 하는 것인지도 알 수 없었다.

벌레를 쫓아다니는 새의 마음도 방심이라고 해야 할지, 그것조차 거둬들여 끝내 가두어야 구방심이 되는 것인지 알 수 없었다. 새의 마음과 사람의 마음을 이리저리 가늠해보다가, 팔을 뻗어 방문을 당겼다. 방바닥 깊은 곳까지 늘어졌던 햇볕이 꼬리를 사리며 물러났다.

1927년 들어 정초부터 바빠졌다. 일제에 효과적으로 맞서기 위해서는 민족주의와 사회주의 진영이 협동전선을 구축해야 한다는 목소리가 수면 위로 올라왔다. 1월 19일에 신간회 발기인으로 참여했다. 신간회는 '민족유일당 민족협동전선'이라는 기치를 내걸고 2월에 창립했다. 창립총회에서 중앙집행위원으로 피선되었고, 6월에는 경성지회장을 맡았다.

그런데 뜻하지 않은 일이 생겼다. 백용성이 스스로 승적을 반납했다. 세수 67세였고 법랍 50세였다. 그는 대각교라는 새로운 종교를 창시했다. 명칭만 바꾼 불교였다. 그는 불문을 떠나서는 살 수 없는 인물이었지만, 부처의 법을 구현하는 데 굳이 불교라는 외피를 둘러야 한다고 생각지 않았다. 사찰령에서 벗어나려면 달리 뾰족한 수가 없다고 판단했던 모양이었다.

승적 반납 소식을 듣고 종로 대각사를 찾았다. 대각사를 마련하는 데 순종 황후 윤비가 보이지 않게 지원했고, 최씨와 엄씨 성을 가진 상궁 두 사람이 앞장섰다. 용성화상이 독립선언 사건으로 실형을 선고 받고 감옥소에 있는 동안, 총독부는 그의 상좌들을 회유 협박해서 대각사를 강제로 매각하도록 했다. 그 모의는 용성화상이 석방되기 3개월 전에 마무리되었다.

출옥한 용성화상은 대각사로 가지 못하고 가회동에 살고 있던 신도 강근수의 사랑채로 가야 했다. 용성이 대각사로 돌아가지 못했다는 소식을 들은 윤비, 신하들이 나라를 팔아먹고 제자들이 절을 팔아먹었으니 내 신세와 용성조사의 신세가 같구나 하고 한탄했다. 용성화상은 출옥한 지 3년 만에 빼앗긴 절 옆의 가옥을 사들여 현판을 겨우다시 걸었다.

대각사를 찾은 때는 겨울바람이 간드러지는 소리를 내던 밤이었다. 백용성은 늦게까지 잠을 이루지 못하고 있다가 반가운 표정으로 손목을 잡아끌며 어서 들어오라고 했다. 이런저런 안부를 나누다가 찻물이 식을 때쯤 어렵게입을 열었다.

──스님, 그렇게까지 하실 일은 아닌 듯싶은데……, 서

운하지 않으시겠습니까?

용성이 승적 반납에 대한 얘기라는 것을 짐작하고 대답
했다.

―― 허허, 조선 땅의 중들을 똥보다 못하게 보는 천하의
만해가 별 소리를 다하는구먼.

―― 농이 지나치십니다. 지는 그저 본시 주지들 히는 짓
거리가 워낙 되먹지 못해서 몇 마디 했던 것이지…….

―― 허허, 아닐세 아니야, 사람 또 정색을 하는구먼. 자
네는 다 좋은데 성정이 너무 뻣뻣해서 탈이야.

같이 웃었다. 용성은 온몸으로 웃었는데, 중간 중간에
왠지 모를 서늘함이 느껴졌다. 왜 그렇게 느껴지느냐고 물
을 수 없으니 알 수 없었다. 어쨌든 그의 웃음 중간 중간에
빗물처럼 고여 있는 어떤 절망이랄까 회한이랄까 아무튼
그런 것이 보여서 씁쓸했다.

용성화상이 엄지손가락으로 찻잔을 쓰다듬으며 천천히
입을 열었다.

―― 만해수좌…….

―― …….

―― 내가 왜 출가했는지 아시는가?

―― 무슨 말씀이신지…….

―― 내 친모는 일찍 세상을 떠났네. 나는 친모의 얼굴을

몰라. 자네는 어린 아이에게 어느 날 갑자기 어미가 사라진다는 게 어떤 것인지 생각해본 적이 있는가? 세상이 살아갈 만하다고 믿게 만드는 유일한 사람이 사라진다는 게 어떤 것인지 상상해본 적이 있는가 말일세. 그건 세상이 닫히는 것이야. 단 한순간에 모든 것이 불순해지고 비열해지고 무참해지면서 괴기스러운 모습을 하고 엄습하는 것이야. 계모는 나를 학대했네. 가정이란 곳은 나에게 지옥이었어. 나이가 좀 더 들어 이제 혼자서도 살아남을 수 있겠구나 하는 생각이 들었을 때, 그 길로 집을 뛰쳐나왔지…….

출가자들은 속가 얘기하기를 꺼리는 법인데, 그는 사람이 많이 아쉬웠던 모양이었다. 사람이 싫어 사람들로부터 떠나서는, 그들에 대한 그리움을 끄지 못하고, 그가 찾은 것은 어쩌면 더 큰 그리움인지도 모른다는 생각이 들었다.

용성화상이 다시 말을 이었다.

── 나에게 여인이 무엇일 것 같은가. 여인이란 찢기고 박탈당한 내 유년의 막막함에 다르지 않네. 계모는 말할 것도 없고 일찍 죽은 친어미도 마찬가지일세. 죽은 어미를 막 그리워하고 싶은데, 그리워지지가 않는 것이야. 기억이 나야 그립고 말고 할 것 아닌가. 어떤 때는 기억을 쥐어짜 내보려고 발버둥 쳐보기도 했지만 되지 않았네. 그리고 나

면 그리워 할 조각조차 남겨놓지 않고 떠난 어미가 더 죽도록 야속했지.

──취처를 안타까워하시는 것과 스님의 기억이 무관하지 않은 듯합니다.

그렇게 생각할 수밖에 없었다. 1926년 5월과 9월, 백용성은 두 차례에 걸쳐 불법佛法에는 대처식육이 없다는 내용의 백서를 총독부와 내무성에 제출했었다. 해인사, 범어사, 석왕사 주지를 필두로 해서 127명이 연서했다. 그는 청정한 도량이 음탕한 소굴로 변하고 술과 고기와 오신五辛이 낭자한 것을 보고 피눈물이 흐른다고 했다.

그는 생각 없는 승려들이 선가의 일 없는 사람[無事人]을 핑계 삼아 막행막식을 일삼고, 젊은 승려들은 다투어 대처함으로써 불교를 병들게 하고 있다고 생각했다. 평상심이 도道라고 함부로 지껄이지 말라고 했고, 음주식육이 곧 무방반야無妨般若라고 말하는 중들이 비록 선지식일지라도 좇지 말라고 경고했다.

1920년대 초반부터 일본에 유학했던 조선 승려들이 학업을 마치고 대거 귀국하기 시작했다. 그들은 대처승도 본산 주지에 취임할 수 있도록 본산 사법 개정을 요구했다. 하지만 일부 본산의 반대로 무산되었다. 총독부는 드러내놓고 젊은 승려들을 지원하지는 않았지만, 대처승의 주지 취임에 법적 하자가 없음을 확인해주었다.

불교의 근본정신을 회복해내고야 말겠다는 백용성의 의지는 통렬하고 단호했다. 그는 의례의 낙후성이 곧 조선불교의 후진성이라고 말했다. 한글화 된 불경 하나 없이 원력을 세우고 불교의 장래를 도모하기는 무망할 것이라고 했다. 그는 불교 의식집을 한글로 의역하고 음률에 맞춰 재구성했다. 그의 개혁은 적응과 변화에 올라타기보다는 원칙과 이상을 선명히 하는 쪽에 있었다.

그는 불교적 이상사회가 사람의 주체적 노력으로 현실 속에서 실현되는 세계라고 했다. 따라서 종교는 반드시 독립적이어야 하고 부수적이어서는 안 된다는 그의 목소리는 무망해 보이되 욕되지 않았다. 일제의 침략적 종교정책과 개화에 사로잡힌 승려들, 그리고 사회주의 이론에 근거한 반종교운동까지, 이 삼각편대에 둘러싸인 그의 고군분투는 장했다.

그는 중생의 기복성을 안타까워했다. 종교와 권력의 유착을 경멸했고, 승려들의 생각 없음을 탓했다. 하지만 그가 말하는 구제는 중생들 저마다의 원만한 대각大覺을 전제하고 있었던 만큼 가망 없어 보였다. 그는 현실의 부자유와 속박이 사람 본래의 모습이 아니라고 했다. 대원각성大圓覺性만이 무한히 열린 자유이며 한없이 충만한 창조적인 세계이니, 이를 회복해야 한다는 그의 말은 편안하지만 아득했다.

백용성과 같은 수좌들의 현실인식은 절실하고 간절했다. 그들은 납득되지 않는 현실을 굳이 납득하려 하지 않았다. 신문명의 폭풍에 휩쓸려간 승려들이 육식과 음주를 일삼고 사업과 취처를 자행하면서도, '중도 사람이다'라는 구호를 앞세워 막행막식하여 청정한 수행 전통이 무너졌다고 그들은 목청을 높였다. 백용성은 그 한가운데 있었다.

하지만 세상의 눈과 귀는 달랐다. 건백서 제출 사실은 《동아일보》 1926년 5월 19일자에 사건사고처럼 보도되었다. 다음날 신문 사설에서는, 그네들은 아무래도 오늘날 불교가 조선에서 부진한 까닭이 육식하고 취처하는 자가 있어서 그런 줄로 생각하며, 장래에 불교가 왕성해지는 데도 육식과 취처를 금지하는 것이 유력한 동기가 될 줄로 믿는 모양이라고 비꼬았다. 그리고 지금 종교로서의 조선 불교는 민중에게 무슨 이익을 줄 수 있는지를 고민해야 한다고 촉구했다.

백용성의 마음속을 이리저리 살피는 동안 바람이 눈을 한 움큼 집어다가 마루 위에 뿌렸다. 뭐라 더 말을 잇지 못하고 망연히 촛불만 건너다보았다. 불빛 뒤에 감추어져 있는 맹렬한 어떤 혼돈이 보였다. 촛불에 비친 육신의 으스

름한 형상이 갑자기 그리움을 불러일으켰다. 그것이 어디를 향한 것인지 알 수 없었지만, 붙들고 싶어졌다.

용성화상이 천천히 말을 이었다.

──부인할 생각은 없네. 하지만 그게 다는 아닐 것이야. 내가 중노릇 한 지 벌써 육십 년일세. 그동안 내 수하에 중이랍시고 스쳐지나간 자들이 못 돼도 몇 천은 될 것이야. 그중에 참된 자아를 찾아 큰 깨달음을 이룬 이가 몇이나 될 것 같은가. 큰 깨달음은 관두고 참된 깨달음만이라도 찾은 이가 몇이나 될 것 같은가 말일세. 이런 생각이 들 때마다 머리는 퍽도 산란해지고, 생각은 여러 갈래로 흐트러지고, 내 몸은 그지없이 괴롭다네.

──스님…….

──이보게, 만해…….

'이보게'라고 부를 때, 용성의 입술이 떨렸고 말끝에 긴 한숨이 묻어나왔다. 그 숨결은 '해'라는 말끝에 엉겨붙어 떨어지지 않았다. 백용성의 깊은 한숨에 촛불이 흔들리며 그림자가 요동쳤다. 그는 대답에 신경 쓰지 않는 눈치였고, 계속 말했다.

──오늘날까지 내게는 조그마한 재산도 없고 처자와 가정도 못 가졌네. 60년 동안 걸어온 길이 오로지 참된 깨달음과 큰 깨달음만 찾아왔어. 그런데 합병 이후 정부에서

는 불교도들에게 남녀 간의 혼인을 허락해주었네. 또 사찰 재산이 쥐도 새도 모르게 시궁창으로 흘러나가도 누구 하나 걱정하는 사람이 없어. 총독부만 탓할 일도 아닐 것이야. 이것은 부처의 참뜻에 어그러지는 것일세. 그래서 승적을 반납하고, 불교라는 이름도 벗어던지고, 대각교를 일으켰네. 모든 것이 비애일 뿐이야…….

나이 일흔이 다된 노인의 입에서 새어나오는 비애라는 말은 너무 멀었다. 그에게 삶은 받아들일 수밖에 없는 시련이거나 조절되지 않은 유위법이었을 텐데, 그 가운데서 무위를 향한 눈길을 놓치지 않으며 얼마나 아팠을지 생각하다가 이내 관두었다.

대각사를 나서는데 뽀얀 찹쌀가루 같은 눈발이 세상에 가득했다. 살을 잃고 뼈만 남은 생각들이 헛구역질처럼 시큼한 냄새를 풍기며 목젖을 밀어올렸다. 허기지고 괴로웠을 그의 지난날들이 자꾸 밟혀 미끄러졌다.

건봉사

　용성화상의 행보에 오래 마음을 둘 수 없었다. 신간회는 규모가 급격히 커져갔다. 남도 지역과 함경도 지역을 포함하여 한반도 전역에 걸쳐 137개 지회를 두었고 회원 수는 4만에 가까워졌다. 식민지 교육정책과 이민정책을 반대하고 조선인 착취기관의 철폐를 요구하는 농민운동과 노동운동도 지원했다. 좌익과 우익의 이념 차이도 염려했던 것처럼 노골적으로 드러나지는 않았다.

　밀린 글빚이 있어 1928년 여름은 강원도 고성에서 보냈다. 건봉사의 새벽은 축축했다. 바위를 밀쳐내며 밤새 쏟아지던 계곡물 소리는 날이 밝아지며 잦아들었다. 일주문 앞 늙은 소나무 둥치를 감고 오른 담쟁이 잎 위에는 물기가 돌았고, 부도밭의 개망초꽃이 흐드러진 사이로 군데군데 달맞이꽃이 삐죽하니 솟아 있었다. 솜털에 맺힌 이슬의 무게를 감당하지 못하고 고개 숙인 강아지풀 하나를 뽑아 들어 씹었다. 밤을 새운 텁텁한 입으로 씁쓸한 풋것의 냄새가 밀치고 들어왔다.

건봉사와 그 말사들의 사적史蹟을 마무리짓는 데 달포가 조금 넘게 걸렸다. 사적의 편찬 방식은 편년식을 취했다. 연치는 석존의 탄생 기원을 사용했다. 본문 뒤에 사찰의 재산과 옛 기록을 부록하여 참고하도록 했다.

먼저 건봉사의 내력부터 차근차근 적어두었다.

…… 1547년(신라 법흥왕 7년 병자) 아도화상이 고성현 금강산 남록南麓에 사寺를 창刱하고 원각사라 이름하다. 1560년(신라 법흥왕 20년 계축) 보림암과 반야암을 창하다. 1785년(신라 경덕왕 17년 무술) 발징화상이 원각사를 중건하고 염불만일회를 설設하니 이것이 조선의 염불만일회의 효시가 되다…… 2954년(정묘) 불교전문강원을 설하고 공비생公費生 30인을 양성하다. 불상 7위를 개금하고 장구사葬具舍를 세우다. 원옹덕성이 화주에 피선되어 제5회 만일회를 계승하다…….

내력을 적은 후에는 소속 사암을 순서대로 나열했다. 창건연대와 중건연대 그리고 폐쇄되었는지 여부 등만 간단히 적었다. 건봉사의 건물과 토지현황도 추가하였다.

…… 대웅전 9간, 관음전 3간, 명부전 6간, 산신각 1간,

진영각 6간, 팔상전 9간, 사성전 6간, 독성각 3간, 단하각 1간, 범종각 1간. 사사지社寺地 7,340평, 답 507,883평 44,911원 03전, 전田 16,4527평 3,221원 35전, 잡종지 298평 1원 19전, 대垈 4,486평 200원 98전 해서 모두 684,534평에 48,334원 55전……

애당초 사적을 쓰는 일은 맡을 생각이 없었다. 글을 아는 이라면 누구나 어렵지 않게 할 수 있는 일이어서 몇 번을 두고 사양했다. 하지만 건봉사 주지 이대련의 요청은 간곡했다. 그는 조선 사찰의 역사적 불완전함을 많이 아쉬워했다. 기껏 남아 있는 기록조차도 단편적인 것들뿐이어서 계통적이지도 통일적이지도 못하다고 그는 말했다.

이대련은 올곧은 출가사문이었다. 이목구비 어느 한 곳 크거나 작아 보이는 것이 없었다. 맑은 얼굴색에 말과 행동이 고요했다. 수행에 전념하면서도 세상의 이치에 소홀하지 않았다. 사찰 역사의 결함은 곧 불교 역사의 결함이라는 데에까지 생각이 미쳤다고 말할 때, 그의 입술은 팽팽하게 당겨져 있었고 이마의 두 줄 주름이 더욱 깊어졌다.

건봉사뿐만 아니라 말사의 사적까지 부탁받았다. 사실史實은 각 사찰에서 기록하여 보내오도록 하면 될 것이니 크게 염려할 것 없다는 말까지 덧붙이면서, 더 거절하지 못하도록 종용했다. 밤벌레 우는 소리가 어둠에 뒤섞여 문턱에 다가올 때까지 대답을 주지 못했다. 돌에 새겨진 벌레 소리를 생각했다.

　…… '찌르르 찌르르' 라고 새겨진 돌 속에 벌레는 끝내 없을 것이다…….

　캄캄한 곳을 뒤적이듯 속으로 말을 삼켰다. 그리고 찻잔을 내려놓으며 입을 열었다.

　──부처의 뜻을 돌이 전할 수 있겠습니까.

　이대련은 대꾸하지 않고 남은 말을 기다렸다.

　── 돌에 새겨 전할 수 있는 것은 사람의 일일 뿐입니다. 사적은 세월을 좇아야 하고, 그래야 사적입니다. 황탄荒誕하거나 문식文飾에 치우치면 사적이 될 수 없습니다. 사실만 기록하는 것이 온당할 것입니다. 그래도 괜찮겠습니까.

　힘들어 하는 곳이 어디쯤인지 살피던 이대련이 짧게 대답했다.

　──계통을 따라 통일을 기하는 것이 어찌 허물이 되겠소.

　이대련은 모든 것을 일임했고 결국 사적 편찬작업을 떠맡아 겨우 끝냈다.

　일을 끝내자마자 급히 상경했다. 경성에 미뤄둔 일이 많았다. 한 해 전에 신간회가 결성되어 중앙집행위원과 경성지회장을 맡으면서 사실 짬을 내기가 쉽지 않았었다. 밀린 일을 처리하느라 정신 없던 차에, 건봉사에서 사적 편찬 기념법회가 있을 예정이니 참석해달라는 요청이 왔다. 먹물 옷을 입은 자가 법회를 거절할 수도 방기할 수도 없고, 게다가 사적 편찬 기념법회라 빠질 수 없는 자리였다.

굳이 법상에 올라 설법하기를 청하기에 격식을 차려 입을 열었다.

──무無!

주장자를 내리치며 한마디만 질렀다. 무! 한마디는 법당 전체를 공명통 삼아 울리면서 웅웅거렸다. 진화하지 못한 원시의 음성이 벽에 부딪쳤다 튕겨져나오며 귓전을 다그쳤다.

앞쪽에 앉은 승려들의 합장한 손바닥에 땀이 맺혔다. 사람들은 저마다 난파된 말의 한가운데서 자맥질을 했다. 그것이 무슨 신념이나 들은 소식이 있어서 그러는 것은 아닐 테고, 포기하고 체념할 수도 없으니, 도리 없이 마음속을 나부대보는 수밖에 다른 도리가 없었을 것이다.

다시 주장자로 쿵, 쿵, 쿵 소리를 내며 바닥을 내리찍었다.

── 이 소식을 아는가? 어서 일러라. 이르면 30방이요 이르지 못해도 30방이다.

참석한 이들은 눈길을 피하며 자리를 고쳐 앉았다. 풍경

소리가 처마 끝을 감돌았고 상단의 촛불이 흔들렸다. 다시 입을 열었다.

—— 대중이 만일 이 소식을 안다면 설법은 이로써 마치려니와, 그렇지 못하면 뱀을 그리고 발을 붙이지 않을 수 없구나.

아무도 입을 열지 않았다. 조금 기다렸다가 다시 법문을 계속했다.

—— 이익이 사람을 부림이 심하다. 이익이 있는 곳이면 천 길 산도 올라가지 않는 데가 없고 깊은 연못도 들어가지 않는 데가 없다. 상인은 이익을 좇아 천리 밖을 이웃처럼 여기고, 어부는 이익을 좇아 백 길 바닷물과 부딪치고 싸운다. 학문하고 수행하는 것 또한 도道에서 이익을 찾는 것에 다르지 않다. 도는 마음 가운데 있으니, 가깝고 쉬우면서 또한 멀고 어렵다. 운수납자는 마음에 내 것이 있으면 공부가 안 된다. 버려야 부처의 지혜가 생긴다. 무는 미혹한 마음을 조복시키는 의심이다. 무는 다 버리는 것이니, 무 한 글자 속에 가장 큰 이로움이 있다. 대중들은 알겠는가?

법회를 끝내고 서둘러 선학원으로 돌아왔다. 독립선언 사건으로 투옥되었다가 풀려난 뒤부터 선학원에 기거했다. 가깝게 지내던 선사 만공이 오갈 데 없는 신세임을 알고 그곳에서 지내라고 했다. 선학원은 경성 한가운데 있어 귀를 막고 있어도 세상 돌아가는 일이 담장 안으로 스멀스멀 기어들었다.

불시에 찾아드는 사람도 많았다. 건봉사 법회에서 돌아온 지 얼마 되지 않았을 때, 한 젊은 기자가 선학원을 찾아왔다. 그는 중절모를 벗고 가볍게 목례했다. 달포 전쯤에 찾아와 《삼천리》라는 신생 잡지사의 기자라고 자신을 소개했던 사람이었다. 서사시 〈국경의 밤〉으로 장안의 지가를 끌어올렸던 파인 김동환이 잡지 발간을 준비한다는 소식은 들었는데, 그가 발간한 잡지가 바로 《삼천리》였다.

몇 번 만나본 파인은 늘 잘 다려진 양복차림에 머리를 단정히 빗어 올린 말쑥한 모습이었다. 일본 도요 대학에서 영문학을 공부하다가 귀국했다는데, 눈썹이 진하고 눈꼬리가 적당히 쳐져 있어 부드러운 인상을 주었다. 양복 안쪽에 반드시 흰 와이셔츠와 넥타이를 하고 조끼를 받쳐 입었으며, 걸을 때는 왼손을 바지주머니에 얹어놓듯 질러넣고 오른손을 가볍게 흔들며 천천히 걸음을 옮겼다.

시원하고 말쑥한 외모의 파인은 여자 문인들과 자리를 함께할 때면 골고루 말을 시켰고 좋은 감정을 고르게 분배할 줄 알았다.

…… 아하, 무사히 건넜을까, 이 한밤에 남편은 두만강

을 탈 없이 건넜을까? 저리 국경 강안을 경비하는 외투 쓴 검은 순사가 왔다— 갔다— 오르명 내리명 분주히 하는데 발각도 안 되고 무사히 건넜을까?……

〈국경의 밤〉 첫머리를 봤을 때, 역시 파인이구나 싶었다. 그가 사회부 기자로 총독부를 드나들며 촌지를 받아 잡지를 발행하고, 편집 방향을 대중적 관심에 맞춰나가는 것이 별로 이상하지 않았다. 창간호에 실을 글을 부탁하기에 〈당시의 추억〉이라는 글을 보내주었었다.

다시 찾아온 기자는 가방에서 얇은 《삼천리》 창간호를 꺼냈다. 그리고 이것 좀 보시라며, 도대체 어떻게 이럴 수가 있느냐고 목소리를 높였다. 그는 창간호에 실을 원고 가운데 많은 수가 압수당했다고 분해했다. 좀 과장되게 분한 표정을 짓는 것을 보고, 〈당시의 추억〉도 압수되었다는 것을 듣지 않아도 알 수 있었다.

이번에는 불교에 대한 얘기를 인터뷰 형식으로 취재해서 검열을 피해려고 한다고 기자는 말했다. 그는 사람은 죽어서 어떻게 되는지, 불교의 인과율은 어떻게 적용되는지, 윤회를 믿는지 물어왔다. 기자는 색즉시공과 공즉시색으로 질문을 포장하고 권선징악과 염세철학이라는 말을 섞었다. 얇은 관심사가 반영된 말초적인 물음이었다. 하나마나한 물음에, 내용 없는 대답이 이어졌다. 기자는 심드

렁하게 받아 적더니 돌아갔다.

기자가 다녀간 그해 여름은 더디고 지루했다. 몸 이곳저 곳이 쑤시고 아팠다. 통증은 이리저리 옮겨다니며 남루한 육신을 괴롭혔고, 고통의 근원은 추적되지 않아 치유되지 않았다. 잠든 사이에도 통증은 성성해서 잠결에 이리저리 몸을 뒤척여 달랬다. 목덜미에서는 한번씩 겨울 나뭇가지 부러지는 소리가 났다. 만사를 제쳐놓고 좀 쉬고 싶었다.

1929년 8월, 시끄럽고 성가시던 경성의 날들이 열차의 기적 소리에 실려 흩어졌다. 해수욕장으로 향하는 열차 안 의 공기는 아침부터 더위에 짓이겨져 답답했다. 사람들의 떠들썩한 소음은 열기를 더했다. 갈마역에 내려 해수욕장 으로 향했다.

명사십리 해수욕장은 원산 갈마반도의 남동쪽 바닷가였 다. 바다 기슭을 따라 가늘고 흰 모래톱이 십 리나 이어져 있었다. 명사십리의 돌단부突端部는 본래 섬이었는데, 세월 이 육지와 섬 사이에 흙을 쌓아 갈마반도가 되었다고 했 다. 만灣 안쪽으로 올망졸망한 대여섯의 작은 섬이 육지와 이어지기를 기다리는 듯 점점이 놓여 있었는데, 쌓이거나 부서진 세월은 아득해서 짐작되지 않았다.

해안가 일대의 소나무와 잣나무가 해풍의 방향을 따라 짙은 송진 냄새를 풍겼다. 파도와 바닷바람에 밀려 쌓인

사구의 모래는 해수욕장의 모래보다 알갱이가 좀 더 굵고 거칠었다. 모래언덕에 뿌리를 박고 자라는 이름을 알 수 없는 잎사귀 좁은 풀들이 해풍의 방향에 따라 머리카락처럼 날렸다.

사구의 야트막한 곳에는 해당화 한 무더기가 피어 있었다. 해안가에서 오래 산 노인들은 해당화에서 누이를 잃은 어린 사내아이의 죽음을 이끌어내거나, 총각 어부를 사랑했던 용궁공주의 전설을 일궈냈다. 눈물이 떨어진 자리에 꽃이 피었다고도 했고, 울다가 죽은 자리에서 피어난 꽃이라고도 했다.

해당화 꽃은 토혈이나 각혈에도 좋다 하여 기침을 하며 피를 토하는 이에게 달여 먹었다. 또 열매는 혈행을 순조롭게 하고 어혈을 풀어주는 효능이 있다 하여, 해안가 습한 땅의 기운으로 인해 뼈마디가 저리고 아픈 이들이 상복했다.

해안 남쪽으로 서양 사람들의 별장이 수십 호 서 있었다. 한여름에는 조선 사람은 물론이고 동경이나 상해, 북경 등지의 사람들까지 더위를 피해 모여들었다. 챙이 넓은 밀짚모자를 눌러 쓴 일본인 가족들은 해안 길에서 자전거를 타며 놀았고, 몸집이 큰 서양 여자들은 양산을 받치고 느리게 걸으면서 바닷바람을 쐬었다.

구름이 걷히면 햇빛은 물결에 튀어 올라 맹렬히 흩어졌다. 뒤꿈치를 들면 손에 잡힐 듯한 크고 작은 섬들은 어디론가 날아가기라도 하려는 듯 움찔거렸다. 바닷물에 들어갔다 나와 앉기를 반복하는 동안 어느새 바닷물은 멀리서부터 붉어지기 시작했다. 길어진 산 그림자는 어촌의 작은 집들에 닿았다.

바닷물 색깔이 짙어지는가 싶더니 돛대를 올린 배들이 멀리서 밀려왔다. 배들은 젖은 돛폭을 갠 햇빛에 배불리 쪼이면서 부풀어올라 가벼웠다. 흰 고기들은 누워서 뛰기 시작했고 갈매기가 고도를 낮추며 날았다. 사람들의 말소리가 점점 가까워지고, 저녁 연기가 소나무 가지를 감고 흘러가며 엷어졌다.

이틀 후 새벽부터 일기가 흐렸다. 이른 아침부터 비가 내리더니 아침밥을 먹고 난 뒤에도 좀체 개지 않았다. 11시경에나 비가 조금 잦아들어 바닷가로 나갔다. 얼마 안 있어 다시 비가 쏟아지는 바람에 쫓기다시피 돌아 들어왔다. 방 한구석에 놓인 신문이 눈에 띄어 뒤적거리고 있자니 멀리서 오포午砲 소리가 들렸다. 시계를 정오에 맞추었다.

비는 오후에 개기 시작했다. 맨발에 짚신을 신고 노동모를 쓰고 다시 나섰다. 비가 그친 길은 반은 흙이고 반은 물이었다. 짚신이 물에 불어 단단해졌다. 발이 아파 짚신을 벗어 들고 맨발로 걸었다. 진흙이 발가락 사이를 밀고 올라오며 간질였다. 모래사장으로 들어서자 이번에는 모래 알이 발가락 사이를 파고들었다. 기분 좋은 간지럼이 실핏줄을 타고 퍼져 올라왔다. 맨발이 둘 뿐인 게 아쉬웠다.

물에 들어가지 않고 바닷물 가까운 해변에 쪼그리고 앉았다. 모래를 한 움큼 파내니 샘이 만들어졌고, 샘 주변에 흙이 쌓여 작은 둔덕을 이루었다. 샘 주위의 경사진 곳에서 모래알갱이들이 하나둘 굴러내리는가 싶더니 이내 물이 흘러들어와 샘을 채웠다. 샘의 바닥이 흥건해질 즈음에 바닷물이 짓궂은 표정으로 밀려와 샘을 메우고 둔덕을 걷어찼다. 바닷물이 밀려나자 샘과 둔덕은 흔적도 없이 사라졌다.

다음 날 우편국에 볼 일이 있어 원산 시내에 들렀다. 일을 마치고 가까이 있는 송도원 해수욕장에도 들렀다. 해송숲이 장관이었다. 물러진 엿가락처럼 굽은 소나무숲 안쪽에 기와지붕을 덮은 작은 별장이 즐비했다. 큼지막하게 지어진 2층 호텔 앞마당에는 수시로 자동차가 들락거렸다.

송도원 모래사장에 잠시 누웠다. 살갗을 감고 도는 바람이 시원했다. 발을 모래에 묻었다가 파내고 파내었다가 다시 묻었다. 손가락으로는 모래를 이리저리 긋다가 지워버리고 다시 긋고 하며 시간을 보냈다.

──이게 무슨 배요?

명사십리 해수욕장으로 돌아왔을 때, 해안 가까이에 몇 척의 나룻배가 떠 있기에 궁금증을 참지 못하고 뱃전으로 다가가 목소리를 높여 물어봤다.

──애들 놀잇배요.

뱃사람들 중에 한 사람이 시큰둥하게 대답했다.

──그러면 사공의 배요?

──아니요, 다른 사람의 배요.

사공의 대답을 듣고 좀 더 알고 싶은 마음에 배에 올랐다. 배는 해수욕하는 데 소용되는 것인데, 관광객들이 배에 올라 물에 뛰어내리기도 하고 선유하기도 한다고 했다. 한 달에 95원을 지불하고 선주에게서 빌려 선원 다섯 사람이 함께 운영한다고 했다.

오후 4시경에 여관에 돌아와 일찍 자리에 누웠다. 여관 마루에 걸터앉은 객쩍은 시골 노인들의 하나마나한 얘기가 문틈을 헤집고 피곤하게 밀려 들어왔다.

──하늘이 꾸물꾸물헌게, 또 한바탕 쏟아질 모양이구먼.

──빗물통은 한데다 내놨는가?

──뭔 소리여?

──오늘이 칠석 아닌가벼, 견우성이 장가들고 직녀성이 시집가는 날 말이지. 그러니 약물을 받아야 할 꺼 아닌

감. 땀띠나 부스럼에 직효라지 않는가.

　——아, 저녁나절에 느지감치 계곡에나 한 번 담그고 오면 될 것을 뭔 요란을 떨어. 그 물이 그 물 아닌가뵈…….

피체

1929년 12월 13일, 이른 아침부터 경기도경찰부와 종로
경찰서는 긴장감이 돌았다. 차량들이 분주히 오갔고 사람
들은 속히 타고 서둘러 내렸다. 양쪽 유치장에 검속되어
있던 재소자들은 모두 용산과 동대문경찰서 등지로 분산
이송되었다. 오전 11시경에 형사대는 경성 시내 각 방면으
로 흩어져 출동했다.

경성지방법원에서는 판·검사 서기 통역 등 29명으로 15
반을 편성해서 경성 안팎을 대규모로 수색했다. 2백여 명
의 헌병 경찰관이 그들을 후원했다. 정신여학교, 배재학
당, 이화학당, 연희전문학교, 중앙학림, 승동 중앙예배당
에 경찰병력이 들이닥쳤다. 권동진과 오세창의 자택 등 14
곳의 가택에 대한 압수수색도 행해졌다.

형사 두어 사람이 선학원으로 들이닥친 때는 점심 즈음

이었다. 무슨 일로 체포하는 것이냐고 물어볼 겨를도 없었다. 경복궁 뒤편과 혜화문 큰 거리에서 시위하던 다수의 학생들을 체포한 경찰차가 붉은 벽돌로 된 고등경찰청 구내로 수도 없이 밀려들었다.

신간회 중앙위원장 허헌이 압송되어 들어서자, 복도에 몰려 있던 신문기자들이 뒤를 쫓았다. 그는 분한 표정으로 다소 붉은 얼굴빛을 하고 중얼거렸다.

——사전발각, 사전발각……

그의 말소리는 혼란한 복도의 한 귀퉁이에 던져져 뒹굴었다. 기자들은 사건이 이미 결정적 단계에 들어간 것을 직감하고, 본사에 급보하기 위해 전화통 앞에 줄을 섰다. 홍명희, 권동진, 이종린, 오화영, 박희도, 이관용, 조병옥 등이 줄줄이 엮여서 뒤따라 들어왔다. 오후 2시경까지 종로서와 경찰부 유치장에 잡혀들어온 사람은 30여 명에 달했다. 경찰청 마당 주변에는 경관대警官隊가 펼쳐져 사람들을 경계했다.

《동아일보》는 14일자 신문에 검거 사실을 보도했다. 사건 내용은 절대비밀이라며 알리지 않았지만, 식자들은 대개 짐작했다. 지난 11월 초 광주에서 조선과 일본인 학생들 사이에 우발적으로 주먹다짐이 발발했는데, 불과 한 달 사이에 동맹휴교와 항일운동으로 규모가 커졌고 전국적으로 확산되었다. 조선 학생들이 폭도로 몰려 투옥되는 사태에 이르자, 신간회에서는 진상을 알리기 위해 민중대회 개최를 준비 중이었다.

준비 중이라는 사실이 기소 사유는 되지 못할 것이어서, 애당초 경찰의 목적은 구속보다는 민중대회를 저지하는 데 있지 않았을까 싶었다. 민중대회 사전모의 혐의로 피체된 허헌과 홍명희 등 열두 사람이 경기도경찰부에서 취조를 받았다. 얼마 후 그들은 경성지방법원 검사국으로 송치되었다. 검사가 취조하고 밤 9시경에 서대문감옥소에 구금되었다.

칠순의 권동진도 포승을 받고 추워서 몸을 우둘우둘 떨었다. 그는 둘러선 사람들을 휘 둘러보고는 차에 밀려 올라탔다. 그들이 구금되던 날, 눈이 두껍게 쌓였고 귀 끝을 스치는 엄동설한의 바람에 몸이 떨렸다. 기소유예나 되어 나오지 않을까 기대하는 친척들이 경찰부에서부터 따라붙어 재판소 유치장 앞에서 떨었다.

민중대회사건으로 체포된 여섯 사람에 대한 첫 번째 공판은 이듬해 4월 6일과 9일 그리고 23일에 걸쳐 사흘 동안 경성지방법원 제4호 법정에서 개정되었다. 희미한 전등불이 얼어붙은 재판소 법정을 비추고 있었다. 우박 같은 함박눈이 뿌렸다. 신간회 주요 인사와 가족들 그리고 학생들과 얼굴이 알려진 사회운동가들이 진눈깨비 속에서 방청하려고 모여들었다.

재판이 시작되자 용수를 벗은 여섯 사람의 얼굴이 드러났다. 1504번, 법정에서 허헌은 그렇게 불렸다. 검은 두루마기에 싸인 그는 많이 쇠약해져 있었다. 그는 옥중에서 신경쇠약과 비종臂腫과 위병으로 고생했다. 독립선언사건의 변론을 맡았을 때 변호사 허헌의 풍채는 법정을 가득 채울 듯이 커보였었다. 그의 목소리는 천정을 밀어 올릴 듯 우러렁거렸었다.

변호사 허헌과 안색이 창백하고 광대뼈가 두드러져 보이는 1504번 사이에서 기막혀 하고 있는 동안에 심문은 마무리되었다. 자리에 앉기 전에 그는 두어 번 머리를 뒤로 돌렸다. 그의 아내와 딸이 웅성거리는 방청석 한 구석에 서 있었다. 허헌에 이어 벽초 홍명희에 대한 심문이 이어졌다.

1508번, 법정에서 홍명희는 그렇게 불렸다. 그는 종시 미소를 머금고 있었다. 체포되기 전에 벽초는 《조선일보》에 〈임꺽정전〉을 집필하는 중이었다. 당시 《동아일보》에서는 춘원 이광수를 움직여 〈단종애사端宗哀史〉를 연재하고 있었는데, 《조선일보》가 맞불을 놓은 것이다. 식자들은 〈임꺽정전〉의 집필 의도를 저마다 짐작했다. 어떤 사람은 독일 소설 《윌리엄 텔》처럼 보인다고도 했다.

〈임꺽정전〉을 쓰는 동안 벽초는 무슨 사명감이라도 느끼는 사람처럼 보였다. 아침마다 신문사 급사를 방문 앞에 세워두고 원고를 다듬었다. 그는 잡지 《삼천리三千里》에 자서전도 연재했다. 자서전의 첫 번째 편에서는 명문집안의 답답하고 꽉 막힌 공기를 깨뜨리고 서울로 동경으로 신문명을 찾아 나섰던 유소년 시대를 담았다. 그리고 두 번째 편에서는 극동을 싸고돌던 기운을 타고 해외로 외롭게 떠돌던 내용을 그렸다.

벽초의 검거로 〈임꺽정전〉이 중단될 위기에 놓이자 담당 기자는 경찰 수뇌부를 찾아가 검거 중 집필 허가를 교섭했다. 그래서 겨우 신문소설만은 허락받았고, 만년필과 원고지를 차입하였다. 벽초는 하룻밤 사이에 단숨에 몰아쳐 6회분의 〈임꺽정전〉 상편 원고를 마무리했다.

벽초에게서 자서전을 쓰고 있다는 얘기를 들었을 때, 뜬금없이 웬 자서전이냐고 묻자 그가 대답했었다.

── 나는 자서전을 지을 만한 자부심이 없는 사람일세. 자네도 알다시피, 나는 고집을 세우지 못해. 부인하기 어려운 내 약점일세. 파인이 처음 자서전을 쓰라고 꾀일 때 나는 사절했네. 하지만 파인은 뱉어놓은 말을 좀체 거두어들이지 않는 사람 아니겠나. 꾀인 후에 조르고, 조른 후에

우겨서, 기어코 사절하지 못하게 하더구만. 하지만 파인은 핑계인지도 몰라. 이번에도 내 약점이 나에게 손해를 끼친 것이야.

　벽초는 남의 부탁 잘 거절하지 못하는 자신의 성정을 탓했다. 아마도 그러했을 것이다. 벽초의 얘기는 계속 이어졌다.

　—— 루소의 《참회록》을 본받아 과거를 적나라하게 고백할까 생각해보기도 했네. 하지만 최후심판에 증거서류로 제공할 것도 아니고, 그이만한 결심도 없는 인간이 섣불리 붓질을 했다가는 남의 웃음거리가 되기 십상이지 싶었네. 니체의 《에체 호모》를 흉내내서 철인의 기염을 토해볼까도 했지. 크로포트킨의 《혁명가의 지난 생각》을 보았고, 트로츠키의 《탈주기》도 보았네. 하지만 듣고 본 것을 생각할수록 자서전을 지을 용기가 점점 더 없어지는 것이야. 사절할 용기도 없고 짓지도 못하면서 헛되이 시일만 보내다가, 할 수 없어 Would— be라고 형용사부터 붙여놓고 자서전을 쓰기로 했었네…….

　말을 마친 벽초는 못내 부끄러운 듯 남은 술잔을 마저 들이켰다. 엷은 미소가 걸린 창백한 안색을 하고 법정에 서 있는 벽초를 보며, 〈임꺽정전〉은 벽초가 썼지만 홍명희 전은 누가 쓸까 하는 생각이 들었다. 벽초에 대한 심문은 짧게 끝났다.

법관이 이어서 이관용을 심문했다.

──피고는 형벌을 받은 일이 있는가?

──없소.

──피고의 생활상태는 어떠한가?

──과히 군색하지는 않소.

──피고는 일찍이 동경 제4중학에서 수업하였는가?

──그렇소.

──피고는 법학전문학교를 졸업하였다지?

──그렇소.

──피고는 영국 뉘우진牛津 대학에서 역사를 연구하였다지?

──그렇소.

── 피고는 스위스瑞西 후릿히 대학에서 심리학을 연구하고 독일 베를린伯林 대학에서 수학하였다지?

──그렇소.

──조선에 돌아와서 연희전문학교 교수로도 있었다지?

──그렇소.

── 피고는《현대평론》잡지와《조선일보》기자로 있었다지?

──그렇소.

——피고는 신간회에…….

이관용에 대한 재판부의 심문은 기묘했다. 피의자의 이력을 떠벌리듯 나열했다. 판사의 질문이 신간회 어쩌고 할 즈음이었다. 그렇지 않아도 수런수런하던 법정은 판사의 목소리가 들리지 않을 만치 소란스러워졌다. 공판이 시작되고 30분쯤 지났을 무렵이었다.

검사가 갑자기 일어났다. 그리고 이 사건이 치안을 방해할 염려가 있다면서 방청금지를 신청했다. 잠시 정회가 선포되었다. 신문기자들과 방청인들이 모두 법정에서 떠밀려 나갔다. 그러는 와중에도 홍명희는 엷은 미소만 지으며 고요하게 앉아 있었다.

경성지방법원의 판결은 4월 24일 오후 1시에 선고되었다. 허헌, 이관용, 홍명희가 각각 징역 1년 6개월에 처해졌다. 이원혁, 조병옥, 김동준은 징역 1년 4개월 형을 받았다.

감옥소에서는 다음 해 늦가을에 풀려났다. 이전에 잠시 들렀던 잡지사 기자가 다시 선학원을 찾아왔다. 다려 입은 양복과 어깨에 둘러멘 가죽가방에서 잘나가는 잡지사의 기자라는 자부심이 풍겼다. 그동안 《삼천리》는 이념의 무게를 걷어내어 더 이상 검열관들에게 주목받지 않게 되었다고 자랑처럼 떠벌렸다.

《삼천리》는 정치적 이슈나 사상적 문제를 교묘하게 기사화하는 재간을 발휘했다. 매달 나오는 호마다 선정적인 기사를 쏟아내며 대중적 인기를 얻었다. 정치 문제를 가볍게 다루는 것이 검열과 폐간을 피해가면서 경영수지를 맞추는 방법으로 생각했다면 그 또한 나무랄 수만은 없는 일이었다.

파인의 근황은 굳이 묻지 않았다. 기자는 수첩을 펼치더니 석가의 정신을 묻는 말로 입을 열었다.

——석가께서 오늘날 조선에서 태어나셨더라면 조선 사람의 구제를 위해 발 벗고 나서지 않았겠습니까? 우리들이 당하고 있는 이 현실을 그저 바라보고만 있었겠습니까?

그는 아마도 석가의 입을 빌려 민족자결과 항일의 메시지를 담아 검열을 피해가려는 모양이었다. 모른 체하고 되물었다.

——발 벗고 나서다니요?

——열렬한 민족주의자가 되어서 무슨 결사운동을 한다든지, 하다못해 길거리에서 연설 한마디라도 하거나 뭐…….

——어찌 부처가 조선만의 부처겠소.

기자는 못내 당황하는 눈치를 보이면서 말꼬리를 흐리며 되물었다.

──무슨 말씀이신지 …….

──석가는 생사를 초월하고 시공간도 넘어서서 전 우주의 혁명을 기도했다는 애깁니다.

──그러면 석가는 민족이나 국경 혈통도 전혀 부정한다는 말씀이신지요?

──생사의 길에 민족과 국경의 구분은 없습니다. 만유는 본래 평등하고 자유로워 자족합니다. 석가께서는 그렇지 못한 것들을 구제하고자 한 것이지, 국경과 혈족을 염두에 두지는 않으셨습니다.

기자는 더욱 집요하게 추궁해 들어왔다.

──석가 철학의 진리가 어떠하였건 간에, 그분이 오늘 이 시간에 조선 서울 종로 한복판에 사신다면, 조선인의 모든 현실을 바라보고, 만주에서 일어나는 열국 간의 정치 관계를 바라보면서도 손을 싸매고 앉아 계셨겠습니까? 이런 정경 속에서도 하늘에 뜬 별이나 바라보고 삶을 유한悠閑하게 생각하고 계셨겠습니까?

──불교는 정치운동도 혁명사업도 아닙니다. 그것이 문제의 초점이 되어서는 안 됩니다. 유정이든 무정이든, 눈에 보이는 것이든 보이지 않는 것이든, 억압하는 것이든 억압당하는 것이든 그 모든 것들이 그분에게는 똑같이 가여워 보일 겁니다. 그것이 석가께서 가신 길이고 그분의

정신입니다.

── 석가의 경제사상을 요즘의 말로 표현한다면?

── 불교사회주의라 하겠지요.

── 인도에도 불교사회주의라는 것이 있습니까?

── 없습니다. 그렇지만 나는 이 사상을 가지고 있어요.

── 어쨌든 석가께서 오늘날 조선에 나셨다면 우리들이 듣는 공산주의자가 되기 쉬웠을 듯합니다.

── …….

── 석가께서 오늘 조선에 나셨더라면, 조선옷에 조선 짚신을 신고 조선말을 하면서, 머릿속에 민족사상이 없었다고 할 수 없을 줄로 압니다.

── …….

기자는 내 대답과는 상관없이 불교에 민족주의와 사회주의를 억지로 담아내려고 애쓰는 눈치였다. 그는 좌익과 우익이 합작된 신간회에 출가 사문이 참여하고 있는 것에 착안했을 것이다. 머릿속에 이미 신간회와 불교를 연관 지어 기사를 써두고 물어보는 기색이 역력했다. 생활이야 부인할 수 있겠습니까……, 그렇지만 무슨 지역적으로 국한한 특별한 운동이야 있었겠습니까, 하고 몇 마디 덧붙였다. 별로 새겨듣지 않는 눈치였다.

기자가 돌아간 후, 목덜미가 불편해 잠시 누웠다. 주고 받았던 말들이 마음에 걸려 잠이 오지 않았다. 그는 불교가 이념을 넘어서면서도 세상에 개입하는 지점을 읽어내지 못하는 눈치였다. 선학원 마당에 가을볕이 따갑게 내리쬐고 있었다.

아들

출옥 후에 선학원에서 몸을 추스르며 바깥출입하는 날이 드물었다. 반복되는 감옥살이 속에서도 마음은 지켜냈지만, 육신은 어떻게 해볼 도리가 없었다. 육신은 마음보다 가깝고 절실했으며 또 정직했다. 기울어지는 담장의 벽돌을 이리저리 빼다 박아 겨우 지탱하듯이 버텼다.

서른을 넘길 즈음에 목덜미에 묻었던 총탄은 젊은 날에는 그럭저럭 견딜 만했다. 하지만 쉰 살을 넘기자 이물감이 더했다. 고개를 한쪽으로 기대듯이 비스듬히 하고 있어야 그나마 견딜 만했다. 선학원 방 안에서 종일토록 이런저런 책들을 뒤적이거나 청탁받은 원고를 쓰며 보내는 시간이 많아졌다.

여름에는 《별건곤》이라는 잡지에 씁쓸한 글 한 편을 실었다. 잡지사에서는 지금까지 아무에게도 한 적이 없는 이야기를 써달라고 요청했다. 좀 뜬금없다고 생각했다. 이광수, 윤치호, 방정환 등을 포함해서 모두 8명의 필자가 참여하기로 했다는 말도 덧붙였다. 필자가 여럿이니 정성껏 써달라는 얘기인지, 부담 갖지 말고 가볍게 써도 된다는 뜻인지 알 수 없었다.

뭘 쓸까 고민하다가, 불현듯 아들 보국이에 대한 얘기를 할 때가 되었다는 생각이 들었다. 아들은 두 번 나를 찾아왔었다. 독립선언사건으로 감옥소에 있을 때 면회를 왔었다는 얘기를 들었다. 만나지 않고 그냥 돌려보냈다. 출감후 선학원으로 다시 찾아왔다. 이미 너는 내 아들이 아니니 돌아가라고 호통쳐 쫓아버렸다. 하룻밤이라도 재우고따뜻한 밥이라도 한 그릇 먹여 보내라고 주위에서 만류했지만 듣지 않았다.

아들이 떠난 뒤 홍성의 신간회 회원으로 있던 손재학에게 편지를 썼다. 홍성에서 열리는 신간회 지회 창립행사에강연을 요청하기 위해 선학원에 몇 번 찾아온 일이 있던터라 안면이 있었다. 강연을 하면 회원도 배가될 것이라는말도 덧붙이며 부탁했었다. 하지만 불고부모 불고처자하고 출가한 사람이 어찌 고향엘 가겠느냐며 거절했었다.

손재학에게 보국이를 지회 간사로 삼아 허드렛일이라도시키면 어떻겠느냐고 뜻을 전했다. 집 떠난 아비를 원망하고 제 운명을 괘씸해하면서 홍성 시내를 할 일 없이 떠돌던 아들은, 신간회 일을 맡으면서 주변 사람들에게 신임을 얻었다.

아들은 삼킬 수도 뱉어버릴 수도 없는 가시처럼 목에 걸려 있었다. 아들에 대한 얘기를 해야겠다고 생각한 것은, 어쩌면 쇠약해진 육신과 나이 탓인지도 몰랐다. 〈남 모르는 나의 아들〉이라고 제목을 적고 담담하게 써내려갔다.

…… 나는 원래 구식시대, 승려의 육식대처를 절대로 금하던 시대부터 승려의 신분으로 산 사람이니, 누가 나더러 처자가 있느냐고 묻지도 않았고 나도 구태여 처자가 있다고 누구에게 말한 일도 없었다. 그런데 지금 별안간에 아들 이야기를 하면, 그동안에 무슨 파계를 한 일이 있었는지 오해하는 이도 있을 것 같다. 그러나 그런 것이 아니요, 사실은 내가 승려가 되기 이전 즉 속인이었을 때 낳은 아들이 하나 있었다. 나는 원래 충남 홍성 사람으로 구식 조혼시대에 일찍 장가들고 십구 세 때에 어떤 사정으로 출가를 하여 중이 되었는데, 한번 집을 떠난 뒤로는 그야말로 승속이 격원하여 집의 소식까지도 자세히 알지 못하고, 다만 전해오는 편에 내가 출가할 때에 회임 중이었던 아내가 생남하였다는 말만 들었을 뿐이었다. 그러다가 몇 년 전 기미년에 내 이름이 세상에서 많이 알려지게 되니까 시골

에 있던 아들아이도 내가 제 친부인 것을 알게 되어 서울로 찾아와 소위 부자가 초면 상봉을 하게 되었다. 그러나 그 뒤에 여러 가지 사정으로 한 집에 데리고 있지 못하고 경성과 고향에 떨어져서 피차 각자 거주하니 남들이 나의 아들이 있는 것도 잘 알지 못하게 되었다. 나도 또한 누구에게나 그런 이야기를 별로 한 적이 없었다. 사회적으로 공개하기는 이번이 처음인 것 같다…….

보국이에 대한 얘기가 실린 잡지가 배달되어왔을 때, 뜯어보지 않고 그대로 두었다. 잡지는 봉투에 넣어진 채로 방 한구석에 덩그러니 놓여 있었다.

9월 하순 즈음에 제자 춘성이 갑자기 《별건곤》 잡지 한 권을 들고 허겁지겁 방으로 들이닥쳤다. 그리고 들고 온 잡지를 후다닥 펼쳐 보이며 다그치듯 말했다.

── 여기, 여길 좀 보세요. 아 글쎄 이 배상철이라는 자가…….

── 허허 좀 서두르지 마라……, 도대체 뭘 가지고 그러느냐?

── 요즘 장안에 골상학이라는 해괴한 것으로 점을 본다는 배상철이라는 자가 있사온데, 이 잡지에 내로라하는 인사들을 점친 것이 실렸습니다.

── 점쟁이가 점치는 게 뭐 이상할 게 있다고 그러느냐?

── 이 중에 스님에 대한 점괘도 나와 있으니 드리는 말씀입니다.

── 내로라하는 인사들 속에 나도 포함되었더란 말이냐? 허허 그것 참……

── 아, 그게 아니고, 이 자가 쓴 글이 당췌 어처구니 없어놔서 그럽니다. 승도지상이 어떻고 꾀죄죄하다느니 목탁 두들기며 걸인행세나 할 팔자라느니 아주 가관입니다.

── 뭐가 어떻다고 그러는지 어디 한번 보자.

방바닥에 펴놓은 잡지를 돌려놓고 살펴봤다. 《별건곤》 32호였다. 막 발간된 잡지는 잉크 냄새를 진하게 토해내고 있었다. '골상학상으로 본 조선역군의 얼굴'이라는 제목의 글을 두고 하는 소리인 것 같았다. 글의 첫머리부터, 내다보고 넘겨본다고 스스로 생각하는 자의 기탄없음이 자욱했다.

…… 실없는 놈이 과학문명이 발달한 이때 더욱이 1930년의 금일에 이게 무슨 수작이여. 관상법이니 골상학이니 하면서 웃을 것이다. 이 글을 채 보기도 전에 대개는 웃을 것이지마는 실은 알고 보면 반할 것이다. 먼저 현안철수懸岸撤手가 무엇인가 설명부터 해보면, 현안철수란 말은 불경佛經의 말이다. 나보다 15세나 더 자신 당년 52세의 중노인

께 어려운 불경을 꺼냄이 어찌 생각하면 불경不敬일지 모르지만, 실은 만해거사 한용운 선생이 불도佛道가 아니면 모두 불도不道로만 알고 계시기 때문에 꺼낸 말이다. 현안 철수는 말하자면 설명이 길지만 짤막히 말하자면 백척간두의 위태로운 바위 위에서, 그 밑에는 새파란 강물이 있고, 손에 붙잡았던 것도 턱 놓아버려야 그것이 남자의 용기라고 하는 말이다. 이만 하면 알 것이니까 더 설명 않기로 하고…….

현란하게 뒤집어가며 쓰인 불경과 불도라는 말에서 재기와 치기가 함께 느껴졌다. 서두를 장황하게 적은 다음에, 점쟁이는 본격적으로 골상을 풀어나갔다.

…… 한데 한용운씨는 골상에 나타나는 것이 그같이 용단이 보인다. 그 치아와 눈이 그러하며 오른쪽 눈초리의 1자字 모양의 흉터가 모두 인내성 있고 용감성 있음을 잘 보여주고 있다. 그러나 언뜻 그를 보면 궁상窮狀이 꾀죄죄하게 나타나 보이고 얼굴에 아무것도 특이한 것이 없어서, 정치계에 나설 인물은커녕 시골의 훈장감도 어려워 보이고, 다만 승도지상僧道之相이나 고한지상孤寒之相밖에 안 되어 보인다. 그가 기미년에 33인에 든 것은 그만두고, 불도로는 남의 대문간에 서서 목탁을 치며 염불걸량念佛乞粮하기에 됨직해 보임이 내 눈뿐만이 아니라 보통사람들도 똑

같이 볼 것이다. 그런데 놀랍게도 이상한 것은 오른쪽 목덜미에 견우성의 검은 점이 붓으로 그린 듯해 보이고, 변성이 견고하고 높아서, 황하원상백운간黃河遠上白雲間이요 일편고성만인산一片孤城萬仞山이로다…….

여기까지 읽었을 때 모르는 사이에, 허허 이 자가 〈양주사〉를 다 아는구나 하는 소리가 입에서 배어 나왔다. 춘성이 뭔 소린가 하는 표정으로 쳐다보기에 손가락을 짚어 보이며 말했다.

── 여기 보거라. 황하는 아득히 흰구름 사이로 흐르고, 외로운 성 하나 만길 높은 산 위에 있다고 적지 않았느냐. 왕지환이라는 당나라 때 시인이 쓴 〈양주사〉라는 유명한 시인데, 기억했다가 옮겨 적은 모양이다.

── 스님, 글쎄 지금 그 시가 문제가 아니고…….

── 가만 있어봐라. 이왕 가져온 것이니 마저 보자꾸나.

…… 격格으로는 위태하게 성인불상聖人不相의 격을 이루었으니 수하에 많은 사람을 거느릴 수數와 88세의 장수할 격이 분명해 보인다. 왼쪽 귀 위 머리의 칼자국이 과거의 흔적을 보여주는데 27~8세 시대의 비애를 무언중에 말해 주고 있다. 천정天庭이 작은 원 모양이고 인당印堂이 평평하며 삼三자字의 문양이 있고 지각地閣이 작고 뾰족하니 불문의 공자이나 다소 공명심이 있음을 엿볼 수 있다. 그러

나 내가 판단하기에 아무리 힘써도 세상의 공명이 모다 뜬
구름일 것이다. 따라서 설혹 정계에 나서더라도 만해 씨
자신은 결코 성공치 못하리라. 그러나 그의 골격이 범상하
지 않은 만치 세상을 떠난 후에 명성이 클 것이다. 허나 풍
운을 타고 난 후가 아니면 그의 이름은 사후에 매몰되리
라. 그것은 만해 씨이 좌처坐處를 내가 점쳐본 바 있어서
하는 말이다. 서산대사의 후신이나 아닐는지도 모르지. 70
세 때에 인자한 명성이 멀리까지 들릴 격이다. 좀 더 쓸래
야 이젠 정말 허죽虛竹이 바늘 침을 주고 한잔 마셨던 것이
깨이고 해서 어쩐지 얼떨떨하고도 컬컬해서 정 못쓰겠
다……

　제법 맛깔이 있기는 했지만 점쟁이들의 습을 버리지 못
한 글이었다. 지나온 세월에 대한 얘기는 누구나 짐작할
만한 것을 적당히 버무렸고, 지금 보이는 모습은 인상비평
처럼 그냥 생각나는 대로 적었고, 닥쳐올 것은 확인할 수
없으니 하나마나한 얘기였다. 대강 살펴보고 춘성에게 잡
지를 툭 던져주며 말했다.

　──재미있게 잘 썼는데, 이게 뭐 어쨌다고 그러느냐?

　──승도지상 고한지상을 운운하고, 공명심이 있다느니
없다느니……

　──야 이눔아, 중한테 승도지상이 있다는 소리는 하나

마나한 얘기고, 고한지상이나 염불걸량도 같이 따라오는 게 당연한 것이지. 중의 팔자가 본래 외롭고 가난한 것이지, 그러면 떠들썩하고 신나는 것이라더냐. 부처님이 평생을 그렇게 사셨거늘, 그 제자를 자처하는 자가 등 따습고 배부르기를 바라겠느냐. 또 신문 잡지에 이름 석 자 오르내리는 사람한테, 너 공명심 있지 하는 소리는 누군들 못하겠느냐. 쓸데없는 데 신경 쓰지 마라. 말을 좇으면 말에 걸려 넘어진다.

공명심 어쩌고 하는 얘기를 들은 탓인지, 선학원에 더 머물러서는 안 되겠다는 생각이 들었다. 거처로 찾아오는 이들은 낯설고 거북했다. 그들은 대개 깊이 감명을 받았다고 하면서 말문을 열었는데, 그래서 어찌해줘야 할지 늘 어색했다. 어찌할 바를 몰라서 그냥 가만히 앉아 있다 보면, 손은 어느새 휴지조각 같은 것으로 노끈을 꼬거나 찢고 있었다. 그렇지 않으면 왼손으로 턱을 괴고 삐뚜름히 방바닥만 쳐다보았다.

그런 인정머리 없어 보이는 행태가 방문자를 거북하게 하고, 어서 돌아가기를 재촉하는 양 보이기도 했을 텐데도, 사람들의 발길은 끊어지지 않았다. 사람들이 다녀가고 나면 별 거 아니라는 마음 한편에 뿌듯해하는 마음도 있었다. 어디서 모임이 있다는 소식이 들리면 연락이 올 텐데

하고 미리 기다려지기도 했다. 사람들이 모인 자리에서는 호명되는 순서를 속으로 세기도 했다.

찾아오는 사람이 뜸해지면, 문 밖을 살피고 있는 자신을 발견하고 섬뜩했다. 민족대표 33인 가운데 한 사람이라는 사실은 또 다른 감옥이었다. 감옥소에 갇힌 3년은 남이 가둔 것이었지만, 언제부턴가 나도 모르는 사이에 스스로 공명심에 갇혀 있는 게 아닌가 하는 생각이 들었다.

오욕은 죄다 불민하여 억겁 윤회의 불씨가 되지만, 식욕이나 재물욕이야 측은할지언정 죄스러울 것까지는 없을지도 모른다. 또 본능이라 말하면 육신 가진 중생들끼리 대놓고 뭐라 하기도 어려운 욕망이다. 하지만 명예욕은 그 속내가 애매하고 희미하거나 들쑥날쑥했다. 그것은 괴기스러웠다.

그놈은 철저한 표정관리로 제 뒤에 숨겨놓은 속내를 위장했다. 또 살가운 목소리와 자비로운 표정으로 남을 눈멀게 하고 스스로 눈멀어 흉악한 몰골을 하고 있었다. 그 놈은 고상한 모습을 하고서 향 연기처럼 바닥에 낮게 깔리며 빈틈없이 엄습해 들어왔다.

이래서는 큰일 나겠구나 싶은 생각이 들 즈음에, 선학원에서 나왔다. 종로 사직동에 작은 방을 얻어 지냈다. 말라죽은 나무껍질처럼 메마르고 황폐해진 마음을 다시 꽁꽁

묶어 둘러맸다. 사직동 거처는 아는 사람이 적었고, 찾아오는 사람도 드물었다. 낮에는 주로 사직공원에 나가 있다가 해거름 무렵에 거처로 돌아왔다.

기행

사직동에서 한가하게 지낸 시간도 얼마 가지 못했다. 거처를 옮긴 1930년 그해 겨울에 사람들을 만나 하소연하느라 발바닥이 얼어 부르텄다. 조직이 커지자 신간회는 구성원들 간에 사상적 경향의 차이도 노골화되었다. 좌익계가 우익진영에 기선을 제압당하자, 이렇게 할 바에야 차라리 해체하자는 얘기까지 오가는 심각한 상황으로 이어졌다. 좌우익의 골은 깊었다. 딛고 있는 곳은 같았지만 바라보는 곳이 서로 달랐다.

대책 없이 해체할 일은 아니었다. 서로 간에 앙금을 가지고 갈라서고 나면, 다시 모이기는 더욱 요원할 것이었다. 정 함께 못하겠으면 계급과 노선의 차이를 서로 인정하고 잠시 개별적으로 활동하더라도 어떻게든 신간회는 유지되어야 한다고 설득했다. 하지만 오래 버티지 못했다.

조직은 사람이 만들었지만, 일단 만들어지고 나면 사람의 마음은 온데간데없었다.

1931년 5월 16일에 신간회는 결국 해산했다. 이념의 차이는 어쩌면 이해관계의 차이에 불과한 것인지도 모른다는 생각이 들었다. 권력은 하나이니 나눠 가질 수 없고, 어떤 한쪽이 사라지거나 양쪽 모두 손을 놓는 것밖에는 해결책이 없을 텐데, 사람들은 결국 조직을 해체함으로써 난감한 상황을 피해갔다. 끝난 잔치의 모닥불을 밀어뜨린 사람들의 그림자는 가난하고 을씨년스러웠다.

신간회가 해산된 후에 우연찮게 월간지 《불교》를 발간하는 불교사의 사장으로 취임했다. 세인들이 부르기 좋아 사장이었지, 다 쓰러져 가는 잡지사를 저질러놓고 보면 어떻게 되겠지 하는 심정으로 떠맡았다. 《불교》는 일제 치하 조선불교가 겪었던 질곡의 시간을 고스란히 담고 있는 잡지였다.

일제는 조선불교를 장악하기 위한 법적 근거로 1911년에 사찰령을 마련했는데, 일본에 유학한 젊은 승려들이 귀국하면서 그 문제점이 드러났다. 유학승들은 정교분립을 명분으로 사찰령 폐지를 요구했다. 이들의 목소리에 공감한 통도사, 범어사, 석왕사 등 3개 본사가 참여했다. 그리고 1922년 전국 사찰을 통할하는 기구인 중앙총무원을 발족시켰다.

　참여하지 않은 나머지 27개 본사는 기존 사찰령 체제 하에 그대로 남았다. 그리고 재단법인 중앙교무원이라는 별도의 중앙기구를 구성했다. 총무원과 교무원은 종로 수송동의 각황사 내에 별도로 사무실을 설치했다. 둘은 서로 조선불교의 정통성을 주장하며 몸싸움에 법정소송까지 벌였다. 결국 1924년에 총독부의 후원을 받은 교무원이 총무원을 흡수 통일하였다. 사찰령 30본산체제가 그대로 유지되었고, 아무런 실질적 권한도 없는 대표기구인 교무원만 남았다.

　총무원을 흡수한 그해 7월에 교무원에서는 기관지《불교》를 창간했다. 권상로를 발행인으로 했다.《불교》는 교무원의 직접 경영 하에 꾸준히 발간되었다. 그런데 1931년에 재정난을 이유로 교무원은《불교》를 출간하던 불교사를 교무원에서 독립시켰다. 교무원에서는 얼마간의 보조금만 지급하는 방식으로 경영체제 변화를 꾀했다.

　권상로는 독립채산제 운영방식을 수용할 수 없다고 버티다가 결국 자리를 비웠다. 그의 후임으로 제안을 받으면서, 한 가지 조건만 제시했다. 교무원이 편집권에 관여하지 않을 것을 요구했다. 그리고《불교》의 편집 방향을 대폭 수정했다. 교리를 선전하고 교계의 동정을 알리는 정도의 내용으로는 독자층에 한계가 있어 보였다.

편집 방향을 정교분리 주장, 불교개혁 방향 제시, 불교 행정 비판, 불교인들의 정신 진작에 맞췄다. 8월호에 당장 〈조선불교 청년동맹에 대하여〉라는 논설을 실었다. 불타 정신의 체험, 합리적 종정宗正의 확립, 대중불교의 실현을 3대 강령으로 삼아 새로 불교청년동맹이 결성되었음을 전했다. 그리고 청년들이 앞장서서 일반 승려들의 정신을 지도하고, 교정 당국자를 편달하며, 위정자의 각성을 일으켜 정교분립을 실현하는 것이 중요한 사명이라고 역설했다.

9월에는 〈정교를 분립하라〉는 글을 실었다. 정치는 국가라는 시공간적 제약과 한계를 갖는 인위적인 것이지만, 종교는 인류의 보편적 마음인 종교성에서 발로한 것으로 그 범위 자체가 본질적으로 다르다고 역설했다. 정치와 종교의 분립을 명시한 동서양 각국의 헌법조항도 총망라하여 보여주었다. 결론적으로 사찰령은 정교분립의 원칙을 위반한 것이며 각국의 헌법정신에도 배치되는 것이라 지적했다.

10월에는 〈불교 개신에 대하여〉와 〈조선불교 개혁안〉을 발표했다. 정교분립을 통해 조선불교의 자치주의를 확립하자고 먼저 주장했다. 그리고 불교계 통일단체 결성을 통한 불교의 사회화와 대중화를 역설했다. 총독부와 조선 불교계 양쪽 모두를 염두에 둔 주문이었다.

잡지사를 맡고 있는 동안, 이런저런 사람들이 오가면서 하는 온갖 얘기를 들었다. 대개 하나마나한 흰소리가 대부분이었지만, 가끔 귀담아들을 만한 얘기도 있었다. 전주 안심사에 한글 경판이 있다는 말도 그때 들었다. 책으로 인출된 한글 경전은 간간히 나타났지만, 경판 자체가 남아 있는 경우는 거의 없었다. 예사롭지 않은 소문이었다.

차일피일 미루다가 열일을 제쳐두고 길을 나섰다. 경성역에서 호남선 연산連山으로 가는 차표를 사 들고 전주로 향했다. 열차 안에서 피곤이 밀려와 잠깐 잠들었다 깨어보니 조치원역이었다. 아직 여유가 좀 있겠구나 싶어 다시 잠들었다. 열차가 좀 흔들린다 싶어, 어렴풋이 눈을 떠보니 추풍령이라고 쓴 간판이 보였다. 부리나케 짐을 챙겨 내렸다.

부끄럽고 창피하고 멋쩍고 괴로웠다. 철도규정에 어긋나는 분명한 잘못이라 여겼다. 과오를 시인하고 용서를 구할 요량으로 개찰구로 나갔다. 그리고 역무원에게 역장의 면회를 정중하게 요청했다. 개찰구 계원은 면회를 하려는 이유를 듣더니 심드렁하게 말했다.

── 그런 일은 역장에게 말하는 것이 아니오. 여기 서

있는 이 사람에게 하는 것이오.

—— 그러면 기왕지사 이렇게 된 거 벌금이라도 물겠소. 차표라도 다시 끊으리다.

계원은 큰 선심 쓴다는 표정을 지으며 귀찮다는 듯이 말했다.

—— 자다가 지나온 것이니 관계없소. 나가서 기다리다가 대전 가는 차가 오면 도로 타고 가시오.

개찰구 계원은 차표를 받고 내보내주었다. 역사에서 밤을 꼬박 새웠다. 다음 날 아침 6시경에 대전 가는 차가 도착했다. 계원은 차표 뒷면에 '잘못 탔음[誤乘]'이라고 쓰인 장방형의 도장을 찍고 차표를 돌려주었다. 거듭 창피하고 미안했다. 아무리 일시적 과오라 할지라도 존재를 인식하는 긍정률의 불충실한 행동이 아니라고 할 수 없었다. 9시 반에야 겨우 연산역에서 내렸다.

좌우로 총림이 우거진 안심사 마당에는 주지인 듯한 깡마른 노승이 보리 바슴에 여념이 없었다. 마당 한쪽에는 불두화가 피었다가 떨어진 흔적이 남아 있었고, 두어 줄기 접시꽃이 막 피고 있는 중이었다. 삭아 내린 서까래처럼 앉아 있던 늙은 주지는, 갑자기 찾아온 객을 낯설고 부담스러워했다.

경판은 법당 안 후미진 뒤쪽 마룻바닥 위에 되는 대로

쌓여 있었다. 경판에 세 번 절했다. 뒤적여보니 한글 경판 뿐만 아니라 다른 경판도 있었다. 원래 판전에 봉안돼 있었는데, 판전이 없어진 뒤로 불단 뒤편 마루 밑에 적치해 두었던 것을 얼마전에 마루 위로 옮겨놓았다고 했다.

손이 모자라 마을사람 서넛을 불러와 경판을 정리했다. 손이 경판에 닿을 때마다 서운하기도 하고 서럽기도 했다. 한 판 한 판 정리할 때마다 혹여 빠진 것이라도 있으면 어찌하나 싶어 마음을 놓을 수 없었다. 어느 정도 정리된 것을 헤아려보니 얼추 2천 판에 이르렀다.

경판 정리는 다음날까지 이어졌다. 한두 사람이 더 힘을 보태고 난 다음에 해거름께나 겨우 마칠 수 있었다. 한글 경판은 불경 하나에 두 판 이상 결판인 경우가 없었다. 전체 650여 판에 일곱 판 반만 결판이 있었다. 완벽히 보존되었다고 봐도 무방할 정도였다. 경판을 모두 정리한 후에 법당을 나오다가 다시 되돌아봤다. 가슴 한쪽에서 치밀어오르는 어떤 뜨거운 기운이 두 눈에서 흘러나왔다.

다음날 비가 개이지 않았지만 산문을 나섰다. 경판을 품고 있는 법당을 향해 세 번 절했다. 빗줄기는 굵지 않았지만 오래 내리고 깊이 젖었다. 비 때문에 자동차가 끊겨 연산역까지 걸어서 내려갔다. 상경하는 열차 속에서 생각이 많았다.

…… 조선 전역을 통틀어 한글 경판이라고는 몇 개의 경판만, 그것도 여기저기 흩어져 남아 있는 월인천강곡밖에 없는데……, 지금 엄청난 경판을 찾아내긴 했는데, 안심사는 폐허나 다름없는 절이고, 주지 한 사람이 근근이 연명하고 있는 상황이라 국보급 한글 경판을 관리하기는 지난한 일일 텐데…….

상경하자마자 안심사의 한글 경판을 찾게 되기까지의 경위를 소상히 알리는 글을 《불교》에 실었다. 그리고 경판 보존에 필요한 경비를 안심사에 보조하든지, 경판을 수호할 만한 다른 사찰로 옮기든지, 아니면 경성에 판각을 신축하거나 매입해서 경판을 옮겨오는 것이 좋겠다고 사람들에게 호소하고 다녔다.

안심사를 다녀온 지 한 해 가량 지났을 때쯤에 해인사를 찾아갔다. 한글 경판 때문이었을까, 안심사에 다녀온 이후로 팔만대장경이 봉안돼 있는 해인사를 한번도 참배하지 못한 것이 마음에 걸렸다. 가는 길에 통도사와 범어사에도 들러 오래 만나지 못한 지인들도 만날 볼 참이었다. 소풍 날짜를 잡아놓은 아이처럼 들떴다.

1932년 8월 1일 오후 9시에 경성역에서 부산행 열차를 탔다. 기차에서 눈을 붙였다. 물금역에 도착하니 다음날 아침 7시 반경이었다. 양산읍내에서 간단히 아침공양을 하고 통도사로 들어갔다. 주지 김설암이 놀란 얼굴로 손을 내밀었다.

종무소에는 객인 듯한 신여성 한 사람이 찾아와 있었다. 동경에 유학중이며, 이름은 강유녀라고 했다. 잡지《금강저》발간을 앞두고 여러 절을 돌아다니며 취재 중이라고 했다. 이런저런 얘기를 나누는 동안 비가 내렸다. 가뭄이 질겼는데 다행이라며 다들 좋아했다. 저녁공양을 마칠 때까지도 비는 계속 쏟아졌다.

객실에 앉아 있으니 김설암이 들어와서는 호탕하게 웃으며 말했다.

―― 허허, 만해께서 오시니 비도 옵니다 그려. 용이 출근하니 비가 아니 오겠습니까. 누가 종무소 칠판에다가 인용승운 입팔취산人龍乘雲 入八鷲山이라 써놓았기에 참 이상타 싶었는데……, 선사께서 좀 더 일찍 오셨더라면 벌써 비가 왔을 텐데 그랬습니다.

김설암과 늦도록 묵은 얘기를 나누다가 잠을 청했다. 빗소리가 밤을 적셨다. 오랜만에 깊이 잠들었다.

3일 오후 2시경에 통도사 산문을 나왔다. 주지와 김경봉 화상이 10리나 되는 신평까지 함께 걸었다. 차로 동래 팔송정에 도착해서 오황월 화상의 사저에 잠시 들렀다가 범어사로 갔다. 주지는 출타 중이었고 오이산 화상만 있었다.

범어사에서 하룻밤을 묵었다. 다음날 범어사청년동맹에서 요청하여 강원에서 한 시간 가량 강연했다. 하룻밤을 더 묵고 다음날 오전 8시에 범어사를 나왔다. 팔송정에서 강유녀 씨와 헤어졌다. 진주 옥천사로 간다고 했다.

동래온천에 들렀다가 정오쯤에 해운대에 도착했다. 온천은 조선인 손에 있을 때는 별로 알려지지 않았다가 일본인이 인수한 후에 제법 시설을 갖추었다. 그리고 황정조라는 단체가 사들여 더욱 개발 중이었다. 온천은 공중욕탕과 특설 풀로 나누어 놓았는데, 욕탕은 설비가 조악했고 풀은 비교적 좋았다.

해수욕장에는 약 10여 호 정도의 캠프촌이 있을 뿐 설비는 따로 없었다. 비가 오는 중이라 해수욕은 하지 못하고, 근처를 둘러봤다. 여관에 들어와 잠시 누웠는데, 오후 다섯 시경에 경관 두 사람이 들이닥쳤다. 몇 가지 묻더니만 짐꾸러미까지 샅샅이 수색했다. 행장이라고 해봐야 옷 몇 가지와 조그마한 가방 하나가 전부였지만, 보고 있자니 심사가 뒤틀렸다. 형사가 돌아간 후 애꿎은 여관주인에게 따지듯 물었다.

—— 신분조사야 여행 중에 다반사요만 행장까지 뒤지는 건 좀 과한 듯싶소. 이곳 순사들은 늘 이러는 것이오?

소리 나게 부채질을 해대던 여관 주인이 부채로 탁자 위에 앉은 파리를 내리치며 대답했다.

——어이구 늘 이래 싸면 우째 장사를 하겠오. 오늘만 그런기라요. 총독이 동경 갔다 돌아오는 길에 해운대에 들른다 안카요.

그날 밤에는 빗소리와 객수가 뒤섞여 깊이 잠들지 못했다. 다음날 아침 비가 개었다. 아홉시 반쯤에 부산역으로 향했다. 차창 밖으로 긴 소매의 도포에 의관을 정제한 서너 사람이 유유자적하게 활보하는 것이 보였다. 무릉도원의 행인 같았다. 부산역에서 기차에 올라 대구역에 도착한 후 다시 해인사로 가는 차를 탔다. 길 옆 논에서 부녀자 서넛이 모를 심고 있었다. 손놀림이 바빴다.

해인사 동구인 홍류동에서 뜻밖에도 주지 허능산을 만났다. 어깨를 나란히 하고 가랑비를 맞으며 걸었다. 홍류동 입구 오른편 석벽에 최고운의 시 구절이 새겨져 있었다. 왼편 시내 건너에는 농산정이 있고 '고운 최선생 축세지'라고 새긴 돌비도 서 있었다. 옥류정에 이르니 몇 사람이 나와 기다리고 있었다.

다음날 아침 공양을 마치고 대적광전을 참배했다. 조선 초기의 일영의日影儀와 단원 김홍도의 화조병풍이 눈에 들어왔다. 화폭에 낙관은 없었지만, 유명한 화가들이 단원의 그림으로 감정했다고 동행한 사람이 설명했다. 참배를 마치고 판전版殿으로 향했다. 한눈에 봐도 모양보다는 쓰임새에 치중해서 지은 건물이었다. 전체가 상하 2개동으로 나뉘고 동마다 서른 칸으로 구성되어 있었다.

경판을 만지는 순간 서먹했다. 오랜 세월 동안 사육된 말들이 비척거리며 걸어나오는 것만 같았다. 경판은 자작나무 재질이었다. 길이가 대략 2자 5치 5분이고, 넓이가 8치, 두께가 1치 4분이었다. 자체字體는 방형의 5.6분이요, 양면으로 해서 한 면에 23행을 배열하고 한 행에 14자를 넣었다. 양단에 마구리목을 가하고 금속제 장식으로 판과 마구리목을 연결했다. 판의 정면에는 옻칠을 해서 부패를 막았다. 판각하기 전에 원목을 바닷물에 담가 썩지 않도록 했다고 들었다.

판전을 참배하고 나서 잠시 쉬었다. 간단한 다과가 나왔다. 차 맛이 감미롭고 낯설었다. 석다石茶라고 부르는 사람도 있었고, 돌배즙이라고 하는 이도 있었다. 가을에 돌배를 따두었다가 즙을 내어 그릇에 넣고 공기가 통하지 않도록 밀폐해두면, 몇 년을 두어도 그 맛이 변하지 않는다고 했다. 오후 1시반경에 대적광전에서 좌담 형식으로 설법했다. 그날은 해인사에서 잤다. 호롱불 불빛이 어둠을 발갛게 익히며 가야산은 깊이 잠들었다.

우당

1932년 11월 7일 오후 3시, 경성에서는 잡지 발행과 관련된 중요한 행사가 있었다. 한글표기법을 어떻게 할 것인지를 두고 동아일보사 3층 회의실에서 토론회가 열렸다. 조선어학회와 조선어학연구회에서 각각 세 사람씩 나와 맞붙었다.

일제는 한일병합 초기부터 조선말의 맞춤법통일안을 주도면밀하게 진행해나갔었다. 1912년 4월에 총독부 학무국은 보통학교용 언문철자법을 펴내면서 'ㆍ' 글자를 폐지했다. 하지만 글과 말은 쉬 달라지지 않았고 지지부진했다. 창간 당시부터 한글전용을 원칙으로 정한 《독립신문》이 그나마 총독부의 어문정책에 부합했다. 1920년대 들어 맞춤법통일안은 겨우 탄력을 받았다. 《동아일보》에서 'ㆍ' 글자가 사라졌고, 이듬해에는 《조선일보》에서도 보이지 않았다.

조선어연구회는 1921년이 저물어갈 무렵에 주시경의 문하생들이 모여 창립한 모임이었다. 주시경은 독립협회 활동에 참여했고 《독립신문》의 교정원으로 일했었다. 그의 문하생들은 1926년에 훈민정음 반포 480주년을 맞아 제1회 기념식을 갖고 그날을 '가갸날'로 정했었다.

'가갸날……' '가갸날……' 하고 말하면 혀끝에서 물결이 솟는 것 같았다. 글씨로 옮기면 붓 아래에서 꽃이 피어나는 것 같았다. 그 속에서 향기로운 목숨이 살아 움직이고, 그 속에 낯익은 사랑의 실마리가 풀리면서 감겨 있는 듯싶었다. 그때, 너무 감격해서 《동아일보》에 축하 시 한 편을 적어 보냈었다.

조선어연구회는 후에 조선어학회로 이름을 고쳤다. 또 주시경의 뜻에 따라 한자를 배제하고 한글을 전용하자고 주장했다. 가로쓰기와 풀어쓰기도 조심스럽게 개진했다. 조선어학회의 어문론에 반기를 들고 나선 사람이 박승빈이었다.

박승빈은 철원 사람이었다. 구한말 왕실 관비유학생으로 일본에 유학한 후 귀국하여 검사생활을 했다. 그는 대한제국의 독립성을 우리말 법전에서 확보하려 했다. 하지만 표기법이 통일되어 있지 않아 법전 편찬이 어렵게 되자, 국어 연구에 뛰어들었다. 언어는 민족의 유전물이니 훈민정음에 입각한 표기법을 원칙으로 해야 한다고 그는 생각했다. 그리고 1931년 12월에 조선어학연구회를 발족시켰다.

주시경과 박승빈의 서로 다른 생각이 조선어학회와 조선어학연구회를 통해 1932년 11월에 마침내 맞붙은 것이었다. 두 주장은 다급히 쟁점화되었다. 조선어학회 대표자들은 글자를 표기의 기준으로 삼아야 한다고 목소리를 높였다. 조선어학연구회에서는 입소리가 기준이 되어야 한다고 맞섰다.

어문정책을 총괄하고 있던 총독부 학무국에서는 조선어학회에 힘을 실어 주었다. 박승빈은 7년 동안 맡아왔던 보성전문학교를 인촌 김성수에게 넘기면서, 《동아일보》에서는 자신이 정한 표기법대로 써주기를 부탁했다.

입에서 나온 말은 저마다 자족했지만, 말이 글자로 옮겨지는 것은 또 다른 문제였다. 글자로 옮기는 법을 정하고 나면 마침내 말도 가지런해지는 것인지 알 수 없었다. 글자로 옮겨진 말들이 갑자기 낯설어졌다. 말해진 것과 글로 쓰인 것 사이에서 오래 막막했다.

말을 글로 옮기는 방법을 두고 논쟁이 벌어진 바로 그 달에 우당 이회영이 숨졌다는 소식이 조선 땅에 전해졌다.

1932년 11월 21일자《중앙일보》는 지면 한가운데에 '대련 大連 수상서水上署 유치 중 괴怪! 액사縊死한 노인'이라고 크 게 제목을 뽑았다.

배에서 내리자 경찰에 잡혀서 취조 중 유치장 창살에 목 매어 죽은 이상한 노인이 있다고 보도했다. 그리고 'ㅇㅇ 운동의 중대인물'이라는 말을 덧붙였다. 그 오른쪽에는 별 도의 기사로, 'ㅇㅇ운동의 이면지도자 서거설을 전하는' 이라는 제하에 우당의 이력을 소상히 적었다. 검열 과정에 서 삭제되었을 '독립'이라는 두 글자가 ㅇㅇ 속에서 밀려 나왔다. 죽은 노인이 우당임을 짐작할 수 있었다.

다음날《동아일보》에서는 우당이 대련경찰서에서 취조 중에 향년 66세로 사망했다고 보도했다. 그리고 24일자《중 앙일보》에서는, '우당 이 노인의 서거로 판명'이라는 제하 에, 그동안 억측 구구하던 이회영 씨 서거설이 사실로 판명 되었으며 유해는 화장까지 했다고 상세하게 보도했다.

…… 우당 이회영 노인의 서거설에 대하여 여러 가지로 풍설이 구구하던 터인데 23일 아침 신경新京에 있는 그의 따님 규숙 씨로부터 서울에 있는 그의 자당과 오빠 되는 규룡 씨에게 확실한 부음을 전해왔다 한다…… 누차 경찰 의 취조를 당하면서도 노장한 기개로 한마디 진술과 답변 이 없었으며 사상적으로 불굴 침착한 점에는 취조하는 계

원들도 놀랐는데…… 지난 17일 아침 다섯 시경에 이르러 그가 감금되었던 제2감방 속에서 3천 여의 노끈으로 자액自縊하였다는 바, 이 급보를 들은 중국 검찰관은 향취香取의 의사를 대동하고 동일 아침 9시 반경에 실지 검진을 마치고 시역소市役所로 넘기어 가매장한 후 신경에 있는 그의 따님 규숙 씨에게 이 사실을 통지하였던바, 이 비보를 들은 규숙 씨는 19일 대련에 이르러 그 유해를 다시 화장하여 유골을 신경으로 가져왔다 하며 씨의 유족으로는 서울에 있는 이규룡 씨만 23일 밤 11시 경성역발 열차로 신경에 향할 터이라 한다……

　신문의 같은 면에는 윤봉길에 관련된 기사도 나란히 실려 있었다. 그는 상해 홍커우 공원에서 열린 일본 천황의 생일기념식장에 폭탄을 투척하고 현장에서 체포 투옥되었었다. 허가가 떨어지면 5일내에 사형이 집행될 예정이라고 신문은 전했다. 육군에서 총살 집행하기는 이번이 세 번째이고 대판위수형무소로서는 창설 후 최초의 집행이 될 것이라고 덧붙였다. 윤봉길은 후회하는 기색이 전혀 없이 묵묵히 태연자약하며 식사도 대단히 잘하였다고 기자는 본 듯이 적었다.

　윤봉길의 의거를 두고 말들이 분분했다. 이승만은, 참으로 어리석은 짓이며 일본의 선전 내용만 강화시켜줄 뿐 한국의 독립을 가져다주지 못할 것이라고 말했다. 사회주의자 박헌영은 참으로 통쾌한 기분이라고 하면서도, 개인적인 테러는 군중의 조직적이고 대중적인 투쟁에 장해가 되며, 비조직적이고 개인적인 투쟁의 환상을 심어 결과적으로는 적에게 유리한 무기가 되고 말 것이라고 했다. 스물다섯 살 난 청년의 죽음은 말 속에서 짓이겨지고 구겨졌다.

우당의 유해는 장춘에서 옮겨져 28일 오전 5시 50분경에 장단역에 도착했다. 경성역에서는 권동진과 신석우 등 28명이 유해를 맞아들이고 영결식을 가졌다. 창자를 긋는 듯한 곡성이 영결식장에 낭자했다고 신문은 전했다. 유해는 개풍군 중면 송산리 선산에 선처先妻와 합장되었다.

우당의 지난 족적에는 멀리 서해바다가 출렁거렸다. 그의 뿌리는 노론의 등살에 사문난적으로 낙인 찍혀 실각한 소론이 은둔했던 궁벽한 바다, 강화도에 닿아 있었다. 한양에서 밀려난 이들은 주자학의 모양새를 하고, 양명학의 기운을 뿜었다. 그들의 꿈은 한양 땅에 있던 유림의 그것과는 달랐을 것이다.

숙종에서 경종에 이르는 시기에 당쟁이 극렬했다. 환국換局이라는 이름을 내걸고 정치는 승자독식으로 운영되었다. 당파 싸움에서 승리한 쪽은 실각한 쪽이 차지하고 있던 관직을 모조리 독점했다. 서슬 푸른 당색을 옅어지게 하려고 인위적인 균형을 꾀한 탕평책이 없지 않았지만, 당색은 해소되지 않고 숨겨져서 다른 모양으로 드러났다.

속내가 서로 다른 사람들을 억지로 모아놓으니, 민감한 사안에 대해 서로 두루뭉술하고 모나지 않게 말했다. 우스갯소리로 삼켜버리거나 우물쭈물 넘겨버리기 다반사였다. 대청에는 실없는 웃음만 가득했고, 자신의 이익을 도모하기 위해 정사政事를 다루었으며, 진정으로 나라를 걱정하며 공무를 받드는 사람은 적었다. 재상이 우유부단하면 중용을 지킨다고 추켜세웠고, 삼사三司가 말하지 않으면 신중하고 고상하다고 칭송했다. 청렴하고 검소하려는 하급 관리들은 세상 물정 모른다고 웃음거리가 되었다.

명분 뒤에 속내를 숨길 줄 알았던 노론에 비해서, 소론은 제 안에서 우러나오는 몸과 마음의 사실성에 절박했다. 그네들은 아마도 기소불욕물시어인己所不欲勿施於人이나 혈구지도絜矩之道의 어디쯤에 자신들의 교두보를 확보하고 있었을 텐데, 그곳은 가깝고 절실해서 도리어 나약했을 것이다. 그래서 맞서서 부딪치기보다는 차라리 견디고 감당해내는 쪽을 편안하게 여겨 실각을 자초했는지도 모른다.

섬으로 밀려난 자들은 스스로 유폐되어 자존하고 차단되어 뒤섞이지 않는 길을 택했다. 외세가 밀려들면서 도성에서 먼 해안에서부터 왕조의 그림자는 희미해졌다. 강화도에서 숙성된 학문은 반도의 곳곳으로 실핏줄처럼 뻗어나갔고 멀리 만주에까지 닿았다. 강화도에서 자란 나무의 가지 끝에 우당과 단재 그리고 위당 정인보가 홍시처럼 달려 있었다.

조선의 양명학인 강화학은 위당의 글을 통해 그 속내를 드러냈다. 그는 1933년 9월 8일부터 12월 17일까지 모두 66회에 걸쳐서 〈양명학연론〉이라는 글을 《동아일보》 지면에 연재했다. 그는 《전습록》에 있는 얘기를 가져와 양명학의 지행합일이 가리키는 곳을 보여주려고 애썼다.

수제자 서애徐愛가 왕양명에게 물었다.

…… 사람들이 부모에게 효도하고 형제 간에 우애 있어야 하는 것이 마땅한 줄을 알면서도 그렇게 하지 못하는데, 이는 아는 것과 행하는 것이 별도의 문제라는 뜻이 아니겠습니까?

양명이 대답했다.

…… 그것은 사욕이 아는 것과 행하는 것을 서로 가로막아 그런 것이다. 지와 행의 본체가 그런 것은 아니다. 알고서도 행하지 않는 자는 없나니, 알고도 행하지 아니한다면 오직 모를 따름이다. 아름다운 것을 보는 것은 앎에 속하는 것이요, 아름다운 것을 좋아함은 행에 속하는 것이다.

아름다운 것을 보면 이미 좋아하게 되나니, 보고 난 뒤에 따로 마음을 내어 좋아하는 것이 아니다……

한양의 주자학자들이 손익損益과 권도權道를 빙자하여 시세에 편승하고 있을 때, 강화도에 뿌리를 박은 이들은 왕조의 변방을 낮은 포복으로 기어 넘으며 배우고 익힌 것을 몸으로 갈아냈다. 말과 글은 책 속에서 일목요연한 것이지만, 읽고 배우는 자들의 가슴속에서 다시 개별적으로 흩어져 끝내 다를 것이었다.

왕조가 주저앉았을 때, 강화도를 마음의 거점으로 삼았던 이들은 국경을 넘었다. 우당의 일가 여섯 형제도 6천 석에 이르는 가산을 모두 정리하고 서간도로 떠났다. 그는 조직화된 부조리의 더러운 건더기를 튀겨내는 기름 냄새를 맡을 줄 아는 사람이었다. 게다가 가까운 곳에서부터 그것들을 기꺼이 솎아낼 수 있는 사람이었다.

우당의 일가 60여 명의 식솔들은 마차 열 대에 재산을 나눠 싣고 압록강을 건너 두 달 만에 유하현 추가가 지방에 닿았다. 그는 전 재산을 내던져서 그곳에 이주민 공동체인 경학사와 신흥강습소를 설립했다. 함께 모인 이주민들은 황무지를 개간하고 젊은 사람들을 교육하는 데 힘을 쏟았다. 그들이 맞서내야 할 적은 가깝거나 혹은 멀었는데, 추위와 배고픔이 가까웠고 일본은 멀었다.

생전의 우당은 마치 죽음을 이미 맞이해본 사람처럼 고요했다. 그가 겨냥한 좌표는 일본으로 뚜렷해지는 듯싶다가도, 희미해서 잘 파악되지 않았다. 그의 적개심은 마치 적개심을 위한 적개심인 듯이 보여서 일단 깨부수고 보자는 심산인 듯도 했다.

사람들은 우당과 함께 하는 이들을 아나키스트나 열혈단이라고 불렀는데, 그들의 속내를 들여다보면 하나같이 너무 여리고 착해서 모기 한 마리 잡는 데도 망설일 것 같은 인사들이었던지라, 그들이 사람을 향해 육혈포를 겨누고 방아쇠를 당기는 데 주저하지 않았다는 사실은 도저히 상상되지 않아서, 듣고도 아니 들은 듯싶고 보아도 아니 본 듯싶었다.

우당과 함께하는 이들의 적개심이 어디를 겨냥하고 있는지는 뚜렷하지 않았지만, 매로써 다스려지는 세상, 매질 아래서 살아내야 하는 사람들이 있는 한, 그 적개심은 끝내 사그라지지는 않을 것처럼 보였다.

우당이 세상을 떠났다는 소식을 접하던 날 저녁, 자다가 놀라서 깬 듯해, 어리떨떨하며 아무것도 종잡을 수가 없었는데, 그런 느낌은 점차 외로움으로 바뀌었다. 마음과 몸이 김장철 배추처럼 절여져 잠을 못 이루고 마당을 어슬렁거렸다. 하늘은 싸늘하게 푸르고, 바람이 진눈깨비를 쥐어다 뿌렸다. 병든 낙엽이 바람을 따라 구르다가 구석진 담벼락 귀퉁이에 처박혔다. 얇게 쌓인 눈을 쓸다가 이내 비질을 그만두고 바짓자락에 묻은 눈을 툴툴 털어냈다. 비질 자국이 선명한 마당은 너무 많은 손들이 훑고다녀서 다시 뿌릴 씨앗조차 남겨놓지 않은 농토처럼 가난해 보였다.

단재

잡지사의 경영수지는 쉬 나아지지 않았다. 중앙종무기관에서는 다시 재정난을 문제삼아 불과 1년 만에 불교사의 경영권을 회수해갔다. 재정 문제를 이유로 잡지사를 떼어내더니, 다시 재정 문제를 근거로 경영권을 회수하겠다는 말은 납득되지 않았다.

교무원 측 관계자가 재정 문제를 얘기하면서 설핏《불교》의 편집 방향에 대한 말을 꺼냈다. 더 길게 들을 필요가 없다는 것을 알았다. 《불교》는 1933년 7월, 통권 108호를 끝으로 휴간했다. 불교사 사장에서도 물러났다.

내친 김에 성 밖 마을인 북장골에 북향으로 집을 지어 이사했다. 김적음이 초당을 지으려고 사두었던 땅 쉰 두 평을 선뜻 내주었다. 이제 재혼도 하고 했으니 셋방에서 구질구질하게 좀 그러고 살지 말라고 덧붙였다. 소식을 들은 조선일보사 사장 방응모 등 몇몇 사람들이 도움을 줘서, 땅을 좀 더 사넣어 정면 네 칸에 측면 두 칸의 장방형으로 지었다. 심우장尋牛莊이라고 이름도 붙였다. 오세창이 글씨를 써서 현판을 만들어왔다.

제법 넓은 마당에 화단을 만들고 나무와 꽃을 옮겨다 심었다. 방안에는 서화 병풍을 두르고 벽에는 관제의 묵화를 여러 폭 걸었다. 남쪽으로 난 창문 위에는 '무애자재無碍自在'라고 쓴 석정의 명필액을 걸었다. 방 한쪽 구석에는 책꽂이를 두어 가까이 보는 고서와 문예서적 몇 권을 세워 꽂았고, 그 옆으로 수선화 화분 두 개를 나란히 놓았다.

동소문에서 전차를 내려 보성고보普成高普를 옆으로 쳐다보면서, 옛 성지의 돌부리를 걷어차며 고개 하나를 넘으면, 길 옆으로 제법 널찍한 솔밭이 나온다. 성 밑을 따라 돌아 개울 돌다리를 건너면 성북포도원이 바로 옆으로 보인다. 마치 산골 같은 오솔길을 이리저리 굽이돌며 걸어가면 여자들이 빨래하는 개천이 두세 가닥 흐르고, 한 번 더 돌아 돌다리를 지나고 나무다리를 하나 건너면 산이 앞을 가로 막는다. 그 밑으로 외로 난 오솔길을 따라 산중턱에 미치면 심우장에 닿을 수 있었다.

재혼한 아내는 10살 가량 적었다. 충남 보령 사람이라고 했다. 결혼 전에 아내는 돈암동에 있는 진성당의원進誠堂醫

院에서 간호부로 일했다. 원장은 정자영이라는 사람이었는데, 아내의 절친한 친구였다. 사람들은 두 사람을 두고 에스자매라고 불렀다. 동경여의전을 졸업한 정자영은 조선인 여의사로 꽤 알려져 있었고, 활동 폭이 넓었다. 재단법인 여자의학전문학교 설립준비위원으로 활동했고, 창립기성회에서 이사로 선출되었다. 또 신간회의 외곽 지원단체 성격을 갖는 여성조직인 근우회의 경성지회 집행위원이기도 했다.

진성당의원에서는 산부인과를 주로 진료했지만, 아픈 사람들은 의원이면 다 똑같은 의원이라고 생각해서 가리지 않고 찾아갔다. 어느 해 4월에는 개에게 엉덩이를 물린 6살 아이가 입원치료를 받았다. 또 와룡동의 한 노인이 한밤중에 연습비행을 하는 비행기를 구경하다가 요란한 폭음과 함께 하늘에서 떨어진 어떤 물건에 윗입술을 다쳐 치료를 받은 일도 있었다. 비행기가 떨어뜨린 포탄에 맞았다는 사람도 있었고, 비행기 소리가 요란한 틈을 타서 누군가 던진 돌에 맞았다는 사람도 있었다.

정자영의 늙은 어미는 선학원의 독실한 신도였다. 선학원 주지로 있던 김적음에게 우연히 노처녀 간호부인 아내를 소개했고, 적음이 앞장서서 재혼을 주선했다. 처음 만나던 날, 아내는《님의 침묵》을 읽어봤다고 말했는데, 어떻게 말을 받아야 할지 막연해서 아무 대꾸도 하지 못했다.

재혼한 아내는 간호부 일을 그만두고 재봉틀로 삯바느질을 해서 살림을 꾸려나갔다. 돈이나 양식에 관한 얘기를 입 밖에 내는 일이 없었다. 새벽마다 놋대야에 세숫물을 떠놓고 아침밥을 준비했다. 간간이 찾아오는 객들을 생각해서 집에 술이 떨어지지 않게 담가두는 것도 잊지 않았다. 아내와 아이 그렇게 셋이서 모두 한 방에 잤는데, 방 한구석에서는 늘 술독이 익었다.

아내는 새벽마다 장독대에 정화수를 떠놓고 빌었다. 여인네들은 본래 늘 빌고 또 비는 게 숙명인 존재들처럼 보였다. 어린 시절 고향의 어미가 밤낮 없이 빌더니, 열네 살에 초혼한 아내도 빌었고, 재혼한 아내도 새벽같이 빌었다. 어떤 특별한 날이나 간절히 기원해야 할 일이 있을 때만 비는 게 아니었다. 밥 먹고 잠자는 일처럼 여인네들은 무작정 빌었는데, 그 기원과 염원의 대상은 특정되어 있지 않아 늘 희미했다.

북장골의 겨울은 전에 없이 추웠다. 마당 화단에 심어놓은 화초가 뿌리째 얼어 죽었다. 어항 속 금붕어까지 한 마리씩 죽어나갔다. 저녁 바람은 눈 위에서 시린 발을 구르다가 가지 끝에 올라앉아 울었고, 눈 쌓인 나뭇가지는 혼백이 걸린 것처럼 시려했다. 추위에 어깨가 자꾸 움츠러

들더니 목 뒷덜미에 통증이 심해서 일찍 자리에 누웠다.

설핏 잠들었는가 싶었는데, 문 밖에서 마차 소리가 들렸다. 누가 찾아왔나 싶어 방문을 열었다. 대문 밖에 하얀 말 두 필이 끄는 꽃마차가 서 있었다.

…… 뉘시오.

목소리는 나오지 않았다. 다시 힘을 주었지만 가슴만 뻐근해질 뿐 소리는 입 밖으로 새어나오지 않았다. 그렇게 버둥대고 있는데 중국인 복색을 한 신사 한 사람이 마차에서 내리더니 손을 흔들었다. 그 사람은 하얀 햇빛을 등지고 서 있어서 형체만 겨우 분간되었지만, 누군지 금방 알아볼 수 있었다.

……아니, 언제 귀국을…….

반가운 마음에 소리치며 일어나려는데 몸이 말을 듣지 않았다. 목소리도 가슴 깊은 곳에서 웅웅거릴 뿐 터져나오지 않았다. 답답해서 가슴과 목 언저리를 마구 더듬는데, 누군가 흔들어 깨우는 소리가 들렸다. 온몸이 땀에 흥건히 젖어 있었다. 꿈이 예사롭지 않아 다시 잠들지 못하고 새벽까지 뒤척였다.

1936년 2월 19일자 신문 2면 정중앙에 단재의 사진이 크게 실렸다. 그가 뇌일혈로 의식불명 상태라고 여순감옥의 형무소장이 그의 가족들에게 전보를 보내왔고, 가족들이 그날로 형무소로 출발한다는 소식이 실렸다. 형기를 1년 앞두고 돌연한 소식에 태산같이 믿은 일도 그만이라고 신문에는 적혀 있었다.

　재소자가 웬만큼 몸이 상해서는 거들떠보지도 않는 형무소에서 전보를 보냈다면, 이미 일이 터진 것이라 짐작했다. 보던 신문을 던져버리고 밖으로 나갔다. 마루에 걸터앉아 눈 쌓인 마당만 우두커니 바라봤다. 말라비틀어진 소나무 가지가 밤사이 내린 눈의 무게를 견디지 못하고 부러져 있었다.

　한일병합 즈음에 중국으로 떠났던 단재의 소식은 십 년 전쯤인 1928년 7월 20일에 《동아일보》를 통해 보았다. 2면 정중앙에 '국제 위체僞替 사건으로 법정에 선 신채호'라는 큰 글씨로 그의 소식이 기사화되었을 때만 해도 걱정은 됐지만 대수롭지 않게 여겼다.

　그 사건은 별다른 소식 없이 해를 넘겼고, 다음 해 2월에 좀 더 자세한 내용이 2면의 네 단을 털어서 기사화되었다. 기사의 내용은, 무정부주의연맹에 대한 두 번째 공판이 대련에서 있었는데, 동방 각국의 대표들이 망라된 조직으로 국제적으로 이채를 발하는 사건이라고 전했다. 신문에는 판사와 단재의 심문내용도 실려 있었다.

　사건이 확대되어가는 느낌이 들었지만, 단재에 관한 내

용은 더 보도되지 못했다. 《동아일보》는 일장기말소사건으로 그해 9월 5일부로 정간되었다. 단재의 소식은 사사롭게 띄엄띄엄 들을 수 있을 뿐이었다. 들리는 얘기로는 10년형을 선고받았다고 했다. 도대체 어떻게 된 일인지 알기 어려우니 답답하기만 했다. 그리고 그 후로 별다른 소식을 듣지 못한 채 얼추 10년을 보내고 말았다.

뇌일혈로 의식불명 상태라는 신문기사를 본 지 나흘 후, 단재가 옥사했다는 소식이 다시 실렸다. 파란 많던 57세를 일기로 세상을 떠났다고 적혀 있었다. 유해의 귀환 소식은 25일자 신문에 짤막하게 보도되었다. 그의 죽음은 신문 속에서 수많은 죽음 가운데 하나가 되어 있었다.

단재의 소식을 전한 기사의 오른쪽에는 큼지막하게 현대판 로빈슨 부부 얘기가 특파원 보도로 실렸다. 일본의 운무도라는 섬에 어부 부부가 갇혀, 결사의 구조선이 애도에서 출항했는데 엿새가 지나도록 소식이 끊겼다고 했다. 부부의 이름은 문창학과 박월녀인데, 경비기가 순찰해본 결과 섬에서 올라오던 연기가 끊긴 지가 일주일이 넘었으므로 식량이 이미 바닥난 듯하고, 구조선도 얼음에 갇혀 오도 가도 못하는 것 같다고 보도했다.

같은 면에는 또 기아를 맡게 된 지게꾼 얘기도 실려 있었다. 경성역에서 지게품 일을 하는 안종이라는 사람은,

위아래 검정 옷을 입은 40세 가량의 남자로부터 5전을 받고 3살쯤 되는 계집아이를 경성역까지 안아다달라는 부탁을 받았는데, 변소에 갔다 오다던 사내가 영 나타나지 않아 신고했다는 기사였다. 기사의 첫머리에는, '돈 5전만 쓰면 감쪽같이 성공할 수 있는 기발적인 기아법!'이라고 적혀 있었다. 또 간도間島 공산당 18명이 사형 판결을 받았다는 내용도 크게 실렸다.

지면 위에 나란히 놓인 죽음들은 이미 지나갔거나 지금 진행되고 있거나 앞으로 닥쳐올 것들이었는데, 죽음들은 저마다 곤혹스럽고 절박하여 개별적이면서도 가지런했다. 신문의 맨 아래쪽에는 잘 발라지고 절대로 안 벗겨진다는 연지 광고가 실렸다.

며칠이 지난 후 신백우가 상경했다. 단재를 떠올리며 그는 몇 마디 하지도 못하고 엎어져 울기만 했다. 활처럼 숙여진 등짝은 마치 소리를 저장하고 있는 커다란 공명통처럼 보였다. 울음은 몸속에서 진동했고 떨리면서 밖으로 밀려나왔다. 어깨를 두어 번 쓰다듬었다. 손등이 문득 낯설게 느껴졌다. 푸르스름하게 솟아 뒤엉켜 있는 핏줄이 마치 먼 여행길처럼 느껴졌다. 신백우에게서 단재의 죽음과 관련된 얘기를 좀 더 소상히 들을 수 있었다.

지난 2월 18일에 단재의 가족들이 살고 있던 인사동 122번지 초가집 단칸방에 여순형무소장으로부터 전보가 도착했다.

······ '신채호 뇌일혈, 의식불명, 생명위독'

전보를 받고 가족들은 망연자실했다. 종로경찰서 형사 두 사람은 동태를 살피고 갔다. 단재의 처는 아들을 데리고 수표동에 살고 있던 전 조선일보사 사장 신석우와 상의했다. 그는 각 신문사에 전화로 전보 내용을 알렸다.

서세충은 미망인과 큰아들을 데리고 떠나기로 하고 총독부 경무국에 양해를 구했다. 그들은 19일 오후 3시경에 서울역을 떠났다. 형사 두 사람이 미행하는 것을 본 서세충이 참다못해, 대일본이라고 자처하는 네놈들이 쥐 한 마리가 두려워서 따라다니느냐고 고함쳤다. 서씨의 서徐와 쥐의 서鼠를 미루어 짐작하지 못한 형사들이 담배를 꺼내 피워 물며 딴청을 피웠다.

20일 한밤중에 여순역에 내렸지만 밤이 늦어 면회를 거절당했다. 가족들은 불기 없는 이층 다다미방 여인숙에서 웅크리고 앉아 밤을 새웠다. 21일 아침에 급히 감옥소를 다시 찾았지만, 오후 2시가 넘어서야 겨우 병실인지 감방인지 모를 어떤 독방으로 안내되었다. 화기 없는 시멘트 바닥에 다다미 몇 장을 깔고 얇은 홑이불이 펼쳐진 위에 단재는 죽었는지 살았는지 고요히 누워 있었다. 단재의 처는 부복하여 오열할 뿐 소리 내어 울지 못했다. 곡성을 내면 즉시 축출한다는 조건부 면회였기 때문이다.

22일 아침은 늦게까지 어두웠다. 외출했던 서세충이 무거운 얼굴로 여인숙으로 돌아온 지 얼마 지나지 않아, 여자의 곡소리가 들렸다. 가족들은 마차를 몰아 형무소에 도착했으나, 사망 후 24시간이 경과하기 전에는 시신의 인도는 관두고 염殮조차 불가하다는 얘기만 들었다. 23일에 겨우 화장했다. 유품 가운데 판결문이 섞여 있었다.

유해는 오동나무 함에 넣어져 귀국 열차에 올랐다. 봉천에서 열차를 갈아타고 안동현역에서 통관 검열을 받았다. 신의주를 지나 정주역에 이르렀을 때, 헌병이 다가오더니 유골을 싼 책보를 풀라고 했다. 서세충과 미망인이, 돌아가신 분을 욕보이려 하느냐고 울부짖으며 막아섰지만, 헌병들은 유골함을 열고 그 속을 뒤적이고 휘저었다.

24일 오후 3시경에 경성역에 닿았다. 플랫폼에는 많은 인사들이 검은 옷을 입고 서 있었다. 한 사람이 장지는 청주로 정해졌으며, 낭성면 관정리에 있는 신백우의 집으로 가라고 말을 전했다. 조치원역에 내려 신백우의 집에 유해가 도착하자 다급히 장례가 준비되었다. 하지만 호적이 없었던 단재의 유해는 매장허가가 나지 않았다. 종친 가운데

면장직에 있던 사람이 손을 써서 암장했다. 암장을 주선한 면장은 당국에 몇 차례 호출당하더니 결국 파면되었다.

소상히 전하며, 신백우는 주인 없는 무덤 같아서 자꾸 마음이 쓰인다고 울먹였다. 작은 비석이라도 하나 세우자는 말로 위로했다. 오세창이 묘비에 새길 글씨를 쓰기로 했다. 서둘러 비문을 썼지만, 감시가 심하고 선뜻 맡으려는 사람이 없어 돌에 새기지 못했다. '단재신채호지묘丹齋申采浩之墓'라는 일곱 글자만 새겨 몰래 운반했다. 어둡고 땅이 풀리지 않아 깊게 파지 못하고 겨우 세웠다.

묘소는 한눈에 봐도 다급히 구한 자리였다. 백호가 감싸지 못하고 등졌고, 내룡의 맥이 묘소로 입맥하지 못하고 빠져나갔다. 안산조차 등을 져서 자리가 편안치 않을 듯싶었다. 무덤 위 흙을 손바닥으로 쓸어 훑았다. 한때 땀을 돋아냈던 인간이 누워 있음에도 무덤에는 체온이 없었다. 가슴속에서 꿍얼대는 어떤 소리가 머뭇거리며 일어났다. 누구 찾는 사람이라도 있는 듯이 주위를 둘러보았다. 단재가 어린 시절 서당에서 책거리를 한 기념으로 심었다는 모과나무 한 그루가 멀찍이서 묘소를 지켜보고 있었다.

비석을 심고 내려오는 길에 골바람이 매섭게 불었다. 바람에 맞서며 눈을 씻었다. 바람이 잦아들라치면, 불어오는 쪽을 찾아 고개를 돌렸다. 눈이 바람에 씻기면서 눈가의 짓무른 자국까지 씻기기를 바랐다.

비석을 심은 날 밤, 미망인은 곡하듯 말했다.

──지난 2월 18일 아침이었지요……. 아이들을 밥해 먹여서 학교에 보내려고 하는데, 전보 한 장이 왔습니다. 기가 막힙디다……. 무엇이라 하리까. 어쨌든 그분이 위급하다 하니 세상이 캄캄했지만 그저 앉아 있을 수가 있어야지요. 어떻게 되든 간에 수범이를 데리고, 그날로 바로 떠났습니다. 여순형무소에 닿았을 때……, 그분은 벌써 의식이 없었습니다. 15년이나 그리던 아내와 자식이 곁에 온 줄도 모르고, 몸은 푸르뎅뎅하게 성난 시멘트 방바닥에 …… 꼼짝도 못하고 누워 있었지요…….

── 힘들게 말씀하지 않으셔도 됩니다.

들으라고 하는 말이 아니었다. 말이 입에서 그냥 새어나오는 것처럼 보였다. 미망인은 어중간한 표정을 하고 한기속에서 밤을 혼자서 지켜내고 있는 것 같았다. 제 귀에만 들리는 어떤 소리를 좇아가서는 영 다시 돌아오지 않을 것 같은 모습으로 주섬주섬 계속 말을 이었다.

──나와 수범이는, 울지도 못하고……, 목이 멘 채로 곧 여관을 나와서 하룻밤을 앉아서 새우고, 그 이튿날 아홉시가 되기를 기다려 다시 형무소에 갔습니다. 그런데 시간이 없다고 면회를 거절당했지요. 물론 비참한 광경을 우리에

게 보이지 않으려는 관리들의 고마운 생각을 모르는 것은 아니나, 세상을 아주 떠나려는……, 그분의 임종을, 보지 못하는 모자의 마음이 어떠했겠습니까…….

얘기를 들으면서 마지막으로 보았던 단재의 모습이 떠올랐다. 1927년 신간회 발기인으로 참가했을 때였다. 주의主義를 넘어서 보겠다며 좌우익이 결집하여 만든 신간회는 그 주의의 벽 앞에서 끝내 좌절했다. 단재는, 석가가 들어오면 조선의 석가가 되지 않고 석가의 조선이 되며, 공자가 들어오면 조선의 공자가 되지 않고 공자의 조선이 되며, 주의가 들어와도 조선의 주의가 되지 않고 주의의 조선이 되려 한다고 한탄했다. 그리고 도덕과 주의를 위하는 조선은 있고 조선을 위하는 도덕과 주의는 없다고 통탄했다. 이것이 조선의 특색이냐, 특색이라면 특색이겠으나 노예의 특색이다, 나는 조선의 도덕과 조선의 주의를 위해 곡하려 한다고 소리 높였지만, 그의 말은 사람들에게 가닿지 않았다.

역사가 곧 독립운동이고, 역사가 사람을 자유롭게 할 것이라고 그는 말했었다. 역사는 아我와 비아非我의 투쟁이 시간부터 발전하며 공간부터 확대하는 심적 활동상태의 기록이라고도 했다. 그에게 역사는 땅 속에 묻혀 있는 것도 지난 가을의 국화꽃 같은 것도 아니었던 모양이다. 그가 말하는 역사에는 생것의 냄새가 났다.

　단재는 그해 9월에 무정부주의동방연맹에 참석하기 위해 중국으로 다시 떠났고, 그 후로 영 만나지 못했었다. 그의 묘비를 심던 날, 가까운 능선의 주름에서 늑대가 짖었다. 밤 짐승의 울음과 낙엽 구르는 소리, 나뭇가지 부러지는 소리가 바람에 뒤섞어 밀려왔다. 적진에 혼자 낙오한 병사처럼 견디기 어려운 저녁이었다. 단재의 차가운 얼굴이 꿈속으로 자맥질해 들어왔다.

흑풍

재혼하면서 마련한 심우장에 칩거한 지 1년여 만에 딸아이가 태어났다. 나이 쉰여섯 늘그막에 얻은 자식은 가깝고도 멀었다. 여자아이의 삶이 어떤 것일지 경험되지 않아 짐작할 수 없었다. 박복한 세상에서, 변변치 못한 애비를 둔 아이가 가여워 살갑게 대하지 못했다.

그즈음에 조선일보사에 있던 홍명희와 이광수가 소설 연재를 제안해왔다. 웬 뜬금없는 소리인가 싶었다. 방응모 사장이 원고료를 미리 지급해줬을 때도, 그저 저세상 떠난 어미와 같은 온양 방씨 집안사람이라 호의를 베풀어준 정도로 여겼었다. 한참 후에나 빈한한 살림살이를 알고 아이가 제 밥그릇을 챙겨 태어난 것이라는 생각이 들었다.

살아있는 것들은 살아있는 동안에 어떻게든 살아내야 한다는 사실은, 치졸하지만 가납할 수밖에 없는 정언명이었다. 칸트는 그 가운데 기독교적 소명을 담고 싶었는지 모르지만, 살아 있는 것들이 먹어야 살 수 있다는 사실은 배우지 않아도 알 수 있는 것이었다.

《조선일보》에 〈흑풍〉 연재를 시작하던 날, 신문사에서는 소설의 앞부분에 장문의 글을 실었다.

…… 금번 만해 한용운 선생이 본보를 위하여 〈흑풍〉이란 장편소설을 집필하시게 되었습니다. 4월 8일부터 본보 제4면(학예면)에 연재될 터로 날마다 여러분의 환영을 받으리라 믿습니다. 선생은 우리 사회에 있어 가장 존경을 받은 선진자의 한 분이요, 또 가장 널리 명성을 울리는 선배의 한 분입니다. 선생의 인격에 이르러서는 여러분이 잘 아시는 터로 구구한 소개가 도리어 화사첨족畵蛇添足을 이루지 않을까 합니다…… 옛사람이 말하기를 어떠한 작품에든지 그 작자의 인격이 반영되어 있다고 합니다. 《님의 침묵》에도 고결한 중 열정이 넘치는 선생의 인격으로 가득 차 있지만 더구나 이 〈흑풍〉에는 한 구절 한 구절이 모두 다 그러한 선생의 인격으로부터 우러나온 것이올시다. 선생의 소설은 다른 소설과 유가 다릅니다. 좀 더 다른 의미로 읽어주시기를 바랍니다……

신문사의 설명은 작가로서 모자란 소양을 행적으로 만회하려고 애쓴 듯 했다. 전문작가가 아닌 사람의 소설을 연재하는 일이 난처하고 부담스러웠을 것이었다. 작가의 인사말도 몇 자 적어 보내달라고 하기에, 미안한 마음을 담았다.

　…… 나는 소설 쓸 소질이 있는 사람도 아니요, 또 나는 소설가가 되고 싶어 애쓰는 사람도 아니올시다. 왜 그러면 소설을 쓰느냐고 반박하실지는 모르나 지금 이 자리에서 그 동기까지를 설명하려고는 않습니다. 하여튼 나의 이 소설에는 문장이 유창한 것도 아니요, 이외에라도 다른 무슨 특장이 있는 것도 아닙니다. 오직 나로서 평소부터 여러분에 대하여 한번 알리었으면 하던 그것을 알리게 된 데 지나지 않습니다…… 변변치 못한 글을 드리는 것은 미안하오나 이 기회에 여러분과 친하게 되는 것은 한없이 즐거운 일입니다. 많은 결점과 단처를 모두 다 눌러보시고 글속에 숨은 나의 마음씨까지를 읽어주신다면 그 이상의 다행이 없겠습니다…….

　〈흑풍〉을 연재하며 1935년 4월부터 이듬해 2월까지 한 해 동안 먹고 살 수 있었다. 소설 쓰는 일은 편안했다. 하고 싶은 말은 등장인물이 대신해주었고, 검열도 까다롭지 않았다. 문제의 소지가 있어도, 그냥 소설이고 소설은 대개 그러니 그냥 그런 줄로 알아주면 좋겠다고 무마하면 별 탈이 없었다.

1936년 초봄에 《삼천리》 잡지사 기자라고 자신을 소개한 사람이 외투를 벗어들고 앞머리를 쓸어올리며 정오께에 심우장을 찾아왔다. 맥 풀린 두 다리를 엉거주춤 세우고 허리를 반쯤 굽힌 채 숨을 몰아쉬며 안부를 물었다. 기자는, 이제 완연한 봄입니다 하면서 따가운 봄볕이 내리쬐는 하늘과 산으로 둘러싸인 사방을 반쯤 감은 눈으로 휘둘러보았다.

연신 손부채질을 하는 그에게 찬물 한 그릇을 건네니 단숨에 들이켰다. 그는 《삼천리》 잡지에 '당대처사를 찾아'를 연재하고 있는데, 나를 두 번째로 인터뷰하게 되었다고 했다. 그러면서 과월호 잡지를 꺼내 보여주었다. 4월호였다. 홍명희를 인터뷰한 내용이 실려 있었다. 앞부분에 기자의 감회를 적어 놓은 글이 있어 얼른 훑어보았다.

…… 대인大人은 은어시隱於市라는 옛사람의 말과 같이, 이 어른 역시 한적한 전원의 자연 속을 택하지 않으시고 은어시 하심을 볼 때, 또한 대인임에는 틀림이 없으려니 생각하면서 나는 저절로 고개를 두어 번 끄덕이며 미소를 빙그레 띠어보았다. 한동안까지는 반도사회의 문화선文化線 위에서 지극히 무거운 짐을 지시고 동분서주 다단한 세파 속에서 지내시던 이 어른이, 왜 이 근자에서는 이다지도 시정에 있으면서 세사를 다만 바라만 보시는 처사의 생

활을 하시는지? 이런 궁금한 생각도 일편 가지면서, 동막 하리東幕下里로 늘 계시다는 댁을 찾았었다…….

출처와 어구가 분명치 않은 옛말을 그럴 듯하게 이어붙인 재간에서 기자의 솜씨가 느껴졌다. 대인大人이 아니라 대은大隱이라 해야 할 것이었다. 그조차도 옳다고는 할 수 없으니, 당대의 시인 백거이白居易는, 소은은 초야에 숨고, 중은은 시정에 숨고, 대은은 조정에 숨는다小隱隱于野 中隱隱于市 大隱隱于朝라고 했다.

기자의 감회는 벽초의 방에 들어서면서 본 광경으로 이어졌다.

…… 서화병풍 쭉 두른 속에 은은하게 정좌하신 이 어른의 윤기 도는 넓은 이마에는 50평생의 허다한 세사를 세세히 경륜하신 거룩하신 어른임을 먼저 말하고 있는 듯하다. 한편 벽에 오세창 씨의 글씨가 두 쪽으로 걸려 있고 책상 위에는 거무죽죽한 고서들이 가득 쌓여 있다. 그런가 하면 또 그 옆에는 〈빨작크〉의 소설 전집이 나란히 놓여 있음을 볼 수 있었다…….

기자의 감회를 읽어내려가면서 벽초의 얼굴이 떠올랐다. 벽초는 입만 열면, 칠 천 승려를 다 합해도 만해 한 사람을 당하지 못한다, 만해 한 사람을 아는 것이 다른 사람 만 명을 아는 것보다 낫다고 말해서, 사람을 곤혹스럽게 하곤 했다. 그가 면전에서 그렇게 말할 때면, 자네의《임꺽정》은 연재기간의 연장으로는 세계 최고의 기록일지도 모른다고 되받곤 했다. 터놓을 술친구가 몇 없었는데 벽초는 그중에 한 사람이었다.

벽초에 대한 기억이 떠올라 빙긋이 웃고 있는데, 물 한 대접을 얻어 마시고 마루에 걸터앉은 채로 기자가 물었다.

── 선생은 최근 문예서적을 많이 보십니까?

반 취조하는 듯한 기자들의 말투에는 이미 익숙해진 터라 별로 개의치 않았지만, 편해지기 어려운 말투였다. 짧게 대답했다.

── 예, 그렇다고 하겠지요. 그 방면의 글을 쓰고 있는 관계로 자연히 좀 보게 되지요.

──불교에 관한 서적은 요사이도 많이 보십니까?

── 이제 나이가 들어서 그런지 책을 보아야 통 기억에 남는 것 같지 않아서 별로 읽지 않아요.

──금후에도 소설이나 시가를 자주 쓰시겠습니까?

── 네, 아마 그렇게 되겠지요. 기회가 닿으면야……

──이렇듯 외로이 불당佛堂 같은 댁에 조용히 늘 계시니, 적적하시고 답답한 때가 간혹 있지 않으신가요?

── 허허! 내게는 고적 침울이라는 것이 통 없어요. 한 달 잡고 내내 늘 조용히 앉아 있어도 심심치가 않아요. 혹은 글

을 쓴다든가 책을 보는 이외에, 간혹 이렇게 손님이 찾아오거나 하면 바둑이나 뛰고, 그 밖에 틈만 있으면 정좌하고 속념에서 물러나 참선하는 것이 가장 중요한 일과니까요.

——참선은 꼭 시간을 정하시고 하시지 않으십니까?

——그렇지도 않아요. 조용한 틈이면 언제든지, 몇 십 분이고 몇 시간이고 하게 되지요. 그러나 아침 일찍 세수한 다음과 저녁밥이 지난 뒤 잠자리에 들어가기 전에는 매일같이 꼭 참선하지요.

——한 달 잡고 성城 안으로 시정의 먼지는 몇 번이나 보게 되십니까?

——그야 종잡을 수 없지요. 내가 시정에 특별한 일을 가지고 있지 않으니, 간혹 아는 사람 찾을 일이나 있으면 들어가니까요. 한 달에 많으면 서너 번 적으면 한두 번도 되지요.

—— 취미는 어떤 데다 붙이셨는지요? 이렇게 조용한 곳에 계시니 하루에 한두 번씩은 이 산 저 산 골짜기 새소리 물소리만 들리는 사이를 소요하시지 않습니까?

—— 요사이는 날씨가 추워서 밖으로 나가서 산보 같은 것은 못합니다. 이제 차츰 따뜻해오면 하루에 한 번쯤은 이리저리로 돌아다니기도 하겠지마는, 그중 취미로 일삼는 것은 꽃나무를 저 뜰에다 심어놓고 아침저녁 물 주고

그 생생한 잎사귀와 꽃송이들이 자라는 모습을 바라보는 게 가장 즐겁고 재미난 일이지요. 그 밖에는 아무것도 아는 것조차 없으니까요.

——선생이 불도를 닦으신 지 몇 해가 되시는지요?

——스물 셋에 이 길로 들어섰으니 벌써 삼십 년이 훨씬 지나 사십 년을 바라보게 되었지요.

—— 선생은 이렇게 은어시 하시면서 세상일은 어떻게 보십니까? 전날에는 신간회에도 관계를 하시고 우리 사회의 여러 방면으로 많이 힘을 쓰셨는데, 지금은 어떻게 세사世事를 대하시는지요?

—— 허허, 내야 대은이 되어 이런 곳에 있게 된 것도 아니고, 어찌어찌 하다 보니 그리 된 것이지요. 이제는 나이도 예순 고개에 이르렀으니, 마음은 그렇지 않지만 기력이 쇠잔해지니 어찌하겠오. 이런 곳에 꾹 박혀 있는 나이가 되었으니, 혹시 세상에서 나를 두고 세상일을 영영 잊으려는 사람으로 생각할지도 모르지마는, 비록 몸은 그렇지 못해서 마음까지 세상사를 잊어버릴 수야 있겠나요. 허나 내 일찍부터 삭발위승으로 입산수도하여 일생을 막으려는 몸이니, 조용한 이런 처소를 택해서 심우장을 꾸며놓고 무애자재 하는 이 생활에서 무엇을 탓하며 무슨 불안을 느끼겠소. 또 누가 그르다 말하겠어요.

──선생께서는 아들 딸 많이 낳아 한 자리에 모아 놓고, 큰 놈의 효도 받고 어린 놈 재롱 받아가면서 지내는 동양의 가족제도를 어찌 보십니까? 선생께서도 그러한 생활이 때로 생각되지 않으세요?

── 허허, 부부동거하면 아들 딸 낳는 것은 정한 이치겠고, 그리되면 그런 생활을 하겠지마는 가족제도나 별거생활에 모두 일장일단이 있겠지요.

──선생께서는 시나 소설을 쓰시는데, 예술에 대해서는 어떻게 생각하십니까?

── 예술이란 인생의 사치품이지요. 오락물이라고 밖에는 안 봐요. 요즘 와서는 예술을 이지理智 방면으로 끌어가며 해석하려는 사람들도 있지만, 감정을 토대로 한 예술이 이지에 사로잡히는 날이면, 그것은 벌써 예술성을 잊는 겁니다. 또 근자에 이르러 예술이 너무 감정의 극단으로 흐르는데 인간을 비겁하고 유약하게 하지 않을까 우려스럽기까지 하지요…….

기자와 얘기를 나눈 오후 내내 심우장 주위에는 사람 발자국 소리나 어린 아이 우는 소리조차도 들려오지 않았다. 해가 서편 산허리로 기울어질 즈음에, 건너편 골짜기 외진 암자에서 밀려온 범종 소리가 마당에 낮게 깔렸다.

폐간

심우장으로 이사 온 뒤로 찾아오는 이의 발길도 뚝 끊겼다. 올라오는 비탈길이 힘겨워서 그럴 수도 있겠지만, 내내 혼자 살다가 아내와 어린 딸까지 생겼으니 방문이 조심스럽기도 할 것이었다. 인적이 뜸한 심우장이지만 그래도 그나마 양식이 끊어지지 않았던 것은 건봉사 주지 금암 덕택이었다.

금암의 속명은 이교재였다. 그는 과묵했다. 군 복무 중에 군대해산으로 의병에 가담했다가 그 길로 출가했다. 고향인 황해도 금천에서 서당 훈장을 하던 그의 아비는 의병이 왜경을 살해한 사건에 연루되어 고문 끝에 숨졌다. 시신은 가족들에게 인도되지 않았다.

이교재는 구월산에서 함께 의병활동을 하던 사람의 권유로 건봉사에 은신했다. 당시 건봉사에는 의병장 박영발이 은신하여 사복생활을 하고 있었다. 그는 고성군 현내면 마차진의 쑥고개전투에서 일본의 원산수비대와 사흘간의 치열한 전투 끝에 다리에 관통상을 입고 피신해 있었다. 그는 건봉사 머슴방에 숨어 살면서 아홉 살 난 손자를 데려와 키우고 있었다. 이교재에게 건봉사로 은신하도록 권한 사람이 바로 박영발의 아들이었다.

이교재는 금암으로 개명하고 주지로 있던 만화화상의 제자가 되었다. 화상이 입적하며 제자들에게 법답을 적지 않게 남겼다. 금암은 법답의 소작료로 매년 쌀 40말을 받았는데, 그것을 현금으로 바꾸어 심우장으로 보내주었다. 윤참의라는 사람은 양양과 고성에서 100두 이상 받는 논을 사서 절에 바쳤는데, 그것도 팔아 심우장으로 보내주었다. 금암이 보내준 돈은 독립운동 조직의 운영자금으로 소요되었다.

기자가 다녀간 지 달포나 지났을까, 그해 늦가을에 금암이 건봉사에서 쫓겨났다. 건봉사에서 설립한 봉명학교도 폐교되었다. 학교에서 조선어를 가르치고 초파일 제등행렬에서 만세를 불렀다는 게 이유였다. 그는 왜경에 구금 연행되기를 반복하다가 결국 환속을 강요받고 승적을 박탈당했다. 금암이 절을 떠난 후로 심우장의 살림살이는 더 말라갔다. 건봉사와 심우장을 오가며 남몰래 심부름을 해주던 박영발의 손자 준영이의 발길도 뜸해졌다.

〈흑풍〉 연재가 끝날 무렵에 《조선중앙일보》에서 연재소설을 제안해왔다. 내심 다행이다 싶었다. 《조선중앙일보》는 곡절이 많은 일간지였다. 붓끝에 거침이 없고 나서기를 꺼려하지 않는 인사였던 최남선이 1924년 3월의 마지막 날에 《시대일보》를 창간하더니, 2년 만에 재정상황이 어려워지자, 이상협이 판권을 넘겨받아 《중외일보》로 개칭하여 다시 창간했다. 이상협은 가장 값싸고 가장 좋은 신문을 발간하겠다고 호언장담하며 《동아일보》, 《조선일보》와 경쟁하다가 1930년 10월에 휴간했다.

1년 여가 지난 후에 《중외일보》는 제호를 《중앙일보》로 바꿔 발행되기 시작했지만, 불과 5개월 만에 밀린 급료 문제로 노사가 대립하다가 다시 휴간했다. 그러던 와중에, 서대문형무소에서 막 출소한 몽양 여운형이 새로 사장으로 취임하면서 1933년 3월 7일부터 제호를 《조선중앙일보》로 고쳐 속간했다. 《조선중앙일보》는 잡지까지 발행하며 급성장했고 얼마 지나지 않아 《동아일보》, 《조선일보》 등과 함께 신문시장을 삼분하고 있었다.

《조선중앙일보》에는 〈후회〉를 연재했다. 사직공원에서 우연찮게 목격했던 아편쟁이 부부에 대한 기억을 더듬어 소설로 옮겼다. 딸아이가 세 살 되던 해였다.

소설 연재를 시작한 그해 여름 다 늦은 저녁에 몽양이 심우장으로 찾아왔다. 털썩 주저앉은 그는 길게 한숨을 내쉬면서 입을 열었다.

——선생님, 《동아》가 걸렸습니다.

——뜬금없이 무슨 소리요. 검열에 걸렸단 얘기요? 조선 땅에서 발행되는 신문이 검열에 걸린 게 어디 하루 이틀 일도 아니고, 그걸 가지고 천하의 몽양께서 뭘 한숨씩이나…….

——선생님, 검열에 걸린 정도가 아닙니다. 이번에는 기사를 정정하는 정도로 가볍게 끝나지 않을 것 같습니다. 사진기자를 비롯해서 줄줄이 엮여 들어갔습니다. 일단 정간되었는데 폐간까지 거론되고 있는 모양입니다.

——폐간이라 하셨소? 무슨 사달이 나긴 단단히 난 모양이구만. 그래 무슨 일 때문에…….

——얼마 전 올림픽에서 손기정군이 금메달을 따냈지 않습니까. 시상식 사진을 신문에 실으면서 손군의 운동복 가슴팍에 그려져 있던 히노마루를…….

——이것 보시오, 몽양!

——죄송합니다, 선생님. 하여튼 일장기를 지웠다고 해서 일본군 20사단 사령부와 총독부가 발칵 뒤집힌 모양입니다.

——그래《동아》에서는 어찌 하고 있답디까?

——사주인 인촌이 히노마루를 말소…….

——아니, 그래도 이 사람이.

—— 죄송합니다. 워낙 입에 붙어놔서……. 인촌이 일장기 말소한 것을 두고 철부지 기자들의 몰지각한 소행을 막지 못했다고 경영진을 야단쳤답니다. 송진우 사장은 직원들을 모아놓고 성냥개비로 고루거각을 태워버리는 불장난질을 했다고 꾸짖었다고 합니다. 그리고 지금 사장이 총독부로 부랴부랴 들어가 몇몇 기자들이 회사 경영진 모르게 한 일이라고 통사정을 하고 있는 모양입니다만…….

——《동아》가 없어지든가 더 굽힐 수밖에 없겠구먼. 근데, 손군 사진은《조선중앙》에서도 싣지 않았소.《조선중앙》에까지 불똥이 튄 게요?

——《동아》측에서 조사를 받는 와중에 왜 우리만 가지고 그러냐고 했던 모양입니다. 벌써 우리 신문사에도 소환장이 날아들었습니다. 아무래도 자체 폐간이라도 해야 할 모양입니다.

——《조선중앙》에서도 일장기를 지웠던 것이오?

——뭐 딱히 지웠다기보다……. 저도 일이 터지기 전까지는 사실 몰랐습니다. 일이 터지고 나서 은밀히 물어보니……. 우리 회사에 체육부 담당하는 유 기자라고 있습니

다. 손군과 같은 학교 나온 선배 되는 기자입니다. 그 유
기자도 마라톤 선수 출신으로 손군과도 아주 절친했다고
들었습니다. 그이가 사진에 손을 좀 대긴 댄 모양입니다.
그런데 전송된 사진이 처음부터 워낙 희미했고, 아시다시
피 우리 신문사 윤전기가 《동아》 것에 비해 많이 못하다 보
니 인쇄 품질이나 종이 질도 그렇고 해서……. 사실 우리
신문에 실린 사진으로는 손군 얼굴도 겨우 알아볼 정도였
던 터라 총독부에서도 그러려니 했던 모양입니다.

　　── …….

　　── 신문도 신문이지만 선생님 소설 때문에 면목이 없
습니다.

　　몽양은 자신이 부탁해서 연재하고 있던 소설 〈후회〉를
걱정했다.

　　── 신문이 폐간될지도 모르는 판국에 연재소설이 문제
겠소.

　　── 하지만, 선생님께서 애쓰시는 글인데…….

　　── 어쩌겠소. 그 소설의 운명이 거기까지밖에 안 되는
것인 게지. 여하튼 어련히 잘 알아서들 하시겠는가마는,
어느 신문이든 폐간되는 일은 없어야 할 터인데…….

　　그날 몽양은 만취해서 겨우 돌아갔다. 일장기말소사건
으로 《동아일보》 사진기자 이길용을 비롯해서 현진건, 최

승만, 서영호, 신낙균 등은 어떤 언론기관에도 종사하지 않겠다는 각서를 쓰고 연행된 지 40일 만에 출소했다. 사장과 부사장 그리고 주필은 회사를 떠났고, 사주는 주식을 모두 내놓아야 했다.

《동아일보》는 9월 5일부터 무기정간 처분을 받았고 《조선중앙일보》는 자체 정간했다. 정간 조치는 이듬해인 1937년에 해제되었다. 《동아일보》는 복간되었지만 《조선중앙일보》의 재정상황은 이미 재기불능 상태였다. 결국 그해 11월 5일 허가 효력이 상실되면서 《조선중앙일보》는 폐간되었다.

소설 연재가 중단되면서 살림살이는 더 쪼그라들었다. 간간이 찾아오는 이들이 몇 푼씩 쥐어주고 가기는 했지만, 생각지 않게 들어온 돈은 늘 예정에 없던 곳으로 빠져나갔다. 1938년 봄에, 《조선일보》에서 다시 소설 연재를 제안해왔다. 길게 생각하지 않고 수락했다. 딸아이는 다섯 살이었다.

연재소설을 고민하다가 2년 전에 끊겼던 〈후회〉를 다시 이어붙일까 생각해보기도 했다. 하지만 시절인연이 다 된 소설이었다. 운명이라는 게 있다면 사람뿐만 아니라 소설에게도 있을 것이었다. 중도에 끊긴 소설을 다시 이어붙이는 일은 마뜩지 않았다. 독자들의 기억에서도 사라졌을 테고, 신문사 측에서도 내켜 하지 않을 듯싶었다.

5월 18일자부터 《조선일보》에 연재하기로 했다. 소설 제목은 〈박명〉으로 정했다. 박명했던 소설 〈후회〉와 조선의 운명을 애도하고 싶었다. 매일 쓰는 분량은 일정치 않았다. 하루에 삼사회분이 연거푸 써지는 때도 있었고, 사나흘이 지나도록 통 안 써지는 때도 있었다. 대개 이른 아침 조반 전에 썼고 저녁 전에 또 썼는데, 상想이 잘 돌지 않고 붓대가 잡히지 않을 때는 쓰려는 생각을 아예 접어버리고 며칠이고 붓대를 잡지 않았다. 한 번 쓴 것은 반드시 세 번 이상은 읽어보고 나서야 보냈다.

회갑

1939년 여름에 회갑을 맞았다. 회갑연은 음력 7월 12일 동대문 밖 청량사에서 조촐히 마련되었다. 유발상좌 노릇을 하던 김관호가 심우장을 부지런히 드나들더니 기어코 회갑연 자리를 마련했다. 한때 사직동에서 8원짜리 사글세방에 살고 있을 때, 이십대 중반의 그가 불쑥 찾아왔었다.

—— 인생을 배우고 싶습니다.

그는 호기 좋게 입을 열었다. 서푼짜리 명성을 듣고 찾아오는 그렇고 그런 사람들 중의 하나라고 생각해서 싸늘하게 대답했었다.

—— 자네가 나를 어찌 알고······.

—— 위당 정인보 선생님께서 조선 청년은 누구든지 만해 한용운을 배우라고 하셨습니다.

—— 그것은 위당이 아는 만해일 것이고, 자네가 나를 어

찌 아느냐 말일세.

어쩔 줄 모르고 서 있는 김관호에게《정선강의채근담》을 던져주었다. 그리고 책을 다 읽은 다음에 다시 찾아오든지 말든지 하라며 호통치고 선채로 돌려보냈다. 그는 한 달이 못 되어 다시 찾아왔다. 이번에는《불교대전》을 건네주었다. 심우장으로 거처를 옮기고 난 후에도 그는 꾸준히 찾아왔다.

회갑연에는 가깝게 지내던 박광과 벽초 등 열대여섯 되는 사람들이 모였다. 자리가 얼추 마무리될 즈음에 벽초가 뭔가 서운하다는 표정을 짓더니 김관호 쪽을 쳐다보며 말했다.

──김군, 얼른 진고개에 가서 서첩을 하나 사오게.

청량사 마당에 나무 그늘이 길어질 때쯤 김관호는 돌아왔다. 수연첩壽宴帖이 마련되자 참석한 사람들이 돌아가며 묵적을 남겼다. 제일 연장자인 권동진이 먼저 '만卍' 자 한 글자를 굵직하게 그었다. 오세창은 '수자상壽者相' 세 글자를 전서체로 적었다. 이어서 안종원, 이병우, 이경희, 박광 등이 돌아가며 묵적을 남겼다. 벽초는 칠언율시를 적었다.

…… 황하의 탁한 물 날마다 도도히 흐르니黃河濁水日滔滔 / 천년을 기다려도 맑아지기 어렵네千載俟清難一遭 / 어찌 마니주 보석만이 근원을 비출 수 있으리오豈獨摩尼源可照 / 중

류에 지주산이 높이 솟아 있거늘中流砥柱屹然高.

　가장 나이 어린 김관호의 차례가 되었을 때, 그는 극구 사양하며 말했다.

　—— 어이구, 제가 어찌…….

　—— 어허 이 사람아, 그러면 자네는 이 자리에 없는 사람이 되는 것이야.

　벽초의 호통에 김관호는 겨우 붓을 들었다, 그리고 '산고수장山高水長' 넉 자를 썼다. 마지막으로 내 앞에 서첩이 펼쳐졌다. 칠언절구로 심경을 토로했다.

　…… 다급히 지나간 예순 한 해忽忽六十一年光 / 이를 두고 사람의 한살이라 부르는데云是人間小劫桑 / 세월 따라 흰 머리는 짧아졌어도歲月縱令白髮短 / 풍상도 이 붉은 마음은 어찌지 못했네 風霜無奈丹心長 / 들은 것이 적어도 범부가 아님을 이미 깨달았지만聽貧已覺換凡骨 / 제멋대로 하는 병에 걸린 사람들이 어찌 묘방을 알리요任病誰知得妙方 / 흐르는 물 같은 여생 그대여 묻지 마오流水餘生君莫問 / 숲속 매미소리만 지는 해를 쫓아가네蟬聲萬樹趁斜陽.

　청량사 회갑연은 어두워질 무렵에나 파했다. 심우장으로 돌아오는 발길이 무거워 몇 번이고 걸음을 멈췄다. 얼큰한 흥겨움의 한구석에 딱히 뭐라고 꼬집어 말할 수 없는 어떤 무주룩한 것이 발목을 잡았다. 산다는 일이 낯선 표정을 하고 송두리째 엄습해 들어오는 것 같았다.

회갑이 지난 얼마 후에 《조선일보》에서 《삼국지》를 번역해서 연재해보자는 제안이 들어왔다. 길게 생각하지 않고 받아들였다. 번역은 나무를 깎거나 촛대를 닦는 일과 같아서 늙어 녹슨 시간을 보내기에 제격이었다.

신문사의 폐간 사태로 《삼국지》를 번역하는 일도 손을 놓고 있을 때쯤 만공화상이 찾아왔다. 늦더위가 가시지 않은 저녁나절에 심우장으로 찾아온 그는 앉기 바쁘게 다그쳤다.

── 지난번에 맡겨둔 원고를 책으로 내야겠네. 어째 다 살펴보셨는가?

뭔 소린가 하는 표정으로 멀뚱히 바라보고 있는데, 만공은 들고 온 종이뭉치를 들이밀며 말을 이었다.

──이것도 함께 보태서 살펴봐주시게나.

── 사람하고는……. 아, 자초지종을 차근차근 말해야 알아듣지 않겠는가.

──아, 몇 해 전에 부탁했던 우리 스님 경허선사 유문遺文이 기억나지 않는가?

칠 년 전 불교사 사장으로 잠시 있을 때, 갑자기 나타난 그는, 대뜸 낡은 종이가 가득한 보따리를 풀어놓으며 책으로 만들어달라고 했었다. 한동안 살펴보는 중에 출간을 잠시 보류해달라는 연락이 다시 와서 그냥 벽장 깊숙이 넣어 두었던 기억이 났다.

벽장 속을 한참 뒤져 원고를 찾아 들고 나오면서 고함을 질렀다.

──사람하고는……. 아무리 억겁의 세월을 순간으로 여기는 불제자라고 해도, 일곱 해 전에 있었던 일을 두고 지난번이라고 말하는 법이 어디 있는가.

만공은 대꾸하지 않고 새로 들고 온 종이뭉치를 드밀며 말했다.

──여기 좀 더 구해온 유문이 있으니 잘 살펴주시게나. 선학원에서 출판해야겠네.

──한암화상이 벌써 정리해서 직자織字만 하면 책이 되겠는데, 뭐 더 살필 게 있겠는가?

──…….

만공은 말을 받지 않았다. 그는 1930년 겨울에 오대산으로 사제인 방한암을 찾아가 스승의 유고집 발간을 상의했었다. 한암은 경허 문중의 인사들 가운데서도 한학에 밝다고 소문이 자자한 인물이었다. 한암은 그해 겨울 내내 금전출납부 장부에 기름을 메긴 미농지에 만공이 전해준 스승의 유고를 옮겨 정리했다.

만공이 보여준 한암의 육필 원고는 한 면이 세로로 12행으로 나뉘어져 있었고, 각 행마다 20여 자 정도가 적혀 있었다. 글자가 정갈하고 단아했다. 174면에 87장으로 그리 많은 분량은 아니었지만, 출간을 염두에 두고 정리한 것이라 거의 책 모양을 갖춘 원고였다.

　원고의 맨 앞에는 한암이 지은 경허화상의 행장이 8장에 걸쳐 실려 있었다. 말미에 '불기佛紀 2958년 신미辛未 3월 15일 문인門人 한암중원漢岩重遠 근찬謹撰'이라고 적혀 있는 것으로 봐서, 한암은 아마도 만공과 만난 그해 겨울 내내 오대산에서 두문불출하며 스승의 유고를 정리해서 옮겨 적었고, 그 다음 해인 1931년 봄에 서둘러 마친 모양이었다.

　한암이 정리한 원고를 이리저리 다시 들춰보고 있는데, 만공이 입을 열었다.

　──그 앞에 있는 행장行狀은 빼주시게.

　느리고 무거운 목소리가 방바닥에 낮게 깔렸다.

　──좀 긴 듯싶기는 하지만, 글이 삿되지 않아 행장으로 손색이 없어 보이는데 뜻밖일세.

　《금강경》과 《대혜어록》에서 한 구절씩 인용한 행장의 첫 부분은 좀 장황했다. 경학에 밝은 한암의 문장은 도도하고 강건하게 흘러갔지만, 읽는 이를 부담스럽고 힘겹게 하는 면이 없지 않았다. 차라리, '화상의 휘는 성우요 이름은 동

욱이며 경허는 그의 호이다'로 시작하는 것이 깔끔할 듯싶
었다. 만공의 의중이 짐작되지 않아 말끝을 흐리며 다시
물었다.

—— 행장을 빼면 생애가 드러나지 않을 테고, 뭔가 넣긴
넣어야 할 것인데……. 혹, 행장을 다시 써넣을 작정인 게
요?

—— 행장은 연보年譜로 대신하면 될 것이고, 맨 앞에는
서문을 넣으면 되지 않겠는가. 문집을 발간하는 이가 서문
을 쓰는 것이야 하등에 문제될 것이 없으니, 자네가 직접
쓰는 게 어떨까 싶네.

이유는 알 수 없었지만, 만공은 한암이 쓴 행장이 마뜩지
않은 모양이었다. 그의 마음속을 이리저리 짐작해보고 있는
중에 언뜻, 한암이 얼마 전 결성된 조선불교 조계종의 초대
종정으로 추대되었다는 신문기사를 본 기억이 떠올랐다.

1941년 6월 5일 오전 10시에 종로 수송동에 위치한 태
고사에서 31본산 임시종회가 열렸고, 주지 28명이 출석 투
표하여 한암이 19표를 얻어 종정으로 선출되었다고 했다.
월정사 주지로 있던 이종욱이 기쁨에 넘치는 얼굴로, 방方
스님이야말로 우리 불교계에서 가장 중망이 높으신 어른
이신 만큼, 스님이 종정의 자리에 계신다면 우리 불교계의
앞날은 새 광명을 맞이한 것과 다름이 없다, 고 말했다고

신문은 전했다.

한암이 종정으로 추대되기까지 조선 불교계는 급박하게 돌아갔다. 1930년대 들어 이판승인 선원의 수좌들이 의기투합했다. 만공의 제자였던 김적음이 그해 1월에 선학원을 인수했고, 두 달 후인 3월에 전국수좌대회를 열었다. 수좌들은 청정수행승을 위한 별도의 안정된 수행 공간 설치를 결의했다. 그리고 당시 조선불교의 공식적인 대표기구였던 교무원에 건의했지만 부결되었다.

선학원은 별도로 재단법인 설립 인가를 신청했고, 1934년 12월 5일자로 조선불교중앙선리참구원으로 인가 받았다. 12월 30일에 다시 개최된 전국수좌대회에서 수좌들은 조선 정통 수도승을 자처했다. 대처승이나 사판승들을 신문명의 폭풍에 쓰러져간 다수의 승도들로 폄하하면서 전통 사수와 교단 부흥을 부르짖었다. 선학원은 당시 수행승단의 책원지策源地로서 선객들을 통솔하는 이판승의 중앙기관 같은 역할을 했다.

1935년 3월 7일과 8일 양일 간에 걸쳐 세 번째 전국수좌대회가 열렸고, 조선불교 선종朝鮮佛教禪宗이 창종되었다. 종정—원장체제를 갖추고 이판비구승의 입지를 강화했다. 선원에서 음주, 식육, 흡연, 가요 등 일체 혼란을 금한다고 명문화했다. 조선불교 선종은 사찰령체제 하의 30본산 주지회의에서 채택했던 종명인 선교 양종에 맞섰다.

1937년 들어 교무원 측에서도 새롭게 총본산 설립에 돌입했다. 총독부가 후원하고 있다는 소문도 돌았다. 10월에 총본산 건물인 태고사가 준공되었고, 이후 사찰 인가 신청과 총본산제 인가 신청이 일사천리로 진행되었다. 회칙과 종헌을 작성하고 종무진이 구성되면서 총본산은 가시화되었다.

총본산 건물 공사가 막바지에 이르고 있었던 8월 즈음에 선원 수좌들은 선학원에 모여 열흘 동안 법회를 가지며 세력 결집을 도모했다. 총독부에서 조선 불교계를 대표할 만한 인사를 물색하고 있다는 얘기가 학무국장의 입에서 흘러나왔다는 소문이 발단이 되었다.

소문의 내용은 뜬금없었지만 춘원 이광수는 이 얘기를 직접 들었다고 했다. 춘원은 이운허화상에게 고승법회를 열어보는 게 어떻겠느냐고 권했다. 운허화상은 원보산, 이청담, 송만공, 박한영, 이효봉 등과 상의했다. 고승법회 기간은 8월 3일부터 13일까지로 정해졌다.

하지만 법회 준비는 순탄치 못했다. 교무원 관련 인사들이 반대했고 31본산 주지들이 저지했다. 고승도 아니면서 고승을 빙자하고 있으니 뭔가 불순한 의도가 있지 않겠느냐고 문제를 제기했다. 고승법회를 주도한 승려들이 밤낮

없이 종로서로 불려다녔다.

모임을 주도한 이운허 측의 채서응이 타협안을 제시했다. 고승법회는 유교법회遺敎法會로 명칭이 변경되어 개최되었다. 송만공, 박한영, 하동산, 장석상, 채서응 등이 참석했다. 송만암과 방한암은 초청받았지만 참석하지 않았다.

교무원 측에서 구성한 총본산 관련법안인 조선불교조계종총본사태고사법은 1940년 12월 5일에 총독부에 인가를 신청했고, 그 이듬해 4월 23일에 인가되었다. 태고사법의 제1장에는 "본종本宗은 태고보우국사를 종조宗祖로 함. 종조 태고보우국사의 법손이 아니면 종문宗門을 상속할 수가 없음"이라고 적시했다. 이 법에 근거하여 조선불교 조계종이 창립되었다. 초대 종정으로 방한암이 선출되었고, 실무최고 책임자인 종무총장에는 이종욱이 취임했다.

질풍 같았던 시간을 떠올리며, 스승의 문집 발간과 관련된 만공의 처사가, 어쩌면 한암이 종정으로 선출된 일과 관련이 있을지도 모른다는 생각에 어렵게 입을 열었다.

——만공…….

말이 혀끝에서 떨어지지 않아, 입술을 두어 번 움직이다가 다시 물었다.

——만공……, 혹 한암이 섭섭한 게요?

만공의 입은 아무 말도 흘리지 않은 채 한동안 닫혀 있었다. 창백하고 무거운 얼굴 위에서 어떤 알 수 없는 생각이 자맥질하는가 싶더니, 뜻밖의 대답이 흘러나왔다.

── 야마가와 쥬겡이라고 들어보시었소?

── …….

뜻밖의 대답에 어리둥절해 하고 있는데, 만공이 다시 언성을 높였다.

── 산천중원山川重遠이올시다, 산천중원!

만공은 들고 온《불교》지를 펼쳐 보이며 말을 이었다.

── 이것 보시오. 조선불교 조계종의 지도부가 모조리 창씨개명 했소. 한암이 산천중원이 되었고, 종무총장 이종욱은 히로다 쇼이꾸廣田鍾旭, 교무부장 임석진은 하야시 겐기찌林原吉, 서무부장 김법룡은 가가와 호류香川法龍, 재무부장 박원찬은 아라이 엔산新井圓讚이요. 이뿐만이 아니요. 31본사 주지들도 죄다 이름을 바꿨고, 불교학자인 권상로는 안토 소로우安東相老, 중앙불교전문학교 학감인 김경주는 가네야마 게이쥬金山敬注가 되었소.

만공의 노여움이 어디서 비롯된 것인지 짐작이 갔지만, 어찌할 수 없는 일일 듯싶었다. 조선불교 조계종이 공식기관이 된 이상 소임을 맡은 자들의 창씨개명은 불가피했을 것이었다.

갑오경장 이후 일본은 조선인 누구나 관청에 신고만 하

면 새로운 호적을 만들어주었다. 성姓이 없는 사람에게는 원하는 성으로 호적에 등재해주었다. 백성들은 쇠락한 양반가에 쌀 몇 말을 건네주고 성을 얻었다. 소작농이나 머슴들은 주인의 양해를 얻어 성을 빌렸다. 평민도 왕족의 성씨를 차용할 수 있었다. 근본 없던 백성들이 다투어 근본을 빌리거나 만들어냈다.

호적을 만들려는 이들 중에는 이왕이면 일본식 이름으로 하겠다고 나서는 자들도 있었다. 데라우치 총독은 건방지다거나 아부할 목적을 숨기고 있다고 여겨서 엄격히 금지하기도 했다. 하지만 1936년 미나미 지로南次郞가 새로운 총독으로 부임하면서 일본식 이름을 오히려 강요하는 방향으로 정책이 바뀌었다. 그는 조선인에 대한 차별대우를 없애고 진정한 내선일체를 도모할 것이라고 했다.

총독부는 1939년 11월에 조선인의 이름을 중국식 성명제姓名制에서 일본식 씨명제氏名制로 바꾸도록 조선민사령을 개정했다. 그리고 1940년 2월부터 동년 8월 10일까지 조선인 모두 씨氏를 결정해서 제출할 것을 명령했다. 설날이 막 지난 정월 초나흘부터 창씨개명 접수는 시작되었다.

종친회가 바빠졌다. 김해김씨 집안은 고심하지 않았다. 그냥 김해金海로 쓰는 경우가 많았고, '원래 김씨'라는 뜻의 가네하라金原나, '본래 김씨'라는 뜻의 가네모도金本로 창씨했다. 전주이씨 집안에서는 왕가의 자존심을 살려 궁궐의 근본이라는 뜻의 미야모토宮本나 구니모토國本 혹은 아사모토朝本를 채택했다. 밀양박씨는 시조인 혁거세가 우물에서 나왔다는 점에 착안해서 아라이新井로 정하거나, 목복木卜으로 띄어 써서 성을 지키려고 애썼다.

창씨개명을 거부하는 사람이나 일족 또한 저지 않았지만, 의기가 주린 배를 채워주지는 못했다. 이름을 바꾸지 않는 집에는 식량이 배급되지 않았다. 아이는 학교에 갈 수 없었고, 어른은 노무와 징용 목록의 윗줄로 옮겨졌다. 순응하며 살아내는 길과 버티다가 죽는 길, 그 어느 쪽도 기막히기는 마찬가지였다.

불교계의 창씨개명은 만공을 제외한 본사 주지 전원이 받아들였다. 개중에는 어쩔 수 없이 이름 가운데 절반만 일본식으로 바꾼 경우도 있었지만, 이름 석 자를 모두 일본식으로 바꾼 경우도 많았다. 총독부가 파악하고 있던 조선 승려의 수는 6천 6백여 명에 달했는데, 그중에서 3천 3백여 명이 창씨개명 했다고 들었다.

──그리 역정만 낼 일은 아닌 듯싶은데……. 한암이 직접 창씨했는지, 종무원에서 행정상 한꺼번에 변경한 것인지도 좀 알아봐야 할 것이고……, 또 창씨개명 했다고 해서 죄다 친일을 하는 것도 아니고…….

주섬주섬 말을 주워 담고 있는데, 만공이 길게 한숨을 내쉬더니 사정하듯이 말했다.

──만해, 내 마음자리가 너무 야박한지는 모르겠소만, 씨를 어찌 남이 함부로 정해줄 수 있겠소. 또 운허와 효당 같은 이들이나 백성욱, 김법린 같은 학자들은 왜 창씨개명을 거부하고 있는 것이겠소. 만해 또한 버티고 있지 않소이까.

만공이 돌아간 뒤에 한동안 우두커니 앉아 있었다. 만공은 많이 생각했을 것이고, 돌이켜 또 생각했을 것이었다. 그의 부탁대로 《경허집》의 서문을 적어 내려갔다. 붓은 먹을 깊이 삼켰고 가늘게 토해냈다.

…… 술집과 시정에서 읊조렸어도 세간에 들어간 것이 아니었고, 비바람 눈보라 치는 텅 빈 산속에서 붓을 잡았어도 세간을 벗어나 있지 않았다. 종횡으로 힘차고 왕성하며 생소하고 숙달되어 걸림이 없으니 문장마다 선禪이요 구절마다 법法이로다. 그 법칙이 어떠하다고 논할 것도 없이 실로 일대의 기이한 글이고 시 구절이다. 경허화상이 세상에 계실 때 항상 꼭 한번 찾아뵈어 한 잔 먹고 삼세제불을 통쾌하게 꾸짖어 자빠뜨리려고 마음먹었더니, 어쩌다 세상일이 마음처럼 되지 않아서, 갑자기 세상을 떠나서 그럴 수 없게 되었다.

겨우 남은 9월의 늦더위는 막다른 골목에서 발악하듯 타올랐다. 대낮의 태양이 남긴 지열이 늦은 밤까지 끓어올라 조급하게 날뛰었다. 불 꺼진 집들이 달빛 아래서 척추를 웅크리고 고분처럼 잠들어 있을 즈음에야 간신히 일을 마쳤다. 선을 선이라고 하면 곧 선이 아닐 테고, 그러나 선이라고 하는 것을 버리고는 따로 선이 있지도 않을 것이니, 결국 선이면서 곧 선이 아니고 선이 아니면서 곧 선이 되는 것이 선일 것이니, 그것은 결국 달빛이거나, 갈꽃이거나 혹은 흰모래 위의 갈매기인지도 모른다는 생각을 하면서 새벽녘에 잠들었다.

학병

만공이 다녀갈 즈음에, 심우장을 오가며 심부름을 해주
던 준영이는 스물다섯 청년이 되었다. 공부도 잘해서 건봉
사 공비장학생으로 혜화전문학교에 다니고 있었다. 한창
나이에 제대로 챙겨먹지 못해 그렇지 않아도 뚜렷한 이목
구비가 더욱 두드러졌다.

몇 해 전 준영이가 심우장에 들렀을 때, 봉명학교에서
친구들과 가장행렬 준비를 한다면서 건봉사 경내를 이곳
저곳 헤집고 다니던 어릴 때 모습이 설핏 스쳐서 몇 마디
물었다.

── 객지 생활이 어려울 터인데, 학비도 만만치 않을 테
고 …….

장하기도 하고, 안되었기도 하고, 걱정스럽기도 하고,
챙겨주지 못해 미안하기도 한 마음을, 하나마나한 몇 마디

말에 뭉뚱그려 넣었다.

── 건봉사에서 한 달에 3십 원씩 학비를 보내오니 그리 어렵지는 않습니다.

──그래, 혜화전문에서는 누가 가르치느냐.

── 일본인들이 대부분이고 권상로, 김동화 선생이 계십니다. 권상로 선생은 조선말로 수업을 합니다. 교장이 그 분께만 조선말을 하도록 승낙했답니다. 지난번에는 춘원 이광수 선생이 초청강연을 했는데, 연단을 두드리며 대성통곡을 하였습니다. 열변을 토하며 자신의 폐는 한 쪽뿐이라는 것과, 하고 싶은 이야기를 못하는 팔자라며 두 주먹으로 당신의 머리를 마구 때리기도 했습니다.

── 권상로에게서는 뭘 배우느냐.

── 십이장경을 해석해놓은 것이 있는데 그것을 배우고 불교민속사 같은 것도 배웁니다.

── 허허, 권상로는 반 토막은 일본사람이고 반 토막은 조선 사람인데…….

얘기를 나누는 동안 아내가 먹을 것을 내왔다. 준영이의 할애비인 의병장 박영발의 모습이 문득 떠올라 물었다.

──그래, 네 성정에 혜화전문에서 견딜 만하더냐?

── 몇 해 전, 스님께서 말씀하시지 않으셨습니까. 속박을 두려워하지 말라고, 대해탈은 속박에서 오는 것이니 속

박에서 해탈을 얻어야 한다고 말씀하셨던 것으로 기억합니다. 그렇게 받아들이고 있습니다.

얘기를 나누는 사이에 어스름이 긴 낮의 끄트머리를 붙잡고 멀리 산 아래에서부터 밀려 들어왔다. 언덕 비탈 이곳저곳에 흩어져 있는 집들의 굴뚝에서 힘없이 저녁 연기가 올랐다. 연기는 낮게 깔리며 나뭇가지에 혼백처럼 걸렸다.

준영이가 다녀간 날, 노곤해서 일찍 누웠지만 잠이 오지 않았다. 밤에 바람이 몹시 불었다.

준영이의 학업은 순탄치 못했다. 전쟁에서 밀린 일본이 젊은 사람들을 전장으로 내몰려고 혈안이 되어 날뛴다는 얘기가 들려올 때부터 불안했다. 한일병합 이후에 일본은 조선인을 징병하지 않았지만, 1937년 중일전쟁 시기에 대규모의 병력 보충이 필요해지자 징병을 검토하기 시작했다.

1938년 2월에 〈육군특별지원병령〉이 공포되었다. 17세 이상의 조선 청년들이 대개 6개월의 훈련 과정을 거친 다음에 육군 또는 제1보충역으로 일본 군대에 지원했다. 함흥, 평양, 대구 등지에 육군지원자 훈련소가 설치되었다. 허기지고 세상 물정에 어두운 조선 청년들이 자원입대했다. 1938년에서 1942년까지 2만 3천여 명이 입영했다.

1941년 12월 태평양전쟁을 일으킨 일제는 병력 자원이 절대적으로 부족해졌다. 일본각의는 지원병제를 징병제로 전환하기로 의결했다. 총독부는 징병제시행준비위원회 규정을 발표하고 징병 준비작업에 돌입했다. 1943년 7월에는 〈해군특별지원병령〉도 발표했다. 16세 이상 21세 미만의 국민학교 초등과를 수료한 젊은이들이 수병, 정비병, 기관병, 위생병 등으로 징집되었다. 징병된 이들은 6개월간 훈련을 거친 뒤 해병단에 입대했다.

1943년 10월 20일에는 〈육군특별지원병 임시채용규칙〉이 공포되었다. 일본인 학도병에 이어 조선인에게도 학도지원병제도가 실시되었다. 일본 호적법의 적용을 받지 않는 20세 또는 21세 이상의 대학 및 고등전문학교 재학생들을 훈련소 과정을 거치지 않고 바로 현역으로 편입시킨다고 했다.

일본은 지식인들을 동원해 강연회를 개최하고 시와 신문칼럼을 통해 학병 지원을 독려했다. 총독부의 기관지에는 연일 학병 권유 특집기사가 실렸다. 학도병에 지원하지 않는 자에 대해서는 비非국민이라는 딱지를 붙이고 불이익을 주었다.

징병에 응한 장정의 집에는 장행기를 꽂고 영예의 집이라고 지칭했다. 징병 적령자에 대한 일제신고 결과 25만 8천여 명이 신고되었다. 전형에 합격한 자는 훈련 과정을 거치지 않고 곧바로 현역에 편입되어 동남아시아의 최전선에 배치되었다.

한동안 발길이 뜸하던 준영이는 만공이 다녀간 그해 겨울밤에 못 보던 청년 두 사람과 함께 침통한 얼굴을 하고 찾아왔다. 함께 바둑을 두고 있던 방응모와 정인보가 문소리에 놀라 고개를 돌렸다. 준영이의 얼굴을 알아본 방응모가 자리에서 벌떡 일어나더니만 아이들의 몸 이쪽저쪽을 살피면서 물었다.

── 아니, 이게 누구냐, 준영이 아니냐. 아니 이 오밤중에 이런 행색을 하고……, 하여튼 어서 앉거라.

허기지고 지친 표정이 역력한 청년들은 엉거주춤하게 돌아가며 인사하고 털썩 주저앉았다. 제대로 먹지 못한 몰골과 하얗게 질린 얼굴을 보자, 뭔가 사달이 나도 크게 났구나 싶었다. 손아귀에서 힘이 풀렸다. 쥐고 있던 바둑돌이 미끄러져 방바닥에 떨어져 굴렀다.

건넌방에 있던 아내를 급히 불러 뭐든지 먹을거리를 좀 내오라고 이르고 나서야, 겨우 마음을 진정시키고 물었다.

── 도대체 무슨 일이냐, 행색들은 왜 또 그런 것이야……

한참 동안 말문을 열지 못하고 뜸을 들이던 준영이가 떨면서 겨우 말했다.

──학병에 징집당했습니다.

옆에 앉아 있던 정인보의 눈꺼풀이 무겁게 가라앉았다. 방응모는 길게 숨을 내쉬며 세 사람의 얼굴을 차례로 물끄러미 바라보았다. 무슨 수라도 찾아봐야 할 듯해서, 좀 더 물어 봤다.

──기어코……, 기어코 학생들까지 끌고가려고 난리구나. 이 일을 어찌해야……. 그래, 언제 입대하라더냐.

──지난해 10월에 이미 학병지원 통보를 받았습니다.

──그러면, 이 엄동설한에 지금껏 저놈들 눈을 피해 다녔더란 말이냐.

──한동안 용주사에 은신했었습니다. 그러다가 중국으로 넘어가려고 경성역에서 북만주 목단강행 열차를 탔는데, 홍원역에서 불심검문에 걸렸습니다. 그리고 원산을 거쳐 고성 거진역에 도착해 주재소에 인계되었습니다. 주재소장과 고성경찰서 조선인 형사가 학병에 지원하라고 어르고 협박했습니다. 더 이상 어떻게 할 도리가 없습니다.

──그래, 언제 입대하라더냐.

──이 달 20일에 경성제대 법문학부에서 예비군사훈련에 참가한 다음에 바로 입대하게 될 듯합니다. 오래 뵙지 못할 듯하여 하직인사라도 드릴까 해서…….

하직인사라고 했지만, 그저 인사나 하려고 오밤중에 들

이닥친 것은 아닐 것이었다. 물에 빠진 사람 지푸라기라도 잡고 싶은 심정이 짐작되고도 남았다. 하지만 아무것도 해 줄 수 없는 상황에 화가 치밀어 올랐다. 그냥 세상을 엎질 러버리고 싶었다. 옆에 있던 바둑판을 뒤집어엎으며 고함 을 질렀다.

──죽지 마라, 죽지 마라 이눔들아! 죽지 말아야 해.

방에 들어서던 아내가 고함 소리에 놀라 한동안 서 있다 가 밥상을 내려놓았다. 세 청년은 떨리는 손으로 밥만 겨 우 몇 수저 떴다. 좁은 방안에서 아무도 입을 열지 못하고 한동안 휑한 벽만 바라봤다. 정인보가 청년들의 어깨를 두 드리며 일으켜 세워 마당으로 나갔다. 눈 한 잎 없이 싸늘 한 겨울 된바람이 벗은 나뭇가지를 흔들었고, 무덤 같은 구름그늘이 달빛을 젖히며 지나갔다.

한 청년이 마당에서 손바닥으로 주먹을 비비며 씨근거렸 고 다른 청년은 주저앉아 울었다. 방응모가 간신히 울음을 삼키고 있던 준영이의 어깨에 손을 얹으며, 선생께서 저리 비통해하시니 그만 돌아가는 게 좋겠다고 말했다. 세 사람 은 찬바람을 안고 쓰러지듯 걸음을 옮겼다. 멀리 아래 동리 창가의 불빛이 흐릿하게 부풀어오르더니 가까워졌다.

준영이가 떠난 지 얼마 뒤에 이상한 소문이 들렸다. 충 신동 학병은 손을 자르고 창신동 학병은 발을 잘랐다는 이야기였다. 학병에 끌려가지 않으려고 일부러 손을 잘랐다고 하는 사람이 있는가 하면, 도끼로 장작을 패다가 그냥 잘못해서 잘린 것이라는 사람도 있었다. 헌병들이 잘린 손가락과 도끼 등 증거물과 학생을 데려갔는데 사흘째 오지도 가지도 않는다고 했다.

발이 잘린 학생은 경성역전 세브란스 병원에 누워 있는데 헌병이 셋이나 둘러싸고 있다고 했다. 불길한 생각이 들어 사람을 보내 알아보니 준영이가 틀림없었다. 있는 돈을 모두 털어 병원비만 보내고 찾아가지는 않았다. 준영이는 4월에 왼쪽다리를 절면서 심우장에 나타났다. 다급히 물었다.

──그래 상처는 좀 어떠냐.

──걷는데 좀 불편하지만 그냥저냥 견딜 만합니다.

──살았으니 되었다, 살아 돌아왔으니 된 것이야.

겨우 마음을 안정시키고, 준영이의 아픈 발을 만져보았다. 늙어 물크러진 눈가에서 심정이 녹아 용암처럼 비죽비죽 배어나왔다.

준영이는 그동안 있었던 일을 남의 일처럼 얘기했다.

── 훈련을 끝내고 강제징집된 친구들과 몇이서 종묘 앞 중국 요리집에서 미릉주를 마시고 헤어졌습니다. 각자 고향으로 가서 하직인사를 드리기로 했습니다. 자정이 다

되어서야 경성역으로 나갔는데, 학병들로 와글와글했습니다. 더러는 술에 취해 시비를 걸거나 주먹질을 하기도 했고, 윗도리를 벗어던지고 공중에다 대고 고래고래 소리를 질러대는 학생도 있었습니다. 일본 헌병들은 역전의 가로등 밑만 왔다갔다 하며 힐끔힐끔 쳐다보기만 할 뿐 가까이 오지 않았습니다.

―― 그래 고향으로 내려가려고 했더냐?

―― 저는 고향이 아니라 서빙고로 가는 차표를 샀습니다. 밤 11시 55분께 목단강행 열차에 올랐습니다. 발차 시간을 10분쯤 남기고 뒷걸음으로 사람들 사이를 비집고 나가 다시 내렸습니다. 그리고 사람들 틈새를 헤치고 다른 칸으로 올라가 다른 쪽 문을 열고 플랫폼 건너편으로 뛰어내려 철로 옆 고랑에 굴러떨어졌습니다. 그리고 얼른 몸을 일으켜 신발을 벗고 왼쪽 발끝을 선로 위에 얹었습니다. 어쩐 일인지 마음이 편안했습니다. 잠시 뒤에 기적 소리가 들리고 몸이 찌릿해지는가 싶더니 그 후로는 기억이 나지 않습니다.

―― 헌병이나 순사들이 의심하지는 않더냐?

―― 헌병이 꼬치꼬치 캐묻기에 술에 취해 토하려다가 차에서 떨어진 것까지는 기억이 나는데 그 이후로는 모르겠다고 했습니다. 혹시 잠꼬대로 헛소리를 할까봐 깊이 잠

들지 않으려고 애썼습니다. 종로경찰서 형사라는 자는 심
우장에는 왜 자주 갔느냐고 물었고, 스님께서 학병에 가지
말라더냐고 따져 묻기도 했습니다. 약 짜듯이 같은 말을
묻고 또 물었습니다. 수양아버지와 가깝게 지내던 친구들
은 물론이고 김동화 교수님도 경찰서에 몇 번씩 끌려가 신
문을 받았다고 들었습니다.

　──그랬구나. 어쨌든 살았으니, 살아 돌아왔으니 된 것
이야.

　일렁일렁하는 호롱불이 문득 낯설었다. 검푸른 속불꽃
이 잠든 지옥처럼 깊었고, 호롱불에 비친 준영의 그림자가
그의 등 뒤에서 목덜미를 조르며 달려들다 멈칫 서버린 것
같았다.

　그날 밤, 준영이를 함께 재웠다. 자는 얼굴을 보며, 오래
전부터 쌓아두었던 울음이 쏟아져나왔다. 누구에게 하려
는 것인지도 모르는 말들이 뱃속에서 웅얼거렸다.

　…… 시골아낙만도 못한 기력과 정신으로 도를 닦으면
몇 평이나 닦았을꼬…… 이런 어깨 위에, 내 짐을 져왔으
면 또 얼마나 져왔을까. 게다가 다 짊어오지 못하고 남은
운명은, 누가, 자기의 짐 위에 덤으로 얹어 짊어지고 갈
까……

해당화

1944년 봄에 삼중당서점에서 수필집 《반도산하》를 보내왔다. 삼천리출판사를 운영하고 있던 김동환이 문인들의 기행문을 단행본으로 묶어내겠다며, 오래전 《조선일보》에 연재했던 〈명사십리행〉도 함께 실으면 어떻겠느냐고 기별을 해온 적이 있어 그러라고 했었다. 그 후로 잊고 있었더니 출판사를 바꾸어 다시 간행한 모양이었다.

《반도산하》는 앞표지 전체를 아래위로 삼등분해서 모양을 냈다. 위쪽에는 붉은 색 바탕에 흰 글씨로 '반도산하' 라는 네 글자를 한자로 굵직하게 새겨넣었다. 표지의 가운데에는 흰 바탕 가운데에 정자 그림을 그려넣었는데, 정자 안쪽에 구경 나온 촌로 몇 사람이 있고 지붕 위로는 갈매기 한 마리를 띄워놓았다. 그리고 아래에는 푸른 바탕을 하고 있었다. 《반도산하》의 표지 모양을 고민한 사람은 표지 속에 바다를 온전히 담아내고 싶었던 모양이었다.

춘원 이광수를 비롯해서 김억, 노천명, 모윤숙, 김동환, 박종화 등 10여 명 문인들이 쓴 기행문이 나란히 실려 있었다. 개중에는 대놓고 다그친 자도 적지 않았지만, 누구도 원망하는 마음은 없었다. 기행문 속에서 저마다의 이념과 노선은 산에 가려지거나 바다에 잠겨 드러나지 않았다.

출간된 《반도산하》는 묵은 기억을 떠올리게 했다. 바다가 보고 싶었다. 소금기를 담은 바람이 해송의 솔잎을 가르며 날카롭게 찢어지고, 발그레한 해당화가 해안 사구에 웅크리고 있는 바다가 보고 싶어졌다. 바다는, 젖은 혓바닥으로 상처를 핥듯이 불모의 세상 가장자리를 쓰다듬고 있을 것이었다.

바다는 원래 국경이 없었다. 고기잡이를 나갈 수 있는 곳까지가 조선의 바다였고, 그 너머는 그냥 바다였다. 조선의 바다 너머에서 이양선이 출몰하기 시작했을 때, 수군은 갈팡질팡했고 어민들은 넋을 잃었다. 이양선이 기괴하게 생긴 사람들을 토해내고, 머리카락이 붉거나 희고 살결이 하얀 불청객들이 쇳소리나 새소리 같은 말을 했을 때, 변방의 관리들은 말썽 없이 떠나주기를 바랐고, 아낙네들은 아이를 업고 산속으로 숨었다.

조선의 조정은 바다를 건너 침투해 들어오는 거대한 물

결을 그저 불구나 기형의 파도쯤으로 생각했지만, 그것은 자존자대하던 왕조의 변방에만 머물지 않고 권력의 심장부에까지 밀려 들어왔다. 임금의 옥음이 닿지 못하고, 성은이 미치지 못하는 궁벽한 해안과 섬에서부터 왕조는 허물어졌다.

　내륙의 사람들에게 바다는 신비이자 공포였지만, 해안가 사람들에게 바다는 마르지 않는 식량창고였다. 그들의 생계는 바다의 윤곽에 따라 풍요하거나 빈곤했다. 바다에서 떠밀려오는 것들을 두려워하지 않았던 그들은, 이방인들에게 친절했고, 호기심을 느꼈다. 난파된 서양인들에게 먹을거리와 옷가지를 내줬다. 낯선 이들이 입고온 옷을 만져보며 신기해하거나 말을 따라 흉내내기도 했다.

　영국·프랑스 연합군이 바다를 건너 북경을 함락하고 황제의 별궁이 불탔을 때, 선교사를 잡아 가두거나 목 베었던 조선 조정은 어찌할 바를 몰랐다. 임금은, 대국이 저렇게 심한 곤욕을 당하고 있는데, 우리나라가 어찌 무사하겠는가 하고 걱정했다. 신하는, 천하의 큰나라가 이적夷狄이되고 소추小醜가 되고 욕을 당하는 일은 아직 듣거나 보지 못했다고 왕을 위로했다. 양적과 이적의 무리는 그 형상을 말로 표현할 수 없는 별종이라며 임금은 여전히 걱정했다.

　임금이 걱정하는 동안 장안에서는 피난 행렬이 이어졌

다. 하급 관직에 있는 자들은 서둘러 사임했고, 대신들은 아내와 자녀와 보물들을 서둘러 떠나보냈다. 천주교 신자들을 목 베었던 자들은, 위험한 때를 대비해서 십자가를 구하려고 백방으로 수소문했고, 애써 구한 십자가를 허리춤에 숨겼다.

임금은 피난 가는 자들이 있으면 단단히 타일러 경계히도록 하교했지만, 신하는 우리나라 풍속은 본래 움직이는 것을 좋아하고 백성은 정해진 뜻이 없어 진정시키고 안정시키기 어려우며, 낙향하는 자들은 부랑하면서 일을 즐겨하지 않는 무리에 지나지 않는다고 말하여 임금의 눈과 귀를 가렸다.

최제우는 서학이 중국을 멸망시켰으니 그 다음엔 조선을 집어삼킬 것이라고 생각했다. 그는 서학에 대항할 수단을 종교와 정신에서 찾아냈다. 자신이 깨달은 바를 동학이라 칭하고 포덕문을 지어 사람들을 모았다. 6개월 만에 3천 명의 선비와 농민들이 그의 제자가 되었다. 양이가 두려워 걱정하던 조정은 양이에 대적하겠다고 나선 동학군을 잡아들였다. 최제우는 사학을 퍼뜨려 혹세무민한 죄로 참형되었다.

양학이 갑자기 퍼지는 것을 보고 앉아 있을 수만은 없었고, 양학은 음陰이고 동학은 양陽이니 양으로 음을 억제하기 위해 늘 외우고 익혀야 한다고 최제우는 죽기 전에 말했다. 또 그의 제자들은, 도적은 불로 공격하니 무력으로 막을 바가 아니고 오직 동학이라야 그 무리를 모두 섬멸할 수 있다고 했다. 나무의 날카로움이 쇠보다 더하면 양인들의 눈이 현혹해 보검인 줄 알고 감히 우리에게 덤비지 못할 것이라고도 했다. 그러나 조정은 조직화된 백성을 양이만큼이나 못 견뎌 했다.

서양인의 눈에 조선과 일본은 탐욕의 대상이 되기에 부족했다. 사람의 수가 적어 시장市場이 되기 어려웠고, 변변한 자원이 없어 덜어낼 것이 없었다. 그럼에도 국토의 세 면을 바다로 둔 조선의 조정은 스스로 대륙이라 여기며 천하의 패자를 자처하는 중화의 질서를 동경했고 그 질서에 편입됨으로써 편안해 했다.

반도에서 더욱 추상화된 중화의 질서는 관용의 정신을 몰아냈고 생동하는 감각과 구체적 현실을 압도했다. 중국과 지리적으로 맞닿아 있지 않고, 관념의 질서에 무딘 무사들이 통치했던 일본은 서양 문명을 적극 수용했다. 그들은 관념과 현실을 분리하는 데 망설임이 없었고, 바다 너머에서 밀려오는 것들을 두려워하지 않았다.

바다를 생계로 둔 사람들이 대개 그렇듯이 그들의 심성은 바다에 익숙해서 낯선 것에 경탄했고 그것을 구원의 계기로 삼았다. 바다는 육지와 달라서 목숨 걸고 지켜내야 할 것이 없는 듯싶었다.

6월에는 조선미술전람회에 〈해당화〉 그림이 출품되어 사람들의 이목을 끌었다. 시국관계로 개최 여부가 불투명하다는 얘기도 들리더니만, 결전적決戰的인 작품을 망라하여 뜻깊은 전람회를 단호히 개최할 것이라는 총독부 학무국장의 담화문까지 발표되었다.

관람은 1944년 6월 4일부터 25일까지 이어졌다. 신문에서는 개막 첫날부터 장안의 인기를 독점하며 아침부터 각 방면의 인사를 비롯하여 군인, 학생, 가정부인 또는 가족을 동반한 관람객이 온종일 증가했다고 보도했다. 또 화폭마다 풍기는 아름다운 붓끝의 정채와 전의를 앙양하는 투혼이 관람객들의 가슴에 많은 감명을 주었다고 덧붙였다.

20일자 《매일신보》에는 선전평鮮展評이 실렸다. 서양화 부문의 평론을 맡은 김환기는 쓴소리 일색이었다.

…… 그림은 무조건하고 좋아야 한다. 무조건하고 좋은 그림이 가장 인상이 오래가고 인상이 깊다. 해마다 보는 선전, 해마다 흐뭇하지가 않다. 극소수의 작가를 제하고는 전통적 수련이 보이지 않고 습작 이하의 정도를 못 벗어났으니 무슨 까닭일까. 화가 자신들의 태도와 각오는 내가

운위할 바가 못 되나 화업畵業 완수 역시 남아 평생의 난사難事이어든 소홀히 덤벼서는 안 된다⋯⋯.

그의 선전평은 〈해당화〉에 대한 평가로 이어졌다.

⋯⋯ 이인성의 〈해당화〉는 선전 회장에선 감당하기 어려울 정도의 대작이다. 대폭을 완성한 데 있어선 작가의 역량이 보일지 모른다. 회화는 특수한 경우를 제하고는 실내에서 즉 건축 안에서 우리들의 생활 분위기 속에서 안정되어야 할 것인데 취재나 구도로 보아 그렇게 대폭이어야 할 필요성을 못 느끼겠다. 순수성이 전무한 설화적인 표정에 그친 대폭의 〈해당화〉보다 수채소품인 〈춘화습작〉에서 오히려 개성과 회화심을 느낄 수 있다⋯⋯.

신문에서는 선전평과 함께 〈해당화〉 그림 앞에 사람들이 모여 있는 화보도 함께 실었다. 어른 키를 훌쩍 넘는 크기의 화폭이 어림잡아도 족히 150호는 되어 보였다. 한번 직접 가서 봐야겠다는 생각에 아침 일찍 집을 나섰다.

미술관 주위를 안개에 젖은 군경들이 삼엄하게 에워싸고 있었다. 얼마 후 총독이 학무국장과 비서관을 대동하고 나타났다. 그는 한 시간 반 가량 회장을 둘러보고는, 작품들이 결전반도의 씩씩한 모습을 여실히 반영하고 있다고 큰 소리로 말하고 전람회장을 떠났다. 총독이 떠나자 관람자들도 주섬주섬 출구 쪽으로 걸음을 재촉했다.

〈해당화〉는 굳이 찾지 않아도 금방 눈에 띄었다. 그림 중앙의 해당화와 인물보다 짙은 먹구름 사이로 엷게 내려 쪼이는 햇볕이 먼저 눈에 들어왔다. 좋지 않은 날씨임에도 바다에는 두어 척 선박이 떠 있고, 해안가 멀리 소 한 마리가 모래밭을 헤치며 풀을 찾고 있었다. 왜 하필 그런 날씨를 배경으로 삼았을까 궁금했다.

정중앙에 흰 수건을 쓰고 팔짱을 끼고 쪼그리고 앉아 있는 젊은 여자의 시선은 어디에 닿는지 짐작되지 않았다. 어떻게 보면 그림을 감상하는 사람을 마주보는 듯도 싶고, 어떻게 보면 어디 아득한 곳에 목적 없이 던져두고 있는 듯도 보였다. 여자의 옆에 해당화 넝쿨이 있고 두 아이가 서 있었지만, 여인은 마치 혼자인 것처럼 앉아 있었다. 여자의 시선은 기다림이랄까, 그리움이랄까, 어쨌든 할 말이 너무 많아 차마 아무 말도 하지 못하는 듯했다.

흰 수건을 둘러쓰고 여인의 뒤에 서 있는 어린 아이는 두 손을 가슴 앞으로 모으고 고개를 약간 숙인 채 살포시 눈을 내려 감았다. 모아 붙인 아이의 손 위에 해당화 꽃봉오리가 피어 있었다. 두 손바닥을 모아 햇빛을 받아내듯 동그랗게 모아진 진홍빛 꽃잎이 해풍에 가늘게 떨리는 듯했다. 해당화 향기를 맡는 모습이 마치 기도하는 듯이 보였다.

그 아이 뒤에 또 다른 아이가 순서를 기다리듯 서 있었다. 오른팔에 손잡이가 달린 물병을 감싸 안았고, 왼손은 검지를 펴서 입으로 빨고 있었다. 손가락을 입으로 빨고 있는 것으로 봐서 어리고 지루해 하고 있는 모양이었다. 두 아이가 젊은 여자의 자녀인지 아니면 어린 동생들인지는 불분명했다. 자녀라고 하기에는 여인이 너무 젊어 보였다.

해당화는 늦봄에 피기 시작해서 여름이 한창인 때가 되면 열매가 해풍을 맞아 빨갛고 탐스럽게 익어갔다. 바다가 잔잔하고 해풍이 고요한 아침이나 저녁나절에, 향기는 해무처럼 나지막이 깔리며 그윽하고 알싸하게 풍겨나왔다. 오가는 사람들은 비린 생선 냄새와 풋풋한 해초 내음 사이에서 향 연기마냥 번져나오는 향기를 찾아 이리저리 두리번거렸다.

솜털이 가득한 해당화 줄기에는 가시가 촘촘했고, 그 줄기 위에 타원형의 작고 파란 잎이 풍성하게 비집고 나와 있었다. 해당화 잎은 잎맥을 따라 주름이 깊게 팼고 뒷면에 털이 빽빽했는데, 소금기 많은 바람이 부는 바닷가에서 자라는 식물들은 대개 그러하다고 사람들은 말했다.

그림을 보며 속으로 시를 쓰듯 웅얼거렸다.

…… 당신은 해당화 피기 전에 오신다고 하였습니다. 봄은 벌써 늦었습니다. 봄이 오기 전에는 어서 오기를 바랐

더니, 봄이 오고 보니 너무 일찍 왔나 두려워합니다. 철모르는 아이들은 뒷동산에 해당화가 피었다고, 다투어 말하기로 듣고도 못 들은 체하였더니 야속한 봄바람은 나는 꽃을 불어서 경대 위에 놓습니다 그려. 시름없이 꽃을 주워서 입술에 대고, '너는 언제 피었니?' 하고 물었습니다. 꽃은 말도 없이 나의 눈물에 비쳐서 둘도 되고 셋도 됩니다…….

그림을 바라보며 이런저런 상념에 우두커니 서 있다가 집으로 돌아왔다. 뒷목이 뻣뻣하고 손발에 힘이 풀려 서 있을 수 없었다. 방안에 잠시 누웠더니, 누군가 집안으로 들어오는 소리가 들리는 듯도 싶고, 문틈으로 해당화 향기 같기도 한 것이 밀려들었다.

몸을 뒤척여 기다시피 방문을 밀쳤다.

…… 거기, 누구요…….

말은 목에 걸려 넘어오지 않았고 가슴속에서 웅웅거렸다. 마당에 파도가 밀려들었다. 해거름 붉은 햇살을 등지고 해당화 꽃무리 속에 한 사람이 서 있었다.

평전을 쓰려고 했다. 하지만 흔한 평전의 형식을 갖추지는 않았다. 모든 사실은 진술되는 순간 선택되고, 선택하는 행위에는 이미 評(평)이 내재되어 있을 수밖에 없다. 선택하면서 평하고, 선택된 것을 다시 평하는 것이 내게는 동어반복이거나 중언부언처럼 보였다.

'평전'이라는 말을 사전에서 찾아보면, "개인의 일생에 대하여 평론을 곁들여 적은 전기"라고 나와 있다. 또 '평론'이란, "사물의 가치, 우열, 선악 따위를 평가하여 논함, 또는 그런 글"이라고 적혀 있다. 評(평)이라는 한 글자에 짓이겨져 나는 오랫동안 힘들었다.

모든 진술은 끝내 사실의 진술이 되지 못하고 가치의 진술이 될 수밖에 없을 것 같다. 진술하는 행위는 그 자체에 이미 진술자의 평가가 내재될 수밖에 없어 보인다. 따라서 흔히 보는 평전 형식은 서술자의 주관성이 이중으로 주입된 과도한 것이라고밖에 달리 생각할 길이 없다. 결국 나는 평을 포기했다. 어쩌면 실패했는지도 모른다.

나는 평을 감당해낼 만치 담대하지 못하다는 것을 스스로 알았다. 내가 할 수 있는 것이라고는 기껏해야 누군가의 삶 속으로 깊숙이 자맥질해 들어가, 그의 눈과 귀로 세상을 훑어보거나 나눠보는 것밖에 다른 도리가 없었다. 그렇게 마음먹고 난 다음에 나는 비로소 편안해졌다.

언제부턴가 한 사람의 생애는 그만의 삶이 아니라는 생각이 들었다. 그것은 아비의 아비, 또 그 아비의 아비가 살던 시대부터 퇴적되었거나, 동시대를 살아가는 이들이 마음속에 품고 있는 바람이나 사명, 욕망이나 타락, 비굴이나 외면이 어떤 한 개인을 통해 침출수처럼 뚫고 나온 것처럼 보였다. 그런 생각이 들 때마다 나는 번번이 주눅들었다.

왕조가 뒤집어지고 나라가 사라져도 백성들은 고요하기

만 했다. 백성들은 뒤집어진 세상에서 꾸역꾸역 살아내기만 했다. 나는 그 고요함의 정체가 너무 무서웠다. 만해의 드러난 자취보다, 어떻게든 살아남거나 살아내야만 했던 사람들의 절박함에 나는 몸서리쳤다.

2014년 겨울에 박재현 쓰다

연보

• 연보의 내용은 여러 자료를 서로 교합대조하여 작성했다. 필요하다고 판단되면 수정 보완했다.

1879년(01세): 8월 29일(음력 7월 12일), 충남 홍성군 결성면 성곡리 491번지에서, 아버지 한응준韓應俊과 어머니 온양방씨溫陽方氏 사이에서 둘째 아들로 출생. 본관은 청주淸州, 어린 시절의 이름은 유천裕天, 호적상의 이름은 정옥貞玉.

1882년(03세): 6월에 임오군란 발발.

1884년(06세): 한학漢學을 수학하며 유년 시절을 보냄. 10월에 갑신정변 발발.

1886년(08세): 홍성읍내(홍성면 남문리)로 이주(*출생지가 이곳이라는 주장도 있다).

1892년(14세): 천안전씨天安全氏 집안의 정숙貞淑과 결혼.

1894년(16세): 1차(1월)와 2차(9월) 동학농민운동 발발, 6월에 청일전쟁 발발, 7월에 갑오개혁 실시.

각종 역사자료에는 한용운의 부친인 한응준에 대해 다음과 같이 기록하고 있다. 《조선왕조실록》 1894년(고종31) 12월 5일자 기사: "양호도순무영兩湖都巡撫營에서 아뢰기를, '유학幼學 구완희具完喜를 참모관參謀官으로 차하하여 금영錦營에 나아가게 하고, 전 군수前郡守 이주승李周承과 출신出身 최낙규崔洛圭를 별군관別軍官으로 차하하고, 전 도사前都事 한응준韓應俊과 전前 중군中軍 박홍양朴鴻陽을 참모관으로 차하하여, 모두 호연 초토사海㳂招討使의 진영에 나아가 수고하게 하는 것이 어떻겠습니까? 하니, 윤허하였다.

《고종시대사》 1894년(고종 31년) 12월 5일자 기사: "구완희具完喜를 참모관叅謨官에 임명하여 충청도감영忠淸道監營으로 부왕赴往케 하고 이주승李周承·최낙규崔洛圭를 별군관別軍官, 한응준韓應俊·박홍양朴鴻陽을 참모관叅謨官에 임명하여 호연초토사海㳂招討使 진전陣前에 부왕赴往케 하다.

《홍양기사洪陽紀事》 7월 6일자 기사: "주공이 병요兵擾를 겪은 뒤에 음우陰雨를 매우 걱정하여 장리將吏를 통솔해서 성첩城堞을 견고하게 수축하고 화포와 창을 수리하였다. 김병돈金秉暾을 중군中軍으로, 한응준韓應俊을 참모로 삼아 성城 아래 병정兵丁을 훈련시켜 미리 대비하는 방책을 세웠다.

《홍양기사》 12월 29일자 기사: "초토사가 본영本營, 초토영의 장관將官과 각 고을의 유회장儒會長·농보장農堡長·소모관召募官·의병장·전망인戰亡人·절의인節義人·열행인烈行人의 공로功勞와 사실을 따로 갖추어 성책해서 논보하였다. 그 명단은 다음과 같다…… 전前 도사都事 한응준韓應俊……

1895년(17세): 3월에 부친 한응준 사망. 음력 8월 20일에 명성황후 피살, 단발령 시행, 양력 반포. 홍성군청에 아전衙前으로 취직하여 3년가량 근무.

《왜정시대인물사료》에는 한용운에 대해 다음과 같이 기록하고 있다. "경력 및 활동: 17세 때 홍성군청洪城郡廳 이역吏役이 되어 약 3년간 일함, 27세 때 인제군麟蹄郡 백담사百潭寺 승려가 됨, 37세 때쯤 신흥사神興寺로 옮겼으며, 그 후 낙산사落山寺 승려가 됨. 계통: 소속단체: 손병희계孫秉熙系. 재산: 동산·부동산 견적 약 10,000엔을 소유하고 있으며, 생계는 보통임. 인물평: 체격은 보통이며 피부색이 거무스름함. 눈썹 짙음. 특징이 없음. 건강: 허약, 민족주의자로 다른 사람을

사주·선동하여 불온의 행동을 할 우려가 있음.《왜정시대인물사료》
의 작성 주체에 대해 장신 역사문제연구소 연구원은《역사문제연구》
11호(역사문제연구소 편, 2003)에서 경성복심법원검사국으로 추정된다
고 보았다.

1896년(18세): 1월에 홍성에서 을미의병 발발. 고종과 황세자가 2월 11
일부터 약 1년간 러시아 공사관으로 이어移御. 7월에 독립협회 발족.

1897년(19세): 고향을 떠나 백담사 등지를 전전히며 빈승빈속牛僧牛俗 생
활(* 출가 시기에 대해 이견이 있음).

1904년(26세): 2월 8일에 러일전쟁 발발. 2월에 한일의정서 체결, 8월에
제1차 한일협약 체결. 봄에 견문을 넓히기 위해 산문을 나와 블라디보스
토크까지 갔다가 다시 귀국하여 백담사로 돌아옴. 12월에 아들 보국保國
출생.

1905년(27세): 1월에 백담사에서 김연곡金蓮谷을 스승으로 출가. 계명戒名
은 봉완奉玩, 법명法名은 용운龍雲, 법호法號는 만해萬海. 11월에 제2차 한
일협약(을사늑약) 체결.

1907(29세): 건봉사에서 수학 및 안거. 제3차 한일협약(한일신협약) 체결.

1908(30세): 유점사 서월화사徐月華師의 문하에서 수학하다가 일본으로
건너가 조동종대학에서 6개월간 수학. 10월에 귀국, 12월에 경성명진측
량강습소를 개설하고 소장에 취임.

1909(31세): 7월에 강원도 표훈사表訓寺 불교강사로 취임.

1910(32세): 3월 중추원에 승려의 취처를 건의. 8월에 한일병합조약 조
인(경술국치). 9월에 경기도 장단군 화산강숙華山講塾의 강사로 취임. 같은
달 통감부에 승려의 취처를 다시 건의. 12월에 백담사에서《조선불교유
신론》탈고.

1911(33세): 1월 15일에 이회광이 주도한 원종에 맞서서 순천 송광사에

서 박한영, 진진응, 김종래 등과 승려대회 개최. 동래 범어사에 조선임
제종 종무원을 설치하고 3월 15일 서무부장, 3월 16일 관장에 취임. 8월
에 만주로 건너갔다가 피격됨.

> 피격 당시 누가 만해에게 총을 쏘았는지 분명치 않다. 만해 자신이
> 밝힌 바 없고, 그의 생애를 소개하는 여러 문건들에서도 이 부분을
> 모호하게 처리하고 있다. 김삼웅은 《이회영평전》에서, "만해 한용운
> 이 망국의 설움을 달래고 해외 동포들에게 고국의 실정을 전하기 위
> 해 만주를 순회하다가 합니하 근방에서 일본 밀정으로 오인 받아 총
> 격을 받았다. 신흥무관학교 학생들이 총을 쏜 것이다,라고 분명히 하
> 였다. 그리고 이회영의 아내인 이은숙이 자서전 《가슴에 품은 뜻 하
> 늘에 사무쳐》에서, 이회영이 잠시 귀국했을 때 했던 말이라고 기록
> 한 내용을 소개하고 있다. "연전年前에 합니하서 소개 없이 청년 하나
> 오지 않았던가? 그분이 지금 왔어. 자기가 통화 가다 총 맞던 말을
> 하며 '내 생명을 뺏으려 하던 분을 좀 보면 반갑겠다'고 하니, 그분
> 은 영웅이야. 하시며 '내 그때 학생의 짓이나 아닌가 하여 학생을 꾸
> 짖지 않았소? 그러나 그분이 총을 맞고 최후를 마쳤으면 기미만세에
> 〈독립선언서〉를 누구하고 같이 짓고, 33인의 한 분이 부족하지 않았
> 을까?

1912(34세): 《불교대전》 편찬을 계획, 통도사에 소장된 대장경 열람.

1913(35세): 박한영, 장금봉 등과 불교종무원 창설, 4월에 불교강구회
총재에 취임, 5월 19일에 통도사 불교강사로 취임, 5월 25일에 불교서관
에서 《조선불교유신론》 간행.

1914(36세): 4월 30일에 범어사에서 《불교대전》 발행, 8월에 조선불교회
회장에 취임.

1915(37세): 영·호남지방 사찰 순례 강연, 교리를 설법하고 불교혁신과

대중화 운동 전개. 10월에 조선선종중앙포교당 포교사에 취임.

1917(39세): 4월 6일에 동양서원에서 《정선강의채근담》 발행.

1918(40세): 9월에 계동에서 편집 겸 발행인으로 월간지 《유심》 발행. 중앙학림 강사에 취임.

1919(41세): 1월 말에 최린 등 천도교도와 3·1운동 계획 수립, 2월에 유림·불교계 측 인사 접촉, 3월 1일, 태화관에서 민족대표의 독립선언식 주도 후 피체, 7월 10일에 서대문형무소에서 일본인 검사의 심문에 대한 답변으로 〈조선독립에 대한 감상〉 작성. 7월 28일 서대문형무소에서 예심계 조선총독부 판사 나가시마 유조永島雄藏, 조선총독부 재판소 서기 이소무라 진베磯村仁兵衛가 열석하여 신문. 8월 1일에 경성지방법원은 "피고 등에 대한 본건을 관할위管轄違로 한다"는 주문내용으로 판결. 8월 27일 고등법원에서 예심계 조선총독부 판사 구쓰 쿠라楠常藏, 조선총독부 재판소 서기 미야하라 에쓰즈구宮原悅次가 열석하여 신문.

1920(42세): 3월 22일에 고등법원은 "경성지방법원을 본건의 관할 재판소로 지정"이라는 주문 내용으로 판결. 8월 9일에 경성지방법원은 "본건 공소를 수리하지 않음"이라는 주문 내용으로 판결. 10월 30일 경성 복심법원에서 "징역 3년(원판결 취소), 공소불수리公訴不受理 신청은 각하却下함, 미결구류일수 360일 본형에 산입"이라는 주문내용으로 판결.

1921(43세): 12월 22일에 가출옥 형식으로 석방, 선학원에 기거.

1922(44세): 3월 24일에 대장경 국역간행을 위해 법보회 조직, 선학원의 선우공제회 발기에 참여, 11월에 민립대학기성준비회에 참여.

1923(45세): 2월에 조선물산장려운동 지원, 3월에 민립대학기성회 발기 총회에서 중앙부 집행위원에 피선, 4월 2일 상무위원에 피선. 4월에 제1회 선전강연회에서 강연.

1924(46세): 1월 6일에 조선불교청년회 회장 취임. 소설 《죽음》 탈고(미발표)

`1925(47세):` 6월 오세암에서 《십현담주해》, 8월에 백담사에서 시집 《님의 침묵》 탈고.

`1926(48세):` 5월 《십현담주해》와 《님의 침묵》 출판. 6월 7일에 6·10만세 사건에 앞서 임시 검속.

`1927(49세):` 1월 19일에 신간회 발기인으로 참여, 2월 15일에 신간회 창립총회에서 중앙집행위원으로 피선, 6월 10일에 신간회 경성지회장에 피선.

`1929(51세):` 3월 6일에 형 한윤경 사망. 12월에 허헌·조병옥 등과 민중대회 계획.

`1930(52세):` 5월경에 김법린, 최범술 등이 조직한 비밀결사 만당卍黨의 영수로 추대(비공식). 사직동 칩거.

`1931(53세):` 6월에 《불교》 잡지 사장으로 취임. 9월 24일에 윤치호, 신흥우 등과 나병구제연구회 조직, 여수·부산·대구 등지에 간이수용소 설치를 결의.

`1932(54세):` 12월에 전주 안심사에 보관되었던 한글경판 원판을 발견 조사하여 보각 인출.

`1933(55세):` 7월에 《불교》지 휴간으로 불교사 사장에서 퇴직. 유숙원과 재혼, 성북동에 심우장을 짓고 칩거.

`1934(56세):` 9월에 딸 영숙 출생.

`1935(57세):` 4월 9일부터 《조선일보》에 소설 〈흑풍〉 연재 시작(1936년 2월 4일까지)

`1936(58세):` 《조선중앙일보》에 소설 〈후회〉 연재 시작(50회로 중단). 단재 신채호의 묘비 건립에 참여. 7월에 정인보, 안재홍 등과 경성부 공평동 태서관에서 다산 정약용 서세백년기념회 개최.

`1937(59세):` 재정난으로 휴간된 《불교》지를 3월에 속간, 같은 달에 김동

삼이 옥사하자 유해를 인수하여 5일장을 지냄. 소설 〈철혈미인〉을 《불교》 신 1·2집에 연재하다가 중단.

1938(60세): 소설 〈박명薄命〉을 《조선일보》에 연재. 연말에 비밀결사 만당卍黨 발각.

1939(61세): 음력 7월 12일에 박광, 이원혁, 장도환, 김관호 등이 청량사에서 회갑연을 마련하여 참석, 사흘 뒤 다솔사에서 후학들이 마련한 회갑연에 참석. 《조선일보》에 《삼국지》를 번역 연재 시작(1940년 8월, 《조선일보》 폐간 시까지).

1940(62세): 창씨개명 거부.

1942(64세): 신백우, 박광, 최범술 등과 신채호 유고집 간행을 추진했으나 좌절. 《경허집》 서문과 연보 작성.

1943(65세): 조선인 학병출정 반대운동 전개.

1944(66세): 6월 29일(음 5월 9일)에 심우장에서 입적.

참고문헌

• 글을 쓰면서 바탕이 된 책은 한용운의 유문을 묶어 전체 6권으로 간행한 《(증보) 한용운전집》(신구문화사, 1980)이다. 그 외에 가까이 두고 본 책은 아래와 같다. 모두 함께 읽어볼 만한 책들이다. 문장을 그대로 옮겨 쓰지 않고 내용을 참조했으므로 참고한 부분을 본문에 일일이 표시하지 않았다.

강석주·박경훈, 《불교근세백년》, 민족사, 2002.

경허, 《鏡虛集》, 《한국불교전서》 제11책, 동국대학교역경원, 1992.

고은, 《한용운평전》, 향연, 2007.

고철환 엮음, 《한국의 갯벌》, 서울대학교출판부, 2001.

국사편찬위원회 편, 《高宗時代史》(전6책), 1967~1972.

김광식, 《만해 한용운 평전》(증보판), 장승, 2007.

──, 《우리가 만난 한용운》, 참글세상, 2010.

──, 《춘성, 무애도인 삶의 이야기》, 새싹, 2009.

──, 《한국 근대불교의 현실인식》, 민족사, 1998.

──, 《한국 현대선의 지성사 탐구》, 도피안사, 2010.

김도형 외, 《식민지시기 재만조선인의 삶과 기억》. 선인, 2009.

김삼웅, 《만해 한용운 평전》 시대의창, 2011.

──, 《이회영 평전》, 책보세, 2011.

김혜공 편, 《만공법어》, 수덕사, 1968.

김흥식, 《1910년 오늘은》, 서해문집, 2010.

동산문도회·김광식 편, 《동산대종사와 불교정화운동》, 영광도서, 2007.

미야지마 히로시宮嶋博史 외, 최덕수 옮김, 《일본, 한국 병합을 말하다》,
열린책들, 2011.

박걸순, 《한용운의 생애와 독립투쟁》(독립운동가 열전5), 독립기념관 독립
운동사연구소, 1992.

박상륭, 《죽음의 한 연구》, 문학과지성사, 1986.

———, 《칠조어론》(전6권), 문학과지성사, 1990.

박선미, 《근대여성. 제국을 거쳐 조선으로 회유하다》, 창비, 2007.

박설산, 《뚜껑 없는 조선 역사책》, 삼장, 1994.

박성수, 《남가몽, 조선 최후의 48년》, 왕의 서재, 2008.

박재현, 《한국 근대 불교의 타자들》, 푸른역사, 2009.

박천홍, 《매혹의 질주, 근대의 횡단》, 산처럼, 2010.

———, 《악령이 출몰하던 조선의 바다》, 현실문학, 2009.

박훈 외, 《일본 우익의 어제와 오늘》, 동북아역사재단, 2008.

불학연구소 편, 《근대 선원 방함록》, 대한불교조계종교육원, 2006.

월정사 편, 《한암선사 육필본 경허집 영인본》, 오대산 월정사, 2009.

이은숙, 《서간도 시종기: 가슴에 품은 뜻 하늘에 사무쳐》, 인물연구소, 1981.

이이화, 《발굴 동학농민전쟁 인물열전》, 한겨레신문사, 1994.

이중환, 허경진 옮김, 《택리지》, 서해문집, 2007.

작자 미상, 〈임오유월일기壬午六月日記〉.

전보삼, 《푸른 산빛을 깨치고》, 민족사, 1996.

종단사간행위원회 편, 《태고종사: 한국불교 정통종단의 역사》, 2006.

최덕수 외, 《조약으로 본 한국 근대사》, 열린책들, 2010.

최문형, 〈한국근대사 연구의 쇄국화를 막기 위하여〉, 한국연구재단 주최
〈석학인문강좌〉 제5기 강좌 동영상자료, 2012.

———, 《러시아의 남하와 일본의 한국침략》, 지식산업사, 2007.

———,《제국주의 시대의 열강과 한국》, 민음사, 1990.

———,《한국근대의 세계사적 이해》, 지식산업사, 2010.

한국불교근현대사연구회 편,《22인의 증언을 통해 본 근현대불교사》, 선우도량출판부, 2002.

한암대종사법어집 편지위원회 편,《(정본)한암일발록》, 오대산월정사 · 한암문도회, 2010.

한암문도회 · 김광식 편,《그리운 스승 한암스님: 한국불교 25인의 증언록》, 오대산 월정사, 2006.

홍성철,《유곽의 역사》, 페이퍼로드, 2007.

황현, 이장희 옮김,《매천야록》(전3권), 명문당, 2008.

웹사이트

• 일제시대의 관공서 문서, 신문, 잡지 등속은 아래의 웹사이트를 이용했다. 이 모든 정보가 온라인상에 축적되기까지 많은 사람들이 애썼을 것이다.

국사편찬위원회 조선왕조실록(http://sillok.history.go.kr)

국사편찬위원회 한국사데이터베이스(http://db.history.go.kr)

국사편찬위원회 한국역사정보통합시스템(http://www.koreanhistory.or.kr)

국가기록원 나라기록(http://contents.archives.go.kr)

독립기념관 한국독립운동사정보시스템(http://https//search.i815.or.kr)

동학농민혁명 종합지식정보시스템(http://www.e-donghak.go.kr)

디지털한글박물관(http://www.hangeulmuseum.org)

국립중앙도서관 한국고전적종합목록시스템(http://www.nl.go.kr/korcis)

한국고전번역원(http://www.itkc.or.kr)

한국연구재단 기초학문자료센터(http://www.krm.or.kr)

찾아보기

한용운 평전

만해, 그날들

- ⊙ 2015년 2월 22일 초판 1쇄 발행
- ⊙ 2015년 12월 30일 초판 2쇄 발행
- ⊙ 글쓴이   박재현
- ⊙ 펴낸이   박혜숙
- ⊙ 영업 · 제작   변재원
- ⊙ 펴낸곳 도서출판 푸른역사
    우 03044 서울시 자하문로8길 13
    전화: 02)720−8921(편집부) 02)720−8920(영업부)
    팩스: 02)720−9887
    전자우편: 2013history@naver.com
    등록: 1997년 2월 14일 제13−483호

ISBN   979−11−5612−037−7   03990

· 잘못 만들어진 책은 교환해드립니다.